21世纪公共管理学系列教材

Textbooks of Public Management and Administration in 21st Century

华东政法大学
课程和教材建设委员会

主　任	何勤华
副主任	杜志淳　顾功耘　刘晓红　林燕萍　唐　波
委　员	刘宪权　吴　弘　刘宁元　罗培新　杨正鸣
	孙占芳　余素青　范玉吉　张明军　何　敏
	何明升　杨忠孝　丁绍宽　王　戎　孙黎明
	何益忠　金其荣　贺小勇　徐永康
秘书长	唐　波（兼）

本书出版受上海市政治学本科教育高地建设项目基金资助

行政组织学

主编 尹 钢 梁丽芝

Science of Administrative Organization

北京大学出版社
PEKING UNIVERSITY PRESS

图书在版编目(CIP)数据

行政组织学/尹钢,梁丽芝主编. —北京:北京大学出版社,2005.6
(21世纪公共管理学系列教材)
ISBN 978-7-301-09064-0

Ⅰ.行… Ⅱ.①尹…②梁… Ⅲ.行政－组织管理学－高等学校－教材 Ⅳ.D035

中国版本图书馆 CIP 数据核字(2005)第 051009 号

书　　　名：行政组织学
著作责任者：尹　钢　梁丽芝　主编
责 任 编 辑：杨丽明　朱　彦　王业龙
标 准 书 号：ISBN 978-7-301-09064-0/D·1186
出 版 发 行：北京大学出版社
地　　　址：北京市海淀区成府路 205 号　100871
网　　　址：http://www.pup.cn
电　　　话：邮购部 62752015　发行部 62750672　编辑部 62752027
　　　　　　出版部 62754962
电 子 邮 箱：law@pup.pku.edu.cn
印 　刷 　者：北京飞达印刷有限责任公司
经 　销 　者：新华书店
　　　　　　730 毫米×980 毫米　16 开本　14 印张　274 千字
　　　　　　2005 年 6 月第 1 版　2021 年 1 月第 25 次印刷
定　　　价：32.00 元

未经许可,不得以任何方式复制或抄袭本书之部分或全部内容。
版权所有,侵权必究
举报电话:010-62752024　电子邮箱:fd@pup.pku.edu.cn

序

21世纪开启了知识经济的新时代,全球化、信息化所带来的巨大变革正席卷全球,传统的一切都受到严峻的挑战。在这样的时代背景下,无论对个人而言,还是对整个国家和社会而言,都必须直面影响和冲击,经历这场全面、深刻且势不可挡的变革,同时,也必须考虑应该如何解决问题、如何应对挑战。全球化进程所带来的未必都是机遇,更重要的是机遇中所蕴含着的强有力的挑战,因而全球化既是发展的机遇,也是生存的挑战。对于发展中国家来说,这种挑战意味着严峻的现实,而非自由的选择。任何一个组织随时随地都面临着变化的需要,并且要对这些需要作出迅速有效的反应。在世界范围内,公众对政府的要求不断增加,政府职能和行政组织范式都在不断地变化,甚至产生急剧的根本性的转变。行政组织必须采取积极的应对措施,及时转变组织理念,拓展生存空间,以更好地实现自身的发展,这是任何一个国家的政府都面临且必须解决的十分现实而急迫的问题。

在我国,同样迅猛的变化也正在发生,经济、政治体制改革已经进入了最关键的时期,加入世贸组织也带给政府巨大的压力。中国面对的最严峻的挑战在很大程度上是体制和组织层面的挑战,能否平稳渡过改革的"深水区",解决深层的结构和矛盾问题,关系到中国改革开放事业能否顺利推行,国内安定局面能否长久维持。一切事物都处于不确定之中,这是一个理论面临实践挑战的时期,也是理论创新的大好时期。包括行政组织学在内的任何学科,都必须把握时代的脉搏,对本领域进行前瞻性研究。

"凡是现实的都是合乎理性的,凡是合乎理性的都是现实的,而现实在其展开的过程中呈现自身的必然性。"一个学科的发展速度取决于其满足社会需求的速度。在社会转型时期,我们给予了行政组织学更大的关注,对行政组织学的学科重要性有了更充分的认识。但遗憾的是,现有教材相对陈旧,教材的建设跟不上行政组织学教育迅速发展的速度,这又反过来制约了行政组织学的发展。学生们非常需要一本好的教材,希望通过对教材的学习将学科理论应用于实践领域。不仅如此,学生们更渴望学会独立思考问题的方法,而不是将学习仅仅停留在对概念死记硬背的层次上。出版一本适合我国国情、适应时代发展趋势、有益于教学的教材是行政组织学教学的迫切需要,同时也是这门学科迈向成熟的又一步。

正是基于上述认识,才有了摆在读者面前的这本《行政组织学》,该书构思简洁、视角新颖、观点鲜明、内容丰富、条理明晰、论述系统、文字精练,对当前现实进行了理性的总结和升华,吸收和借鉴了国内外的科研成果,紧密结合中国改革开放以来的实践,深入分析探讨了理论和现实的发展变化趋势,在一定程度上弥补了以往教科书的缺陷。

概括说来,本书有如下特点:

一、突出了其作为教材的系统性和简洁性

本书为读者提供了完整的理论框架和基本的学科概念,系统分析了国内外经典理论,重点阐释了当前最新的理论成果,并对基本理论的各个方面一一展开分析讨论,主线明晰,逻辑严密,体系严谨。

二、体现了理论著作的前沿性和时代性

科学地评价过去是为了更好地调控未来。本书不仅仅停留在对行政组织学基本理论的阐述上,而且对行政组织发展的新背景、新趋势和新动向给予了极大的关注,重点分析了当代行政组织理论的最新发展方向,提出了新颖独到的见解;而对于现代行政组织应当确立的文化理念问题,也提出了一些新的观点,讨论得较为集中,也较为深入,其中不乏真知灼见,使本书更加贴近现实。

将学术视角明显扩展到组织发展与变革这一层面上并展开细致分析,对我国行政体制改革提出方向性建议的教科书,还十分鲜见,这使得本书具有极为鲜明的时代性以及较为重要的理论价值和实践意义。比较以往的教科书而言,本书更能反映当代世界的最新变化,这使得本书既适用于日常教学,又可用于理论研究参考,这可以看做是对行政组织理论研究的有益拓展和探索,同时也是本书的一大特色。

三、体现了研究方法的多样性和研究视角的新颖性

本书运用辩证唯物主义的历史与逻辑、理论与实践相结合的研究方法,辅之以必要的案例分析、比较分析、经济分析。这种科学的研究方法拓宽了作者研究的视角,使得对理论的研究密切围绕当前现实展开。

另外,本书突破了以往对行政组织学静态研究的思维定式,从计划经济向市场经济转轨中的行政组织的动态过程来分析一般理论,用生态的行政组织环境、心态的行政组织意识来系统分析行政组织与其他社会组织间广泛的互动,突出了软性价值对行政组织的深刻影响,这种全新的思维方式,反映了作者深厚的哲学素养。

四、强调了行政组织学体系的交叉性

行政组织学体系的交叉性决定了它不能离开其他学科独立发展,同时也意味着行政组织学将诸多学科的理论和研究方法融为一体,从而产生一个相对开放的理论领域。作者从行政学与组织学的交叉视角入手,充分借助相关学科的广泛知识和研究方向,在更加广阔的空间内和更加多元的层面上展开理论分析。

本书的读者对象是较为广泛的,既可以用于行政管理、公共管理等相关管理专业本科阶段的教学,也适用于公务员的培训和希望了解行政组织学的自学者。需要指出的,本书是集体不懈努力和辛勤创造的结晶,本书的主编者和作者们都是年轻人,他们有着充分的学术敏感性和社会责任感,对问题的探索是严肃的,治学的态度是严谨的。本书的主编尹钢博士好学善问,思维敏睿,为人质朴,对学术具有不倦的探索精神。在今天,年轻人的这种细致、严谨、踏实、遵循科学精神、恪守学术规范的研究是非常难能可贵的,我为此由衷地感到高兴和欣慰。本书也确实显示了他们深厚的理论功底、清晰的逻辑能力以及扎实的文字功力。

我本人从事了几十年的法律研究和教学工作,如今在对自身不断鞭策的同时,也深深地感到:将这些踏实、严谨、对学术有着执著追求的年轻人认真、负责地介绍给学界和社会,尽快地培养推进学科发展的新生力量,提携具有开拓精神的后起之秀,创造有利于青年学者成长的良好环境,是推动中国学术界持续发展必不可少的途径,也是我应该做的一件极其有意义的事情。

书中难免会有某些不足留待完善,但本书所体现的价值使我非常乐意向社会推荐这本书并欣然为之作序。我真心希望本书的出版,能有助于我们对社会主义市场经济条件下的行政组织理论有更加深刻的认识,进而有助于解决行政组织发展中的问题和矛盾,建立行为规范、运转协调、公正透明、廉洁高效的行政组织体制,为推进中国的政治、经济体制改革作出应有的贡献。

何勤华
2004 年 12 月 21 日

目 录

第一章 绪论 ………………………………………………………… (1)
 第一节 行政组织概述 ………………………………………… (1)
 第二节 行政组织学的学科范畴 ……………………………… (10)
 第三节 建设有中国特色的行政组织学 ……………………… (15)

第二章 行政组织的历史发展与理论发展 ……………………… (20)
 第一节 西方行政组织的历史发展与理论发展 ……………… (20)
 第二节 我国行政组织的历史发展与理论发展 ……………… (37)

第三章 行政组织结构 …………………………………………… (44)
 第一节 行政组织结构概述 …………………………………… (44)
 第二节 行政组织结构的类型 ………………………………… (46)
 第三节 行政组织结构的功能 ………………………………… (55)
 第四节 行政组织结构的优化及其发展 ……………………… (60)

第四章 行政组织环境 …………………………………………… (65)
 第一节 行政组织环境概述 …………………………………… (65)
 第二节 行政组织环境对行政组织的影响 …………………… (70)
 第三节 营造良好的行政组织环境 …………………………… (77)

第五章 行政组织过程 …………………………………………… (87)
 第一节 行政组织决策 ………………………………………… (87)
 第二节 行政组织执行 ………………………………………… (101)
 第三节 行政组织监督 ………………………………………… (112)

第六章 行政组织沟通 …………………………………………… (119)
 第一节 行政组织沟通的含义与类型 ………………………… (119)
 第二节 行政组织沟通的过程 ………………………………… (130)
 第三节 行政组织沟通的障碍 ………………………………… (132)
 第四节 有效的行政组织沟通及其对策 ……………………… (136)

第七章 行政组织激励 …………………………………………… (140)
 第一节 行政组织激励概述 …………………………………… (140)
 第二节 行政组织激励理论 …………………………………… (148)
 第三节 行政组织激励的应用 ………………………………… (163)

第八章 行政组织文化 ……………………………………………（173）
　　第一节　行政组织文化概述 ………………………………（173）
　　第二节　行政组织文化的构成 ……………………………（179）
　　第三节　构建有中国特色的行政组织文化 ………………（185）
第九章 行政组织的发展 ……………………………………（194）
　　第一节　行政组织发展概述 ………………………………（194）
　　第二节　西方行政组织发展 ………………………………（203）
　　第三节　我国行政组织发展 ………………………………（209）
后记 …………………………………………………………（218）

第一章 绪 论

现代社会是一个高度组织化的社会。人们只有通过组织才能参与社会公共生活,社会公共事务管理实际上已成为一种组织活动过程。因此,学习和研究行政组织理论,牢固掌握行政组织学的基本原理和方法技术,成为我们从事行政管理理论研究与实际管理工作的重要任务和基本前提。学习和研究行政组织学,必须从了解行政组织的概述和行政组织学的学科范畴开始;同时,要立足我国的基本国情,研究有中国特色的行政组织学的内涵、目标及其实现途径。

第一节 行政组织概述

一、行政组织的涵义

要了解行政组织的涵义,首先应当对"组织"这一概念有一个基本的认识。

(一)组织的含义

组织是人类生存的基本方式。社会性是人类及人类社会所独有的特征,而社会性突出表现为人类生产、生活和交往的组织性。没有组织,也就没有社会。组织是连接人与社会的中介,是社会的细胞、社会的基本单元,是人们实现共同目标的工具。

从社会发展史来看,组织产生于人类的生产斗争和社会斗争的实践。最初出现的人类组织是家庭、氏族和部落,随着生产的发展和阶级的产生,出现了国家,国家将其领域内的每个成员都编入一定的组织中。同时,人们为了寻求更好的生活,建立和参加了越来越多的组织,组织越来越多地渗透到个人生活、学习和工作的各个环节。彼得·德鲁克曾指出:"社会已成为一个组织的社会。在这个社会里,不是全部也是大多数社会任务是在一个组织里和由一个组织完成的。"[1]特别是在进入现代社会之后,组织功能日趋分化、日臻完善,个人的每项追求、每个欲望,几乎都要在各种具有不同功能的组织中寻求实现的途径或获得某种程度的满足。几乎已没有任何一个领域、任何一项事业、任何一个个体能够与组织完全无关。帕森斯在《社会学的一般理论》中指出,"一切社会体系,从它们在结构上是可以区分的这一角度看来,都是有组织的"。因此,充分发挥组织

---

[1] 彼得·德鲁克:《后资本主义社会》,上海译文出版社1998年版,第52页。

功能,发展和完善人类社会的组织体系,已经成为发展政治、经济、文化、教育、卫生等各项事业,改善人类生活条件,提高人的尊严和价值的一个重要途径。[①]

那么,组织的基本含义是什么呢?在词源上,中文的"组织"是将丝麻纺织成布,英文的"组织"(organization)则来源于"器官"一词,即自成系统的、具有特定功能的细胞结构。由于人们所处的环境不同,观察的角度不同,研究的方式不同,对"组织"的界定也就不同。

法约尔[②]认为,组织是由物质和人组成的社会有机体,其目的在于实现计划、组织、指挥、协调、控制。这种观点只强调组织的物质构成与管理职能,而没有揭示出组织的性质和本质。

巴纳德[③]认为,组织是"两个或两个以上的人的有意识协调的活动或效力的系统"。这种观点强调人是组织的主体,对组织的管理要以人为中心,但对组织的本质属性没有阐明。

穆尼[④]和赖莱[⑤]认为,"组织是每一种人群联合为了达到某种共同目标的形式"。这种观点只强调了组织的目的和结构。

卡斯特[⑥]和罗森茨韦克[⑦]运用系统的观点指出,"组织是一个由若干子系统组成的开放式社会技术系统"。这个系统从环境中接受能源、信息和材料的投入,予以加工,然后又向环境输送产出。这种观点强调组织的系统性及其与环境的相互作用。

上述观点都从不同的角度对组织的本质作了一定程度的揭示。我们认为,组织是指追求特定目标的社会群体。"组织一词本身是指群体的一种类型。"[⑧]组织内涵可以理解为四个方面,即静态的结构、动态的过程、生态的环境和心态的意识。静态的组织结构是指构成一个组织的组成部分之间相互关系的稳定模式,包括职能关系、层次划分、部门设立、权责体系等。动态的组织过程是指组织各个构成部分之间相互作用的过程,体现为组织的人、财、物和信息在一定时空内有效配置,以实现组织目标的活动。生态的组织环境是指组织自身系统与组

[①] 参见傅明贤:《行政组织理论》,高等教育出版社 2000 年版,第 2 页。
[②] 法约尔(Henri Fayol,1841—1925),法国管理学家,西方古典管理理论在法国的最杰出代表。他提出的一般管理理论对西方管理理论的发展具有重大的影响,成为管理过程学派的理论基础,也是以后各种管理理论和管理实践的重要依据之一。
[③] 巴纳德(Chester I. Barnard, 1886—1961),美国高级经理人员和管理学家,社会系统学派的创始人。
[④] 穆尼(James D. Mooney, 1884—1957),美国高级经理人员和管理学家,管理过程学派的代表人物之一。
[⑤] 赖莱(Alan C. Reiley,1869—1947),原是美国的一位历史学家,后来成为一位高级经理人员。
[⑥] 卡斯特(Fremont E. Kast),美国华盛顿大学教授,系统管理学派的主要代表人。
[⑦] 罗森茨韦克(James E. Rosenzweig),美国华盛顿大学教授,系统管理学派的主要代表人。
[⑧] 米切尔主编:《新社会学词典》,蔡振扬等译,上海译文出版社 1987 年版,第 310—311 页。

织环境之间的互动关系。心态的组织意识是指组织是一个心态的群体心理系统,受组织成员的心理、情感、价值观等因素的影响和制约,并与社会心理系统相互作用、相互渗透。简单地说,组织是两个以上的人、目标和特定的人际关系这三种要素构成的一种特殊的人群体系。行政组织则是各类社会组织中一种极为重要的组织形态。

(二)行政组织的含义

行政组织是为履行国家行政职能而依法建立起来的一切行政机关的综合体。它包括四方面的内涵:

1. 静态的行政组织结构。行政组织是一种特定的静态组织结构,即国家行政机关的实体,包括各种行政机关及其相互关系,是构成国家机器的重要组成部分。

2. 动态的行政组织过程。行政组织是一种特定的动态组织行为,即国家行政机关依法行使国家行政权力,管理国家事务、社会公共事务和行政机关自身的各种组织行为。

3. 生态的行政组织环境。行政组织是一个开放的社会生态系统,由目标与价值分系统、技术分系统、社会心理分系统、结构分系统和管理分系统等若干子系统组成,并与特定的环境相依存,受环境的影响和制约,随环境的发展变化而变化,是一个不断自求适应、自谋调整的社会有机体。

4. 心态的行政组织意识。行政组织是一个心态的群体心理系统,受工作人员的责任心、荣誉感、工作态度、组织意识、合作观念及服务精神等一系列心理因素的影响和制约,并与社会心理系统相互作用、相互渗透。

行政组织有广义和狭义之分。广义的行政组织泛指一切具有计划、组织、指挥、协调、控制等行政功能的组织,它不仅包括国家的政府系统,也包括国家立法、司法机关和政党、企事业单位以及群众团体等其他社会组织内处理行政事务的组织。狭义的行政组织则仅指政府系统。本书研究的是狭义的行政组织。

(三)行政组织与行政机关、行政机构的关系

行政组织与行政机关、行政机构既有联系,又有区别。行政机关是依法行使国家行政权力、履行国家行政职能的机关,能独立行使职权。行政机构则是行政机关的内设工作单位,不能单独对外行使职权。就二者与行政组织的关系来看,行政组织以行政机关为基础,是行政机关的综合体,而行政机关又以行政组织的原则为指导。行政组织统帅、制约行政机关,而行政机构的设置又以行政机关的职能目标为依据,受到行政机关的统帅和制约。[①]

---

① 参见彭国甫主编:《现代行政管理新探》,燕山出版社1998年版,第13页。

二、行政组织的特征

行政组织作为一种特殊而又典型的社会组织,既具有一般社会组织的普遍属性,又具有一般国家组织的共同特征。

1. 阶级性。阶级性是国家行政组织的本质特征。国家是统治阶级用来维护本阶级利益、维护社会统治秩序、调节社会各种关系的工具。国家的意志就是统治阶级的意志。行政组织作为国家职能的承担者,其核心就是维护统治阶级的利益,其管理活动过程必然会表现出鲜明的阶级性。从根本上说,行政组织建立和运行的目的就在于维护统治阶级的利益,贯彻统治阶级的意志。我国行政组织的阶级性,集中体现为工人阶级领导的、以工农联盟为基础的人民民主专政。

2. 社会性。"政治统治到处都是以执行某种社会职能为基础,而且政治统治只有在它执行了它的这种社会职能时才能持续下去。"[1]阶级性是行政组织的核心,而社会性则是行政组织的基础,二者是行政组织二重性的突出表现。国家行政组织要从根本上维护统治阶级的利益、维护社会的统治秩序,就必须履行社会管理任务,以管理社会公共事务作为自己的重要职能。行政组织的社会性和阶级性在人民当家作主的社会主义国家中是一致的,目的都是为了实现广大人民群众的根本利益。而在剥削阶级统治的国家中,行政组织维护人民利益的社会性只是表面的,实质上是为了谋求统治阶级的根本利益;只有在不违背统治阶级根本利益的前提下,才承认所谓的人民大众的利益。

3. 权威性。政府行政组织作为国家权力的执行机关,代表国家行使这种权力,是国家权力的具体实行者、体现者。它以整个社会生活为自己的控制对象,拥有凌驾于整个社会之上的权威,运用各种手段来维持社会的政治秩序、经济秩序和文化生活秩序。行政组织管辖的对象,包括社会的各种团体和全体公民,都有义务而且必须服从行政组织的一切合法的规定、命令,服从行政组织的指挥、领导和管理。在宪法和法律的范围内,在行政组织的权责范围内,不允许其他任何组织、团体和个人与之相抗衡。对于不服从者,要用法律和政纪进行制裁和惩戒。强制服从是行政组织权威性的突出特征。

4. 法制性。行政组织是依法代表国家行使行政权力的机构,具有很强的法制性。行政组织的建立、撤销要以国家宪法和有关法律为依据,并在宪法和法律规定的范围内活动。行政组织的基本要素,即任务、责任和权力,也要由国家宪法和法律赋予。行政组织成员的职责、权利、义务,国家行政机关行使职权和实施管理的原则、方式、程序等,都必须以法律为基本依据,不得越出宪法和法律规

---

[1] 《马克思恩格斯选集》第3卷,人民出版社1995年版,第523页。

定的范围。依法行政并对其活动承担相应的法律责任,是行政组织法制性特征的又一突出表现。法制既是行政组织活动的依据,又是行政组织活动的手段之一。法制性是行政组织权威性的基础,离开了法制,违背了宪法和法律的规定,行政组织就不能真正维护其权威性。

5. 系统性。行政组织是依法设置的,由若干要素按照一定的目标结构、层次结构、部门结构、权力结构组成的职责分明、协调有序的有机系统。在这个系统中,它按不同区域、不同层次、不同管理功能进行划分,并设置相应的组织机构,形成一个纵横交错且具有制约和隶属关系的权责体系。从纵向看,它包括中央政府、各级地方政府和各类基层行政组织单位,形成了一个金字塔型的层级结构。从横向看,每一层级的行政组织内部都有横向部门的划分,这些部门分工协作,领导和管理各有关的事务。这样,行政组织各层级、部门和单位在系统的结构中各司其职、各得其所,充分发挥部门的个体效应和系统的整体效应,使国家行政活动协调有序地进行。

6. 发展性。行政组织作为一个开放的社会系统,受各国不同时期的历史条件、政治制度、经济条件、文化传统、科技水平等因素的影响与制约,其内部结构、体制和手段必须随社会的发展和环境的变化而不断加以调整和变革,以适应形势发展的需要。与此同时,行政组织也将通过行使国家行政权力,积极实施行政管理,以推动社会的发展与进步。行政组织在与社会交互作用的动态平衡过程中相互促进,共同发展。

三、行政组织的构成要素

行政组织是一个由若干要素组成的有机整体。了解行政组织构成要素的目的在于建立科学的分析单元,进而寻求考察和优化行政组织效能的有效途径。行政组织的基本要素直接关系到行政组织效能的性质、程度和范围。行政组织的基本要素概括起来主要集中在以下八个方面:

1. 组织目标。行政组织的目标是行政组织赖以产生和发展的基础,它规定了行政组织的运转方向,是行政组织的灵魂,在本质上体现了行政组织的基本功能。目标是一个由总目标与分目标、原则目标与工作目标组成的目标网,各个行政机关都以目标为导向寻求自己在组织大系统中的位置,发挥应有的功能。组织目标不明确,在外部将会造成消极行为或无所作为的行为倾向,在内部则将引发纠纷和冲突,混淆行政组织关系。

2. 机构设置。机构是行政组织的实体,也是履行行政职能、达成组织目标的载体。机构设置是指根据组织目标、职能范围在行政组织内部按分工设置具体的部门和岗位。机构设置问题是行政组织的核心问题,是决定行政组织效果的关键,只有科学合理的行政组织机构,才能真正成为行政职能和行政权力的载体。设置科学合理、精干高效的行政机构,是行政组织建设的核心内容。

3. 组织人员。人是行政组织的主体和核心,离开了人的参与,一切组织都不存在,一切组织活动都无法进行。人的素质或状况直接影响到行政组织的效能。因此,要根据行政组织的需要,给行政组织配备一定数量和质量的人员,制定和实施正确的公共人事政策,为组织广招贤才,并做到人尽其才、才尽其用。

4. 权责体系。权责体系是行政组织的各个部门、各个层级、各个成员之间的一系列从属、并列关系,是行政组织结构的基础。权责结构配置是否科学,纵向各层次与横向各部门、各职位的分权与分工是否合理,各部门、各职位与整体组织之间权责关系是否明确,是行政组织能否高效运转的关键。权责分配合理则是指权力与责任之间的对应关系。在通常情况下,权力与责任成正比关系,即权愈盛责愈大,反之亦然。

5. 财物设备。经费、物资、设备是构成行政组织的重要的有形要素。尽管行政组织在本质上体现为人的社会关系活动,但是,离开物质因素的支持,人们的组织行为无从着手。行政组织无论是支付行政人员的薪金、维持日常办公、购置办公器材等,都需要一定的财政经费开支。同时,一定的办公场所、办公文具、通讯器材、交通工具、印刷设备等,也是行政组织开展各项活动所必不可少的。财物设备是否完备足量,将直接影响到行政组织整体功效的发挥。

6. 法规制度。法规制度是用正式文件或书面规定的形式明确组织目标、职能任务、工作程序、权责关系、内部分工及活动方式的一种手段。法规制度是行政组织依法行政的根本保障。法规制度的完善程度,也是衡量行政组织是否健全的主要标志。因此,健全行政组织法、编制法以及组织内部的各项具体法规制度,是行政组织建设十分重要的内容。

7. 技术信息。行政组织构成要素中的技术,不仅包括组织活动过程中所采用的科学技术,还包括组织决策、执行、监督的原则、方式和方法等"政治技术"。信息也是行政组织的重要构成要素。从某种意义上说,行政组织的运转过程,实质上就是信息的收集、整理、利用、制造和传输的过程。行政组织内部及其与外部环境之间良好的信息交流与沟通,既是行政组织协调内部各个部门、各个成员及其与外部环境之间关系,统一步调,有效实现行政组织目标的重要手段,又是行政组织存在、延续和发展的必要条件。

8. 团体意识。行政组织的团体意识是指行政组织成员对组织在思想、认识、情感和态度等方面的共同意识,其核心是把自己视为行政组织的真正一员,并把组织利益作为自己利益的一部分。行政组织的团体意识是形成组织目标的共同心理基础,是维持行政组织存在、延续和发展的灵魂。它关系到组织成员的工作状态和进取精神,关系到组织有效运转的能力。如果没有团体意识,行政组织就如失去了灵魂的身体。因此,是否具有强大、稳定的团体意识,成为衡量一个行政组织生命力的重要标志之一。

四、行政组织的主要功能

所谓功能,是指某一特定事物所发挥的作用,它是功效与能量的辩证统一。行政组织的功能是指作为国家行政管理主体的各种行政组织,在依法管理社会公共事务过程中所具有的独特作用。行政组织的主要功能是与其在行政管理系统中的地位和特性密切相联的。

(一)行政组织在行政管理中的地位

1. 行政组织是政府职能的载体

行政组织是政府职能的载体,政府职能是行政组织的灵魂。行政组织的工作任务、制度、结构、功能和人员、发展目标等均由行政组织的职能来决定。没有完整高效的行政组织,政府职能不可能被履行。

2. 行政组织是行政管理的主体

行政组织是国家对社会事务进行行政管理的主体,是进行行政管理活动的物质基础和力量源泉。一切行政管理活动都是由行政组织来进行的。尽管行政组织的成员个体在某种意义上具有承担行政管理活动和处理公共管理事务的权力和责任,但是,从根本上讲,成员个体的权责仍然来自于行政组织的职位关系。因此,行政组织是行政管理事务的承担者、实施者和责任者,是行政管理的主体。没有行政组织这一主体,政府就无法行使其行政职能、履行其国家管理的职责。

3. 行政组织是行政人员的归属

行政组织是行政人员的归属。首先,行政人员是行政组织的力量之源。行政组织把孤立的行政人员聚合到一起,把他们联系起来,通过分工与合作,将孤立的个体结合成一个能动的团体,使全体工作人员朝着组织的目标共同努力。组织通过分工,使每个行政人员各负其责、各司其职,有效地发挥个人的专长。同时,通过合作、协调和配合,汇聚组织成员单个的力量,充分发挥各自的长处和优点,产生一种新的组织合力,使组织的集体力量大于各个体力量简单相加之和。其次,行政组织是行政人员工作的物理环境和精神家园的总和。行政组织内部的物质设置、职责关系等构成行政人员工作的主要条件,影响和支配行政人员工作绩效的发展。同时,行政组织内部的组织文化、组织心理、人际关系是行政人员的精神家园,也是制约行政人员工作积极性的重要因素。

4. 行政组织是行政活动的支点

组织与人事是一切管理活动的两个基本支点,它们构成了管理活动的基本框架。在行政管理活动中,行政组织是行政人员的载体,没有行政组织就没有行政人员,更谈不上行政人员作用的发挥和政府职能的履行。同时,组织的纵横结构、机构设置、权责分配是否科学,组织制度是否健全,又是行政人员能否发挥正面作用的关键。行政组织是行政人员之间分工是否明确、合理,合作是否协调,沟通是否顺畅,关系是否融洽的物质保证,是行政活动顺利开展的必要条件。总之,科学有效的行政组织能充分发挥每个行政工作人员的主动性、积极性,能使他们发挥所长,更有效地开展工作。反之,如果行政组织的建立和运行缺乏科学合理的原则和依据,组织管理混乱,则会妨碍行政人员积极性、主动性的发挥,行政活动也就无法顺利展开。

(二) 行政组织功能的主要内容

行政管理是政府行政组织对社会公共事务的管理,它以国家强制力为后盾,对国家的政治、经济、文化和社会事务进行全面的管理,在这些领域发挥自己独特的功能。

1. 政治功能

行政组织的政治功能是指政府行政组织通过一系列的政治活动,防御外来的入侵与渗透,镇压敌对阶级的反抗,制止和打击不法分子的各种破坏活动,妥善处理各个阶级内部及其相互之间的关系,进行民主法治建设,建立和维护有利于统治阶级的社会秩序。政治功能最集中地体现了国家的阶级性质,其核心问题是巩固国家政权。

2. 经济功能

政府行政组织存在的目的就是为其经济基础服务,保护经济基础的巩固和发展,并以各种形式推动经济建设和社会生产力的发展。不论什么样的社会,不论其处于什么发展阶段,作为上层建筑主要部分的政府行政组织与经济基础之间的这种关系都不会改变。因此,领导、组织与管理社会经济是行政组织的基本功能。我国正处于社会主义初级阶段,全面建设小康社会是现阶段的主要任务,因此,组织经济建设成为我国行政组织最主要、最基本的功能。

3. 文化功能

文化功能是指行政组织进行思想政治教育和对科技、文化、教育、体育、新闻出版、广播电视、卫生等事业进行管理的职能。现阶段,我国政府行政组织的文化功能主要体现在精神文明建设上。一方面,要加强思想政治工作,在公民中坚持进行爱国主义、集体主义和社会主义教育,发扬艰苦奋斗、勤俭节约的光荣传统,振奋民族精神。另一方面,要大力发展教育、科学、文学艺术、新闻出版、广播电视、卫生、体育、文物、图书馆、博物馆等各项文化事业,确保科技和教育的发展。

4. 社会功能

行政组织的社会功能是国家行政组织对社会公共事物进行管理的职能。行政组织的社会功能主要包括:(1) 提供社会保障。社会保障既是对公民基本生存条件的保障,也是对社会经济活动正常运行的保障。一个国家的社会保障体系应该包括四方面:一是社会保险体系,包括养老保险、医疗保险、失业保险和工伤保险四类;二是社会救济体系,保证陷入困境的公民都能够得到政府的救济和社会的帮助;三是社会优抚体系;四是社会福利体系。(2)提供公众基础设施,为物质生产和公众生活提供便利。(3)控制人口增长。人口增长过快是发展中国家的普遍现象,也是发展中国家经济发展的沉重包袱。政府行政组织必须担负起责任,控制生育,实施计划生育政策。(4)保护环境。自然环境是人类赖以生存的重要条件,政府行政组织必须通过直接控制、罚款和经济补贴等措施来减少污染,保护自然环境。

(三)行政组织功能的特点

行政组织功能是广泛性与有限性、稳定性与动态性、共同性与差异性的有机统一。

1. 广泛性与有限性

由于行政组织承担着促进以经济发展为中心的社会全面发展的任务,因此,行政组织的功能范围必然涉及国家政治与社会生活的各个方面,包括外交、国防、治安、财政、金融、工业、农业、商业、文化、教育、科技、卫生、体育、社会福利、环保等领域。同时,行政组织功能又是有限的。行政组织功能的有限性表现在:第一,行政组织功能发挥的领域要以社会需求为限。凡是社会需要的地方,行政组织就应发挥其功能;反之,就不能横加干涉。尤其是在当前市场经济条件下,凡是市场机制能够发挥良好作用的领域,行政组织就不能介入。要正确处理好国家与社会、政府与市场的关系。第二,行政组织功能发挥的效度要以法律为限。依法行政是行政组织运行的根本原则,也是行政组织功能发展的基本要求。行政组织必须依法行政,其行为必须受到法律的制约,不能超越法律所赋予的权限。第三,行政组织功能发挥的程度是以自身能力为限的。行政组织不是无所不能的,其自身资源和能力是有限的。因此,行政组织功能具有有限性。

2. 稳定性与动态性

行政组织功能是基于特定历史条件下的社会需要。这种需要在一定的历史时期是客观、稳定的,在此基础上形成的行政组织及其承担的特定功能也具有相对的稳定性。但是,行政组织的功能又具有动态性。作为上层建筑的组成部分,行政组织功能不是一成不变的,它要随着社会、政治、文化的发展而发展,随着国家形势和任务的变化而变化,不断地根据实际情况作出调整,以保持与外部环境相适应,满足社会的需要。

3. 共同性与差异性

行政组织功能的共同性是指任何类型的国家行政组织都具有共同的功能,即政治功能、社会功能以及出自行政活动内在机制的计划、组织、领导、协调、控制等功能。同时,行政组织的功能又是具有差异性的。行政组织功能的差异性是指不同类型国家的行政管理要体现不同统治阶级的意志,具有不同的行政组织功能,同一类型的国家因各自国情的差异而具有不同的行政组织功能;而且,同一国家的不同历史时期,同一行政组织系统内部的不同层次、不同部门,其具体的功能表现也不同。

第二节 行政组织学的学科范畴

一个学科的学科范畴也就是该学科的"范式"。托马斯·库恩在《科学革命的结构》一书中指出,所谓"范式"是指为进一步的科学研究提供模式的特定科学成就,或者说是多数或全部研究者所认同的一套成文或默许的制度,包括学科的术语、理论、方法、假设、论证方式、操作规则等。一个学科的对象、内容、性质、研究方法构成该学科范畴的基本内容。作为研究行政组织构成、建立、运行和发展规律的学科,行政组织学有其独特的研究对象、研究内容、学科性质和研究方法。

一、行政组织学的研究对象

"科学研究的区分,就是根据科学对象所具有的特殊的矛盾性。"[①]行政组织学与其他学科相区别,正在于它特殊的研究对象——行政组织。

行政组织的类型是多样的,层次也是非常繁杂的,但是,不管这些行政组织的职能存在何种差异、所处的位置重要与否,它们都必须遵循一些相同的活动规律和运行规律,都必须去捍卫相同的价值观,去承担相同的组织使命。行政组织的共性是建立在行政组织特殊性基础之上的,研究这种共性则是行政组织学的主要任务。

1. 行政组织学与行政管理学的关系

行政组织学是从行政管理学中分离而独立出来的,是行政管理学的一个分支。行政管理学是行政组织学的专业基础理论,是研究以行政为主体对整个社会进行行政管理的科学,它包括整个行政管理的要素、环节、管理方式,行政组织只是其研究的一个内容,虽然是基础性的内容。行政组织学主要是研究行政组织本身是如何产生、变革和发展的,如何建立和运行的,以及如何对行政组织自身进行管理的。这些内容包含在行政管理学研究之中,但不是其主要研究对象,更不是其全部内容,行政管理学只能概略地研究这些内容。细微、深入地研究它们,是行政组织学的独特任务。

2. 行政组织学与管理学的关系

管理学是研究以组织为主体对公共事务进行管理的科学,其中很重要的内容是对组织自身的研究:建立什么样的组织结构才是最有效的,在组织内部如何

---

① 《毛泽东选集》第1卷,人民出版社1991年版,第309页。

分配权力,对组织如何进行控制,使之能有效地达成目标等等。可以说,这既是组织学的研究对象,也是管理学研究的重要内容。因为从广义的角度讲,组织学和管理学研究的目的,都是为了提高组织的工作效率。既然是组织的工作效率,当然要以研究组织为前提。正因为如此,它们之间有着广泛的联系。但是,组织学与管理学的研究又有区别。前者的研究主要限于组织自身,基本不涉及对社会某项公共事务的管理;后者的研究是全面的,既有组织自身的问题,又有对某项社会事务进行管理的问题。所以说,组织学是管理学的分支,而行政组织学又是组织学中的一个分支,是从研究人类社会各种组织共同规律的组织学中分离出来,专门研究行政组织的科学。

3. 行政组织学与政治学的关系

从表面上看,政治学与行政组织学似乎不存在什么联系,但只要认真考察就会发现,行政组织是整个国家政治体系最基础的组成部分,是国家机器的心脏。以国家机器为研究主体的政治学,必然要关注行政组织。不过,政治学在研究国家行政组织时,只是从整个国家政治生活这个宏观的角度来分析行政组织在整个国家机关乃至整个政治生活中的地位和作用。另一方面,行政组织在整个社会组织中是体现国家政治意志最多的组织形式,所以其存在和活动方式不能不受政治学所确立的价值观的指导和制约。如公共组织中所秉承的"维护和实现社会正义、公平"、"政务公平"、"民主参与管理"、"公共组织有义务接受社会公众的监督"等理念,都是政治学为公共组织活动提出的价值要求。

4. 行政组织学与组织行为学的关系

组织行为学着重从微观的角度进行研究,它侧重于个人和小组的行为,研究的重点是组织中个人的行为以及小组成员的行为表现和态度的变化,如个体的劳动效率、价值观、学习能力、需求和激励的作用等个性特征,以及小组的角色、地位、成员及领导的个性、权力分配和小组内的信息传播与小组内的冲突等。

与组织行为学不同,行政组织学则是研究行政组织系统的构成子系统、子系统之间的相互协作关系以及子系统对行政组织系统绩效的影响等。如行政组织整体机构的设计与规划、各机构部门之间的职权和相互间的协调运转、影响组织机构设计的环境因素、机构的变革或再构造、组织中的正式组织与非正式组织、组织中的信息沟通模式和信息决策系统以及组织的界线和活动行为等等,都属于行政组织学研究的重点课题。总之,行政组织学侧重于对公共组织整体行为和整体效益的研究,而组织行为学则以个体的行为和个体的效益为其研究重点。

二、行政组织学的研究内容

行政组织学是研究行政组织构成、建立、运行和发展规律的科学。行政组织学的研究内容丰富而复杂,一般而言,我们可以通过归纳研究视角来揭示行政组织学的研究内容。

（一）行政组织的总体研究

1. 研究行政组织的本质、性质、特征、构成要素和主要功能等一般性原理和综合知识。

2. 研究行政组织的历史发展与理论发展。行政组织和国家一样，属于历史的范畴，有一个产生、发展的过程。在漫长的历史长河中，人类的行政组织有着自己丰富的经历与变化，值得我们认真去总结。行政组织理论是行政组织实践经验与思想的系统化和理论化。行政组织理论的发展历程也是行政组织学研究的重要内容。这一部分主要从理论的角度介绍和评价传统的行政组织理论、行为科学的行政组织理论和现代行政组织理论。

（二）行政组织的静态研究

1. 研究行政组织的结构。研究行政组织纵向结构、横向结构的构成原理及相互关系，着重阐述行政组织结构的类型、作用及意义。

2. 研究行政组织的体制。研究行政组织体制的科学涵义、类型等，主要有首长制、委员会制与混合制，完整制与分离制，集权制、分权制与均权制的原理及其利弊优劣等。

3. 研究行政组织的类型。行政组织是一个庞大的体系，它可以从纵向划分为中央政府、各级地方政府和基层政府等不同层级，也可以从横向划分为领导机关、辅助机关、执行机关、派出机关和各类不同的职能部门。我们将研究这些不同机关划分的原则与各类机关的特点。

（三）行政组织的动态研究

1. 研究行政组织的建立与管理。根据行政组织静态、生态、心态的特点，把握其动态运行的规律，探讨如何去建立和管理行政组织。也就是说，根据行政组织的自身特点和运行规律，提出一些建立行政组织的原则与方法，其中包括行政组织编制管理的程序与方法。

2. 研究行政组织的变革。由于行政组织的主客观环境和条件经常发生变化，如何进行行政组织改革以适应变化了的内外环境，必然成为行政组织不断遇到的新问题。在这一部分里，我们将着重探讨行政组织变革的原因、变革的阻力和动力及变革的趋势等，并介绍国内外当前行政组织变革的实践等问题。

（四）行政组织的生态研究

研究行政组织的外部环境。主要分析自然、经济、政治、文化、社会等外部环境因素对行政组织的影响，以及行政组织如何能动地适应与改造外部环境，揭示行政组织与外部环境之间互依互动的动态平衡关系。

（五）行政组织的心态研究

研究行政组织的内部条件。主要探讨行政组织内部的物质、制度条件和人群关系的影响,以及行政组织如何有效地改善其内部条件等等。

总之,我们对行政组织的研究力求涵盖行政组织的静态、动态、生态和心态等各个角度、各个方面,既进行综合、抽象的概括,又从事微观、具体的分析,将行政组织建立、运行、发展的全过程都囊括其中,以求获得对行政组织现象全面的认识。

三、行政组织学的学科性质

作为当代行政管理学的一个分支学科,行政组织学是社会科学交叉、综合的产物,它是人们应用各种学科知识来研究行政组织而形成的一个综合性的研究领域。行政组织学具有如下几个方面的性质:

(一) 阶级性与社会性的统一

行政组织的双重性质决定行政组织学既有特殊的阶级性,又有共同的社会性。行政组织学的阶级性决定了各个阶级出于自身利益的不同而对同一种行政组织现象持有不同的看法和评价。这是因为行政组织的体制直接涉及各个阶级的利益,所以,各个阶级理所当然地会对同一种行政组织作出不同的评价,并为其评价找出理论依据,建立自己所特有的行政组织理论。因此,行政组织理论具有阶级性的一面。同时,因为行政组织都要担负行使国家权力的职能,都要对社会公共事务进行管理,都要为实现这些职能和管理而设立机构和配置权力,因此,行政组织学也要研究如何通过行政组织的机构设置、权力分配来更好地行使其管理社会的功能。所以,行政组织学又具有一般的社会属性。

行政组织学的阶级性和社会性,决定了我们在研究行政组织时,对待历史上的行政组织理论,要持批判的继承态度,批判和否定其中的阶级偏见和消极糟粕;同时,要继承和借鉴其能反映人类社会行政组织共同规律方面的科学和精华。

(二) 跨学科与专门化的统一

从某种意义上说,行政组织学是从行政管理学的母体中分离出来的。行政组织学在其形成和发展的过程中,大量吸收了其他学科的知识和方法,政治学、管理学、行政管理学、组织学、心理学等学科都为行政组织学的发展作出了重要的贡献。另一方面,行政组织学作为一个独立的专门研究领域的地位越来越稳固。原因就在于,它有自己相对独立的研究领域,即作为公共行政的主体——行政组织。它在吸收其他学科理论和方法的基础上,逐步形成了自己的学科"范式",拥有自己的一套术语、假定、理论和方法,并取得了丰硕的研究成果。可以说,跨学科性是行政组织学的深层次基础和广阔的背景,专门化是它确定自己的学科地位的内在根据和不断发展的动力,两者相辅相成。

(三) 理论性与实用性的统一

一方面,行政组织学通过对不同时期的公共管理系统及其过程的研究,加深人类对这一领域的了解,增加有关组织管理领域的知识,并通过概念、原理、假设、理论和方法等形式,形成系统化的知识体系,因而行政组织学具有浓厚的学术基础。另一方面,行政组织学的研究又具有应用性研究的特征,它以现实的行政组织管理实践作为研究对象,或者说,它深深根植于公共管理的实践之中。行政组织学要分析、解决政府或其他公共组织在现实管理活动中所遇到的实际问题,总结实际公共管理过程的经验教训,为行政组织及其他公共组织的管理实践服务。因此,可以说,在行政组织学中,学术性(理论)与应用性(实践)是统一的,这种统一使它具有强大的生命力。

四、行政组织学的研究方法

马克思主义的世界观、方法论是我们研究一切社会问题的基本方法,也是研究行政组织的基本方法,它是我们开展行政组织理论研究总的理论基础和指导思想。我们在研究行政组织理论的过程中,必须遵循以下方法:

（一）阶级分析的方法

阶级分析的方法是历史唯物主义的基本方法,是阶级分析和历史分析的结合,是将特定的行政组织现象放到特定的社会历史条件和政治制度、社会环境中进行分析的方法。它不仅要考虑上下左右、各类组织、各个部门之间的相互关系,更要考虑当时阶级力量、阶级意识对国家有关组织活动的支配和影响。行政组织是国家政权中的重要组成部分,是统治阶级管理全社会的工具。因此,我们在学习和研究行政组织理论时,不能为行政组织所执行的纷繁复杂的社会管理活动所迷惑,而必须从各个时期国家的阶级性质出发,清楚地看到隐藏在行政组织背后的阶级利益和阶级意志,充分认识行政组织的阶级性质。对当代而言,运用阶级分析的方法,要在认清社会主义国家政治制度与资本主义国家政治制度根本不同的前提下,对各种具体的行政组织原则、组织现象和组织方法进行研究和分析。惟有如此,我们才能既认识和掌握世界各国行政组织所共有的一般规律,并从中找出适合我国具体国情的各种理论和方法,加以吸收和借鉴;又能掌握不同社会制度国家行政管理所独具的特殊规律,防止盲目地照搬照抄别国行政组织的经验。[①]

（二）系统分析的方法

就其本质而言,系统分析是一种根据客观事物所具有的系统的特征,从事物的整体出发,着眼于整体与部分、整体与层次、整体与结构、结构与功能、整体与环境等的相互联系和相互作用,以求得优化的整体目标的现代科学方法。

这实际上也是马克思主义唯物辩证法在现代的具体应用和发展。用系统分

---

① 参见傅明贤主编:《行政组织学》,高等教育出版社1991年版,第18页。

析的方法观察行政组织,行政组织本身不仅是一个有机的完整系统,而且还是社会大系统中的一个子系统。行政组织的运行过程,实际上是行政组织与外在环境互相依存、互相制约的过程。在行政组织这个大的子系统中又有各种分支系统,它们内部又都有一个由人、财、物、权、责与信息等各方面要素组成的相互联系、相互影响、相互制约的连续过程。用这种观点研究行政组织,就能获得一个全面联系的、随着社会发展而发展的、科学的组织观点,就能真正探索到合乎行政组织发展客观规律的各种结构。

（三）比较分析的方法

首先,要从纵向的历史角度考察和研究行政组织的起源与发展,行政组织的历史类型,行政组织结构、体制的发展、变迁,组织管理方法的演变等,以把握行政组织发展的历史脉搏,从中总结出行政组织发展中一些带有规律性的东西,为我们提供一些重要的历史经验,以指导现在和未来的行政组织管理实践。其次,在进行纵向研究的同时,我们也要横向地考察和比较各国行政组织的现状及特点,确定各种因素的异同关系,权衡其优劣,以借鉴和吸收各国行政组织的长处与优点,更好地发挥我国行政组织的功能,提高其运行效率。当然,在横向比较的过程中,即使是别国行政组织行之有效的优点,我们也不能生搬硬套。只有结合我国的国情、民性,经过分析和消化,才能为我所用。

第三节 建设有中国特色的行政组织学

我们研究行政组织学的目的,就是以马克思主义为指导,揭示行政组织的构成、运转与发展的规律,探索在我国基本国情的条件下,实现行政组织科学化、法律化的途径,为建立一个结构合理、法制完备、充满活力、富有效率的行政组织体系提供理论指导。研究行政组织的最终目标是建设有中国特色的行政组织学。

一、构建有中国特色的行政组织学的重要意义

有中国特色的行政组织学就是以马列主义、毛泽东思想、邓小平理论和"三个代表"重要思想为指导的,研究中国行政组织构成、运转和发展规律的本土化、专门化的科学。建设有中国特色的行政组织学,是提高行政组织管理水平、推进我国政府机构改革、优化行政工作人员责任的迫切需要,对推进我国社会主义现代化建设,促进社会全面健康发展具有重要意义。

（一）建设有中国特色的行政组织学,是提高行政组织管理水平,实现行政组织科学化、民主化和法制化的迫切需要

技术和管理是社会前进的动力,是推动现代生产力发展的两个轮子。管理作为一种实现目标的手段,其科学化水平的高低是科学技术能否转化为生产力

以及转化速度快慢的关键。在某种意义上说,管理具有较之于技术更为重要的作用。世界政治经济格局的变迁以及科学技术的迅猛发展,给各国的管理水平提出了越来越高的要求。国家之间的各项竞争在相当大程度上已变成各国管理水平高下的竞争。提高管理水平是各国在新的形势下立于不败之地的核心战略和重要保障。

国家行政管理支配、制约着其他各类社会管理活动,国家行政管理的科学化、民主化、法制化和现代化是一个社会各类管理科学化、民主化、法制化、现代化的前提和关键。① 而国家行政管理现代化的核心和基础又是行政组织的现代化。行政组织是国家行政管理的主体,是一切行政活动的支点,在国家各项管理活动中享有极大的权威,其所从事的行政管理活动是国家社会生活中最普遍、最经常、最直接、最重要的管理活动,其所拥有的权力和产生的影响延伸到社会生活的各个方面。国家政治秩序的稳定、经济文化事业的发展、社会各项活动的有序进行,都离不开行政组织的规划、协调与控制,行政组织在很大程度上决定了一个国家政治、经济及社会各项事业发展的快慢。因此,我们要提高行政组织的管理水平,就必须建设有中国特色的行政组织学,揭示中国行政组织的构成、运转和发展的规律,自觉把握和运用规律,实现行政组织管理的现代化。

(二)建设有中国特色的行政组织学,是积极推进我国行政组织改革的迫切需要

行政组织体制作为建立在一定经济基础之上的政治上层建筑的重要组成部分,必须适应社会、经济、文化的发展和整个政治上层建筑的变革要求,不断进行创新。在当前我国整个政治上层建筑的改革中,行政组织体制创新已经成为深化政治体制改革和经济体制改革的中心环节。② 行政组织体制改革也是我国政治体制和经济体制改革继续深入的必要条件。

我国行政组织存在着不同程度的职能滞后、权力集中、部门林立、机构臃肿、官多兵少、人浮于事等弊端,这与社会发展和进步极不相适应,严重阻碍了各项改革事业的深入。为此,从1982年起,我国政府就开始了行政组织的改革,经过多年的逐步摸索,已取得一些成效。但就总体而言,行政组织改革还没有完全根治以上弊端。如果不清除这些弊端,势必影响我国社会主义现代化建设的进程。因此,必须下决心改革政府机构,建立一个与新的经济体制和政治体制相适应的,有中国特色的,符合现代化管理要求的,功能齐全、结构合理、运转协调、灵活高效的政府管理体系。而这项改革是一项极为复杂的系统工程,要有效地搞好这项系统工程,不能只凭个人经验和意志行事,必须有科学的行政组织理论来指

---

① 参见傅明贤主编:《行政组织理论》,高等教育出版社2000年版,第22页。
② 参见彭国甫主编:《现代行政管理新探》,北京燕山出版社1998版,第37页。

导。行政组织改革的实践,呼唤着行政组织理论的产生,缺乏理论指导的实践,只能是盲目的实践。

(三)建设有中国特色的行政组织学,是培养行政组织的专门人才,提高其管理水平和工作能力的迫切需要

马克思主义认为,生产力是推动经济和社会发展的基本动力,而人是生产力中最基本、最活跃、最关键的因素。同理,人是行政职能的履行者、机构的组成者和权力的持有者,是国家行政管理和行政组织活动中最活跃、最能动的因素。随着社会化大生产的发展,行政组织在社会生活中的作用越来越大,不仅它的工作任务日益繁重,而且,它的机构及运转也日益复杂,要对它进行有效的管理,必须有专门从事管理工作的人员。目前,我国这方面的管理人员,有相当一部分管理专业知识少,即使学历较高的管理人员,具有专门知识的"硬专家"多,具有管理专业知识的"软专家"少,具有行政组织管理专业知识的"软专家"更少。不少从事行政组织管理工作多年、有较丰富管理经验的人员,系统的行政组织管理理论和知识也比较缺乏。社会主义现代化建设的开展,经济体制和政治体制改革的深化,迫切要求建设有中国特色的行政组织学,对行政组织的管理人员进行系统的行政组织理论培训,造就一支现代化的、强大的管理行政组织专业队伍。

二、建设有中国特色的行政组织学的指导原则

建设有中国特色的行政组织学,应当遵循以下几个指导原则:

(一)坚持马列主义、毛泽东思想、邓小平理论和"三个代表"重要思想

马列主义揭示了人类社会历史发展的规律,是人类智慧的结晶,是无产阶级的科学体系,它与中国具体实际相结合,产生了毛泽东思想、邓小平理论和"三个代表"重要思想。马列主义、毛泽东思想、邓小平理论和"三个代表"重要思想,是中国共产党的行动指南,理所当然地成为建设有中国特色的行政组织学必须遵循的首要原则。"三个代表"重要思想是对马列主义、毛泽东思想和邓小平理论的继承和发展,反映了当代世界和中国的发展变化对党和国家工作的新要求,是加强和改进党的建设、推进我国社会主义自我完善和发展的强大理论武器,是全党集体智慧的结晶,是党必须长期坚持的指导思想。建设有中国特色的行政组织学必须全面贯彻"三个代表"重要思想,并从它的丰富内涵中吸取崭新的思想内容。

以毛泽东、邓小平、江泽民为代表的中共中央的三代领导集体,在长期担任党和国家的领导工作中,直接或间接地领导或参与了行政管理实践活动和行政组织体制改革。他们不仅具有卓越的执政、领导和行政管理才能,而且还有着极为重要的理论创造,对我国行政体制改革的目标、任务和方法等一系列重要问题发表了许多精辟见解。这些理论创造本身就是有中国特色的行政组织学的重要

内容。

（二）立足当前我国行政管理的实践

半个多世纪以来，我国的行政管理实践与社会主义建设的伟大实践一样丰富多彩、波澜壮阔，这是我国行政组织理论创造的最坚实的基础和取之不竭的源泉。

（三）紧密围绕经济建设和社会主义市场经济条件下的行政体制因素

随着经济体制和政治体制改革的深入，行政体制改革也逐步地、积极而慎重地深入展开。党的十一届三中全会以来，我国行政体制改革经历了由单项改革到综合改革、配套改革，由局部探索到整体推进、重点突破，由改革旧体制到建立新体制的发展过程。这些改革成果促进了经济体制改革和社会文明的发展，初步建立了社会主义市场经济下行政体制的基本框架，并为进一步改革奠定了基础。科学地总结这些宝贵经验，将大大地充实我国行政管理学的理论体系。

当人类社会跨入21世纪的时候，我国进入全面建设小康社会、加快推进社会主义现代化的新的发展阶段。随着社会生产力的发展、社会主义市场经济体制的建立和完善以及社会主义政治文明建设的积极推进，政治体制和行政体制改革必将进一步深化。在中国这样一个幅员辽阔、人口众多的发展中大国，实现行政体制改革，必然会引起利益格局和社会关系的新变化、新矛盾。比如，如何进一步转变政府职能，改进管理方式，形成行为规范、运转协调、公正透明、廉洁高效的行政管理体制；如何按照精简、统一、效能的原则和决策、执行、监督相协调的要求，继续推进政府机构改革；如何正确处理中央垂直管理部门和地方政府的关系；如何按照政事分开原则，改革事业单位管理体制；如何改革和完善行政决策机制和行政监督机制等等。这些问题应当成为我国行政组织学研究的重要课题和基本内容。通过持续和富有成果的研究，不仅推进行政体制改革目标的实现，同时也推动有中国特色的行政组织学的学科建设。建立与社会主义市场经济体制和社会主义政治体制相配套的行政组织与管理体制，是我国行政组织学研究的中心内容和贯穿始终的生命线。

三、建设有中国特色的行政组织学的基本途径

建设有中国特色的行政组织学，应该从以下几方面努力：

1. 以马克思主义为指导。马克思主义是我们认识世界、改造世界的世界观和方法论。掌握行政组织的构成和运转、发展的规律，不但离不开马克思主义世界观和方法论的指导，而且，马克思主义关于阶级、国家、政治、经济、法律、组织等方面的观点，为行政组织学提供了直接的理论依据。

2. 总结中国行政组织管理的历史经验。中国有数千年的文明史，特别是从秦汉以来建立的中央集权的封建官僚体制，是世界上体制最完备、历史最长的封

建官僚体制,是研究我国行政组织理论的丰富宝库。应该弃其糟粕,取其精华,把它运用于现代行政组织管理。同时,要特别注意总结我国革命战争年代和建国以来行政组织管理正反两方面的经验教训。

3. 借鉴西方国家的行政组织理论。20 世纪初,科学技术和经济的高速发展,导致西方国家行政组织理论的产生。多年来,行政组织理论在西方得到了极为广泛的发展,它不仅反映了资本主义国家政府的特点,而且反映了行政组织的一些共同规律。我们应借鉴其中的优秀成分,为我所用,充实和丰富行政组织学的内容和体系。

4. 理论联系实践。行政组织学的生机和活力就在于它能与具体的实践恰当地统一起来。国外组织学迅速发展的成功经验之一,是理论研究者与实际工作者的携手合作。理论联系实际,就要敢于开拓创新,敢于摒弃当前不符合现实的原理、原则,敢于用马克思主义和科学组织理论的立场、观点和方法剖析我国行政组织的现状。这就需要解放思想,在马克思主义指导下,打破习惯势力和主观偏见的束缚,研究新情况,解决新问题。理论联系实践,还要注意理论的适用范围,善于用不同的理论解决不同的问题。同时,还要善于把西方行政组织理论与中国的民族特点结合起来,而不是主观地、公式地应用它。因为它只有经过一定的民族形式,才能为人们所接受,才能发挥良好的社会作用。

5. 强化创新意识,推动学科建设的创新进程。创新是一个民族进步的灵魂,是一个国家兴旺发达的不竭动力,是中国实现新世纪发展的必由之路。建设有中国特色的行政组织学,理所当然地必须走创新的道路。随着全面建设小康社会步伐的加快,我国行政管理体制改革必将进一步深化,在转变政府职能、改进管理方式、推行电子政务、提高行政效率、降低行政成本等方面必将有新举措。而高新科技特别是信息技术的发展,已经并将继续给行政决策、行政领导、行政组织、行政方法以及行政效率的提高等带来重要的甚至是根本性的变革,由此必然引起行政组织理论、过程、体制、法规、技术等方面的重大变化。因此,行政组织学的学科建设不能走因循守旧、照搬照抄的道路,而必须遵照"思想上不断有新解放、理论上不断有新发展、实践上不断有新创造"的精神,运用创新的方法,进行理论创新,推进 21 世纪的行政组织学的学科建设。

第二章 行政组织的历史发展与理论发展

丹尼尔·雷恩说过:"管理学者从历史上可以吸取许多经验教训,其中最重要的一条就是把研究过去作为研究管理的入门。"①行政组织管理也不例外。要对行政组织管理理论进行深入探讨,就必须对其发展脉络有一个清楚的认识。本章试从功能演进的角度对中西方行政组织的历史发展与理论发展作一个简单的梳理。

第一节 西方行政组织的历史发展与理论发展

相对于中国来说,西方行政组织的历史发展与理论发展,脉络较为清晰,大致经历了"统治行政"时期、"管理行政"时期和"服务行政"时期三个阶段。

一、"统治行政"时期

所谓"统治行政",是指在传统等级社会中形成的一种行政服从于统治、公共管理职能与政治统治职能合二为一的行政管理模式。"统治行政"的基本特征包括国家与政府一体、社会治理以统治为轴心、公共利益服从阶级利益、政府对社会拥有绝对控制权等。"统治行政"时期是政治与行政没有分化的时期,它基本上涵盖了行政学作为一门独立学科产生之前的历史。这一时期的行政组织思想,概括起来,大致包括古希腊和罗马时期的行政组织思想、中世纪的行政组织思想和资产阶级革命时期的行政组织思想三大块。

1. 古希腊和罗马时期行政组织的历史发展与理论发展

西方行政组织思想源远流长,最早可以追溯到古希腊和罗马时期,代表人物有柏拉图、亚里士多德等。与当时国家刚刚产生社会管理职能相一致,这一时期行政组织思想的基本内容包括:(1)开始强调政府简单的职能分工。如柏拉图就提出社会分工是国家行政组织存在的基础,并将其理想国建立于监国者治国、武士卫国、工匠从事物质生产等简单分工的基础之上。(2)开始关注行政机构的设置与职能。如亚里士多德就提出了机构设置的依据,即依据城邦事务管理的实际需要,依据管理业务或管理对象,以及依据政体不同而进行不同的机构设置;同时提出行政组织拥有多种职能,包括商务管理职能、城邦监护职能等。

---

① 〔美〕丹尼尔·雷恩:《管理思想的演变》,孙耀君等译,中国社会科学出版社1986年版,第4页。

（3）开始涉及行政组织人员的任用及其监督机构的设置。古希腊和罗马时期是西方行政组织思想的萌芽时期。

2. 中世纪行政组织的历史发展与理论发展

中世纪是行政组织的极大发展阶段。这一时期的主要代表人物为马基雅维利。马基雅维利第一次对国家行政组织原则进行了论述。他认为，国家行政组织原则包括：(1) 群众支持原则；(2) 组织内聚力原则；(3) 领导者具有超出常人的能力原则；(4) 使组织存在下去的原则。马基雅维利指出，国家行政组织四原则相辅相成，缺一不可。其中，组织内聚力原则是决定行政组织存亡的关键，而维持组织内聚力最有效的方法莫过于仔细地关心下属、抚慰下属，并建立明确的责任制。

3. 资产阶级革命时期行政组织的历史发展与理论发展

到了资产阶级革命时期，整个社会的政治、经济、文化发生了深刻变化。随着资本主义因素的发展，社会分化（如国家与社会分离、政治领域和经济领域分化等）和社会分工迅速扩大。与此相适应，这一时期关于行政组织管理的探讨也异常活跃，开始呈现出相对独立的趋向。较具影响力的代表人物有洛克、卢梭、汉弥尔顿和密尔等。洛克首开行政权与立法权分离的先河，为行政学独立于政治学提供了理论前提。而他关于行政特权的深入探讨，已接近现代政府组织管理的核心。他的思想为行政组织论的产生提供了契机。卢梭则从立法权与行政权、行政力量与国家幅员、官员数量与行政效能、好政府的标准等角度对行政组织进行了分析，极大地拓展了人们对国家行政组织分析的视野。汉弥尔顿从美国实际出发，主张扩大行政部门权力，建立强有力的行政组织，并指出强有力的行政组织必须具备统一、稳定、充分的法律支持以及足够的权力等四大要素。他有关行政组织的论述大都被纳入了美国宪法。密尔则从功利主义角度出发，提出能否促进社会利益的增长是衡量一个行政组织优劣的重要标准。他还以不妨碍个人自由发展为前提界定了政府职能，指出行政组织分工要合理。同时，他指出政府全部工作都具有专业技术性，所以行政官员必须是特殊的专业性人才，不能选任，只能通过考试来录用。密尔的行政组织思想，深深地影响到整个资本主义世界。

综上可看出，受社会分工及国家各类组织分化水平不高的限制，"统治行政"时期的行政组织思想很不完善，甚至还没有从国家管理思想中分化出来。但是，此时的行政组织思想内容相当丰富，影响相当深远。柏拉图等人有关行政组织分工、行政组织机构设置、行政组织职能等的基本观点，有些成为后来西方行政组织理论的直接渊源，为以后行政组织理论的系统化发展奠定了坚实的基础。

二、"管理行政"时期

所谓"管理行政",是指"在政治与行政二分的前提下,把行政过程从政治的领域中剥离出来,对行政管理进行独立的、纯粹的探讨"的行政管理模式。"管理行政"下,社会治理方式以管理为轴心,政府及行政人员以管理者面目出现,参与对社会、经济事务的管理与协调。一般而言,"管理行政"时期始于1887年威尔逊《行政学之研究》的发表。这一时期,行政组织研究开始追求"组织、制度、过程和程序设计及其安排中的纯粹科学化和技术化"[①]。概括起来,"管理行政"时期大致分为科学管理时期、行为科学时期和多元发展时期三个阶段。

1. 科学管理时期行政组织的历史发展与理论发展

19世纪末20世纪初,随着科学技术和经济的高速发展,大政府、大机关出现,迫切要求实现行政组织的合理化和科学化。于是,行政组织理论研究应运而生。科学管理时期是行政组织理论研究的起步阶段,它始于19世纪末,止于20世纪30年代人际关系、行为科学兴起之前。[②] 与当时历史条件相一致,这一时期的行政组织理论主要侧重于正式行政组织研究,注重从静态的角度,以经济、技术的观点分析行政组织的制度和功能,主要代表人物有泰罗、法约尔、韦伯、怀特、古利克和厄威克。

(1) 泰罗的科学管理组织理论

弗雷德里克·泰罗(Frederick W. Taylor)是科学管理的主要倡导者,著名的"科学管理之父"。他的行政组织理论主要是从技术分析的视角研究工人的工作方式、工作过程和工作协作,以求通过最合理、最有效的组织配合,达到工作效率的提高。具体观点包括:第一,组织管理职能的专门化。泰罗将整个企业运行过程分为两大部分:管理部分(计划部分)和作业部分(执行部分)。他认为,"一切计划工作,在旧制度下都是由劳动者来做的,它是凭个人经验办事的结果",这是旧有管理体制效率低下的根源。新制度(科学管理体制)必须改变这种状况,必须将管理职能与作业职能、计划职能与执行职能分离开来。第二,组织工作的计划化、标准化和程序化。计划化指在管理过程中要制订切合实际的周详的计划;标准化指确定管理任务,检验工作成效、工作程序和工作方法都要有明确的数据标准;程序化则指组织管理要依一定的工作流程进行。泰罗认为,加强组织工作的计划化、标准化和程序化,可以增进组织的稳定性和有效性,也可以改善工厂行政首脑处理"例外"事件的能力。第三,组织控制的"例外原则"。"例外原则"是指高级管理人员把一般日常事务授权给下级处理,自己只保留对

---

① 张康之:"从行政学的历史中解读我国行政学的研究方向",载《理论与改革》2002年第3期。
② 参见张国庆:《行政管理中的组织、人事与决策》,北京大学出版社1990年版,第28页。

重大政策决定和重要人事任免等例外事项(即重要事项)的决策和监督,以便有时间和精力去考虑大政方针并研究重要人事任免的合适性。泰罗以"例外原则"为依据的管理控制原则后来发展为管理上的分权原则以及实行事业部的管理体制等。

(2) 法约尔的一般组织管理理论

亨利·法约尔(Henry Fayol)是最早的一般管理理论家之一。与泰罗不同,法约尔的行政组织理论关注的是组织的行政管理层,注重的是组织结构的一般规定性及其管理过程的基本原则性。具体说来,一般组织理论的基本观点有:第一,组织是管理的重要要素。"管理就是实行计划、组织、指挥、协调和控制。"①法约尔认为,组织是确立企业在物质资源和人力资源方面的结构,而管理的重要任务在于建立一种组织,使其能够以最有效的方式从事基本的活动。第二,组织管理的"十四项原则"。"十四项原则"是法约尔一般组织管理理论的核心,具体包括劳动分工、权利和责任、纪律、统一指挥、统一领导、个人利益服从整体利益、人员的报酬、集中、等级序列、秩序、公平、人员的稳定、首创精神和人员的团结等。法约尔同时指出,这些原则很重要,但是"在管理方面,没有什么死板和绝对的东西,这里全部是尺度问题。……原则是灵活的,是可以适应于一切需要的,问题在于懂得使用它,这是一门很难掌握的艺术"②。第三,组织结构的设计。合理的组织结构不仅有利于合理组织职责,鼓励组织成员充分发挥主动性和积极性、主动承担责任,而且也有利于组织内部的协调和统一。法约尔认为,要建立高效的组织,必须理顺内部组织结构及其相互之间的关系,并用制度、规范把它们规定下来。此外,他还创造性地提出要建立智囊机构协助高层管理者,并较早运用"组织图"的形式来分析组织概貌、权力路线和沟通渠道。

(3) 韦伯的"官僚制"组织理论

马克斯·韦伯(Max Weber)是著名的"组织理论之父",他的"官僚制"(bureaucracy,一译"科层制")组织理论是科学管理时期行政组织历史发展及其理论发展的又一重要内容。基本观点有:第一,统治与权力是组织的基础。韦伯对组织(形式)的研究,始于对合法统治及其权威类型的探讨。他认为,任何组织均以某种形式的权威为基础。为进一步阐述这一问题,他将权威与权力作了区分:权力无视人们反对,是强使人们服从的能力;权威则意味着人们接受命令时出于自愿。因此,在权威制度下,下级往往把上级发布的命令视为合法。基于此种权威合理化的方式,韦伯对三种合法权威及在此基础上形成的三种类型的组织形式进行了界定,即"神秘化的组织"、"传统的组织"和"合理化—合法化组

---

① 〔法〕法约尔:《工业管理与一般管理》,周安华等译,中国社会科学出版社1982年版,第5页。
② 同上书,第22—23页。

织"。第二，组织类型分析。①"神秘化的组织"。"神秘化的组织"又称魅力型组织、卡里斯玛型组织。这种组织形态基于领导者的"超凡魅力"（包括领袖的超人能力、英雄主义精神及模范品格等）而产生。它通常以组织成员对领袖命令的绝对服从、非专业化的内部管理等为基本特征，故此类组织的存在基础并不稳固。一旦具有"超凡魅力"的领袖死去，组织极有可能陷入分裂，"神秘化的组织"也必然会向"传统的组织"、"合理化—合法化组织"（亦即"官僚制组织"）转化。②"传统的组织"。"传统的组织"一般以先例和惯例为基础，由其统治者（或若干统治者）依传统遗传下来的规则确定。"传统的组织"有世袭制和封建制之分，但都被打上了世袭性、封建性和绝对性的烙印。尽管如此，"传统的组织"作为现代资本主义发展以前人类历史上存在时间最长的一种组织形式，其发展已较为成熟。③"合理化—合法化组织"。"合理化—合法化组织"又称官僚制组织。这类组织以组织内部的各种规则为基础，人们对权威的服从以依法建立的等级体系为依据。韦伯对此种组织类型给了特别关注，认为"合理化—合法化"组织是一种"理想化的官僚制"。这是因为，它不仅被专门用来作为实现某些既定目标的手段，而且此类组织还有一系列的规则和程序，一定时期在组织中担负一定职务的组织成员必须依据这些规则和程序行使其权利。韦伯的"官僚制"与人们日常对这个词的理解有很大的差异。而所谓"理想的"，也非"应当"或"合乎需要"之意，而是指组织的纯粹形态或标准模式。韦伯这种纯粹的、抽象的、标准的组织形态，以及以此作为参照系数对其他社会组织进行对比分析，是他对行政组织理论最突出的贡献。第三，"官僚制"组织的特征。根据韦伯的观点，任何理想的行政组织形式都必须具有以下特征：①明确的组织分工；②自上而下的等级体系；③依照规程办事的运作机制；④形成正式的决策文书；⑤非人格化的组织管理；⑥适应工作需要的专业培训机制；⑦职业化的人员管理。

（4）怀特的行政组织理论

伦纳德·怀特（Leonard D. White）是美国著名的行政管理学家。1926年，他写下了著名的《行政学导论》，这是世界上第一本行政学教材。此书中，他第一次对行政组织进行了系统、全面的阐述，为行政组织理论的发展提供了一个基本框架。第一，行政组织体制。怀特指出，组织体制是行政组织的核心。他结合英美当时行政组织体制的现状，将行政组织体制分为三类，即自治型与官僚型、中央集权型与地方分权型、独立型与权力汇一型。第二，行政责任与权力的分配。怀特认为，"政府的行政效率从根本上来说是以行政组织中责任与权力的适当分配为基础的。这是我们必须注意的一条重要原则"[①]。同时指出，"适当

---

① 〔美〕怀特：《行政学概论》，商务印书馆1947年版，第67页。

的权力必须与确定的责任同时存在。第一,适当法定权力的行使,必须有立法依据,而且在许多情况下,要根据行政首长的命令来行使权力;第二,必须有充分的财源,以适应法定的状况"[1]。第三,优良行政组织的标准。怀特认为,优良行政组织的标准包括:① 能够获得优秀的人才;② 组织成员有一致的责任和适当的权力;③ 将行政官员区分为政务官和事务官,明确各自的权责和任务,以职务划分原则,确定指标;④ 设置协调机构,专门从事综合协调工作;⑤ 设计有效的测量标准,对组织的管理效率进行精确合理的测量。

(5) 古利克、厄威克的行政组织理论

路瑟·古利克(Luther Gulick)和林戴尔·厄威克(Lyndall F. Uruick)分别为美国和英国的管理学家,是科学管理时期行政组织理论的集大成者。他们首次提出"组织理论"这一学科名称。更为重要的是,他们在收集和整理前人组织思想与管理思想的基础上,1937年在"组织理论概述"的学术论文中分别提出组织管理的七项要素和八条原则。

第一,组织管理的七项要素。即计划(planning)、组织(organization)、人事(staffing)、指挥(directing)、协调(coordination)、报告(repeating)、预算(budgeting)。取每一要素的第一个字母,也就组成了著名的"POSDCRB"一词。

第二,组织管理的八条原则。即目标原则、权责相符原则、职责原则、等级系列原则、控制幅度原则、专业化原则、协调原则、明确性原则。

科学管理时期的组织理论,从规范的层面为"管理行政"时期行政组织理论的发展奠定了基础。但是,它将行政组织看做一个封闭系统,采取形式主义或静态的研究方法,注重对官僚体制(正式政府组织机构)进行分析而忽视对行政行为及其管理过程的探讨,过分强调组织的理性与非人格化而忽视人的主观能动性和多方面的价值需求等,具有很大的局限性。因此,这种行政组织范式必将受到批评,必将发生相应的转变。

2. 行为科学时期行政组织的历史发展与理论发展

20世纪40年代起,行政组织理论研究进入行为科学发展时期。这一时期行政组织理论研究深受行为科学、逻辑实证主义等世界观和方法论的影响,关注的重点转移到行为与管理过程上来了,主要代表人物有福莱特、梅奥、巴纳德和西蒙。

(1) 福莱特的动态管理组织理论

玛丽·帕克·福莱特(Mary Parker Follett)是美国著名的女政治哲学家和管理学家,是最早深入且系统研究行政组织中人的问题的学者之一。她对行政组织理论发展的主要贡献有:第一,提出了"群体原则"。根据福莱特的观点,每个

---

[1] 〔美〕怀特:《行政学概论》,商务印书馆1947年版,第74页。

人都有一种潜能,但这种潜能只有在群体生活中才能释放出来。所以,人只有通过群体生活才能发现自己的真正价值,获得真正的自由,即所谓"群体原则"。"群体原则"反映在组织管理中,要求把组织视为一个"综合统一体",增强组织目标"结合的统一性",保证个人与组织的协调。第二,提出了"建设性冲突"。福莱特认为,冲突是"一个组织中任何活动的一个正常过程"。它并非只有破坏性,相反,若能找到解决办法,它同样能以一种建设性的态度达到组织目的。为此,福莱特提出了三种解决冲突的办法,即压服、妥协与整合。第三,分析了组织中的权力与权威。福莱特认为,组织运行中的协调、控制等与组织权力的使用有关,但权力并不是组织领导惟一可依赖的东西。组织中,权威比权力更重要。第四,分析了组织中的控制与协调。组织的首要任务是协调。与人们通常假定的相异,福莱特认为,控制和权威源于正确的协调,而非协调源于控制和权威。为达到控制和协调,她提出"组织的四条基本原则",即:① 协调是涉及一种情况下所有因素的"交互联系";② 通过直接接触实现协调;③ 协调应该在早期阶段进行;④ 协调是一个连续过程。福莱特尽管身处科学管理时代,但她对组织的看法已超出了她所处的时代。她一改过去人们运用静态方法研究组织的做法,开始从动态、心态的角度研究组织,开创了动态管理组织理论研究的先河。一般认为,福莱特起到了沟通科学管理组织理论与行为科学、行政组织理论的桥梁作用。[①]

(2) 梅奥的人际关系组织理论

艾顿·梅奥(Elton Mayo)是人际关系学说与行为科学学说的创建者。他的组织理论直接源于1927—1933年的霍桑试验。基本思想如下:第一,提出了"社会人"理论。梅奥以霍桑试验的资料为依据,提出组织中的人是"社会人",是复杂社会系统的成员。他们不仅有通过劳动获得经济和物质方面报酬的需要,而且还有社会、心理的需求,有对友情、安全感、归属感和受人尊重的渴望。要调动组织成员的积极性,就应充分满足其社会、心理需求。第二,指出在正式组织之外,还存在非正式组织。梅奥通过霍桑试验发现,只要人们在一起活动,就会自发形成非正式组织。正式组织以效率和组织为标准,非正式组织以情感为纽带。正式组织与非正式组织相互依存,相互影响,共同对组织效率发生作用。组织管理者应正视和重视非正式组织的存在,对其进行引导,使之有利于正式组织目标的实现。第三,工人的工作态度和士气是影响组织效率的关键因素。梅奥通过霍桑试验发现,工作条件、工资报酬不是生产效率高低的决定性因素,工人士气才是首要的。工人士气同工人满足感相关,工人满足程度越高,士气越高,生产率也越高。第四,新型组织领导者的能力主要体现在通过提高组织成员满意度来激励组织成员的士气上。

---

① 参见丁煌:《西方行政学说史》,武汉大学出版社1999年版,第159页。

(3) 巴纳德的系统行政组织理论

切斯特·欧文·巴纳德(Chester I. Barnard)是美国公共行政和组织管理方面的著名理论家,是西方现代组织理论社会系统学派的创始人。他将一些"结构"要领和"动态性"要领引入组织管理研究,对组织管理学界影响很大。系统行政组织理论具体包括:

第一,指出组织的本质是一个协作系统。巴纳德认为,组织既不是单纯的物,也不是单纯的人,而是"一个有意识地加以协调的两个或两个以上的人的活动或力量的体系"①。他把组织视为一个协作系统,道出了组织的本质特征。此定义适用于政府、军事、宗教、学术、工商业以及其他各种形式的组织。

第二,提出了组织的三要素理论。巴纳德认为,组织作为一个协作系统,必须具备三个要素,即共同目标、协作意愿和信息交流。共同目标指组织目标,是组织最基本的要素,是协作意愿的必要前提。协作意愿是个人为实现组织目标贡献力量的愿望,组织成员协作意愿的强弱同组织规模成反比。信息交流则是意愿、情报、建议、指示和命令等的传递,在组织要素中居于中心地位,因为它不仅使组织的前两个要素联系起来了,而且在很大程度上还决定了组织的结构、规模和范围。

第三,阐述了非正式组织理论。巴纳德重视正式组织的结构要素,但也没有忽视非正式组织问题。他是组织理论发展史上第一位对非正式组织进行系统研究的学者。巴纳德明确了非正式组织的概念,即非正式组织是由组织中的个人接触、交互影响、自由结合而形成的"一种没有固定形态的、密度经常变化的集合体";指出非正式组织具有促进信息交流,维持正式组织凝聚力,维持个人人格、自尊心和独立选择能力的功能,能对正式组织起到补充和促进作用;同时提出,非正式组织也需要引导,否则,它也可能对正式组织产生负面影响,妨碍正式组织功能的发挥。

第四,提出了组织平衡理论。巴纳德认为,组织存在和发展的基本条件在于保持组织系统内外平衡。组织内部平衡是组织成员之间满足(诱因)的平衡,是组织生存和发展的关键环节。组织外部平衡则是组织对外部环境的适应性,即当环境发生变化,组织也应适时作出反应。

第五,提出了权威接受理论。巴纳德给组织中的管理以自下而上的定义。他认为,权威"不决定于'权威者'或发布命令的人,而在于下级是否接受命令"②。巴纳德同时指出,权威要为组织所承认,必须具备四个条件:① 使人们

---

① 〔美〕巴纳德:《经理人员的职能》,孙耀君等译,中国社会科学出版社1997年版,第60页。
② 同上书,第129页。

能够明确传达的命令,"一个不能被人理解的命令不可能有权威"①;② 使人们认为这个命令同组织目标相一致;③ 使人们认为这个命令同他们的个人利益相一致;④ 组织成员的精力和体力允许他们接受这个命令。他的这一观点与传统组织理论认为权威是自上而下的观点完全不同。

第六,提出了组织决策理论。巴纳德指出,组织理论研究的是组织成员的决策活动,而非操作活动。组织中的决策有两种:一种是个人决策,另一种是组织决策。其中,组织决策是为实现组织目标而制定的理性决策,其作用是反复注意组织目标和组织环境,使两者越来越具体,最终实现组织目标。组织决策理论是巴纳德行政组织思想的重要内容。

(4) 西蒙的决策过程组织理论

赫伯特·西蒙(Herbert A. Simon)是美国著名的行政学家。他认为,行政组织理论主要以决策为基础,已形成一个更加系统、更加全面、更加成熟的现代组织理论体系。这一理论的主要论点包括:

第一,组织首先是一个决策过程。西蒙在对传统行政组织理论推崇的一些组织原则进行批评的基础上指出,决策充满组织管理过程,是组织的中心因素。领悟和把握一个组织结构和功能的最好方法在于对组织决策进行分析。

第二,组织影响论。西蒙认为,个人在组织成员地位上所作的有关组织的决定与纯粹关系个人的决定不同,前者受组织的影响。在他看来,组织影响力主要表现为权威、沟通、组织认同(或组织忠诚)、效率和训练五种。其中,权威和沟通是决策的外在影响力,组织认同(或组织忠诚)和效率是决策的内在影响力,训练在施行时与沟通性质相同,在施行后,组织成员经训练所获得的知识、技能、态度即成为内在影响力。权威、沟通、组织认同(或组织忠诚)、效率和训练五者相互关联,相互影响,共同影响组织成员,进而影响整个组织的效率。

第三,组织目标论。组织目标就是追求决策的合理性,而合理性取决于为实现某一目标而合理选择的手段。然而,人是有限理性的动物,任何组织或个人在手段和目的关系上不会完全整合。在决策过程中,由于决策者主观认识能力、知识、价值观等方面的限制,以及客观上时间、经费、情报来源等方面的制约,任何组织都不可能追求到"最理想"、"最优化"的决策,而只能是在当时条件下"令人满意"的决策。这也就是西蒙著名的"有限理性"决策原理。

第四,组织设计论。组织设计是组织理论中的一个老问题。西蒙对组织设计理论的新贡献在于,他将组织设计理论建构于决策理论基础之上,指出组织设计要有利于组织决策。组织设计论具体包括:① 组织结构设计首先应从建立或改变组织目标入手,把组织设计成一个包括上层、中层和基层三个层级的层级结

---

① 〔美〕巴纳德:《经理人员的职能》,孙耀君等译,中国社会科学出版社 1997 年版,第 131 页。

构。② 组织专业分工应以尽量减少决策子系统之间的依赖性和充分利用决策能力为宗旨。③ 现代组织"信息丰富",但是组织成员的能力有限,所以组织必须把自己有限的能力花在重要决策即工作重心上。④ 组织权力配置上,要正确处理集权与分权的关系,要根据实际情况把一部分容易受"门户之见"影响的决策集中起来,交给一个合适的特定部门或单位去制定,而对于基层情况不易上达的某些具体决策工作,则应交给基层或中层机构。

第五,组织平衡(诱因)论。西蒙发展了巴纳德的组织平衡思想,认为组织是由人组成的集体平衡系统,强调组织对个人诱因和个人对组织贡献之间的平衡。一方面,组织要根据个人的贡献提供诱因,即物质和精神的报酬;另一方面,组织之所以能提供诱因,又来源于成员个人对组织的贡献。

行为科学时期是"管理行政"时期行政组织理论发展的一个重要阶段。它批评了科学管理组织理论的不足(如静态的研究方法等)并有所超越。但是,它也存在明显的缺陷,如局限于对人和组织行为的研究,而忽视了对组织结构、法规与制度作用的探讨,忽略了组织外部环境的影响等等。行政组织理论仍需进一步发展。

3. 多元发展时期行政组织的历史发展与理论发展

到了20世纪70年代,行政组织理论研究掀起了一个新的高潮。这一时期,行政组织理论研究融合了多门学科的知识和方法,学派林立,观点各异,呈现出多元化的趋向,主要代表人物有卡斯特、罗森茨韦克、里格斯、帕金森和彼得等。

(1) 卡斯特和罗森茨韦克的系统权变行政组织理论

弗里蒙特·卡斯特(F. E. Kast)和詹姆斯·罗森茨韦克(J. E. Rosenzweig)是美国著名的管理学家,系统权变组织理论的创始人。他们主张用系统的观点来看待组织管理,组织管理应随系统内外环境的变化而变化。1970年,他们在合著的《组织与管理——系统方法与权变方法》一书中,详细阐述了这一理论。系统权变行政组织理论的基本思想如下:

第一,组织是一个开放系统。卡斯特和罗森茨韦克认为,任何一个企业组织、任何一个政府机关都处于一个开放系统与环境的持续相互作用之中,并时刻努力达到动态的平衡。它们都必须接受足够的资源投入(如材料、能源和信息),以维持正常运转,同时也产出足量的经过转换的资源(包括产品和服务)供给外部环境,以保持这种循环,保证组织与环境的平衡。

第二,组织是一个整体系统。卡斯特和罗森茨韦克不仅将组织看成一个开放的系统,而且还将其看成一个整体的、与外界环境有一定界限的社会技术系统。见图2-1。[①] 他们认为,任何组织作为一个整体系统,一般都由以下五个分

---

① 转引自唐兴霖:《公共行政学:历史与思想》,中山大学出版社2000年版,第417页。

系统构成：① 目标与价值分系统。即组织系统目标和组织存在的社会价值。② 技术分系统。即达成组织目标所需的知识、技术。组织技术分系统取决于组织目标，并随工作任务、需求的变化而变化。③ 社会心理分系统。它由社会关系中的个人构成，包括个人行为与动机、人们地位和作用的相互关系、团体间的交互行为等方面，不仅受外部环境影响，而且也受组织内部任务、技术和结构的影响。④ 结构分系统。从正规意义上说，组织结构与职权模式、交往沟通和工作流程有关，可通过组织图、职位与工作规划和程序等表现出来。⑤ 管理分系统。它联系整个组织，负责协调各分系统，并计划、控制全面的活动，在确立目标、计划工作、设计组织及组织与环境的相互作用中起中枢作用。

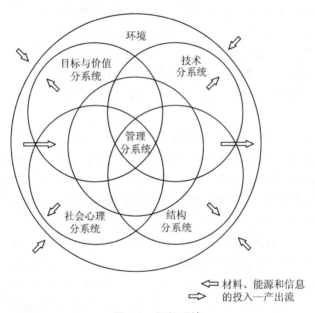

图 2-1　组织系统

第三，组织具有权变性。卡斯特和罗森茨韦克的权变理论以系统理论和生态理论为基础，研究的是组织与其环境之间的相互关系和各分系统之间的相互关系，以及确定关系模式，即各变量的形态。具体观点包括：① 强调组织的多变量性。他们主张具体研究组织中各变量之间以及组织与其所处环境之间的关系。② 分析了组织在变化的特殊环境中的运营情况。他们认为，既然每个组织的外部环境和内部环境各分系统都处在动态的变化之中，那么就不存在普遍适用于所有环境的组织原则和管理方法。究竟采用哪种管理方式完成组织目标最有效，要视组织所处的具体条件来确定，不能千篇一律。权变理论承认每个组织的环境和内部各分系统都有自己的特色，从而为设计和管理具体组织提供了依据。③ 提出权变组织理论的最终目的在于寻求组织与其环境之间以及组织内部各分系统之间最大的一致性。他们认为,只有通过组织设计和管理达到这种一致性,才能保证组织的效能和效率,并使组织参与者具有满足感。

(2) 里格斯的生态行政组织理论

弗雷德·里格斯(Fred W. Riggs)是美国著名的行政学、比较行政学和行政生态学的创始人。生态学理论以系统理论为基础。最早运用生态学理论研究政府行政现象的是美国学者高斯,他认为政府组织与行政行为必须考虑它的生态问题,但在当时学术界并没有引起足够的重视。直到20世纪60年代,里格斯运用生态学理论与方法研究发展中国家的行政问题,设计出行政系统的三模式,才使行政生态学成为一门系统的学科,并在行政学理论及组织理论领域产生重要影响。里格斯的生态行政组织理论集中反映在他的代表作《行政生态学》一书中,其基本思想如下:

第一,提出了三种行政组织模式。即融合型——传统农业社会的行政组织;棱柱型——由农业社会向工业社会过渡的行政组织;衍射型——现代工业社会的行政组织。① 里格斯用物理学的光谱分析了这三种行政组织模式。他认为,自然光在折射前只是一道无颜色区别的白光,如同传统农业社会的结构混沌未分一样,行政组织与立法、司法组织混同,行政组织内部分化程度很低。里格斯称此为"融合型"。自然光经过棱柱的折射后,衍射为红、橙、黄、绿、青、蓝、紫七色光,如同现代工业社会有明确的分工,行政组织与立法、司法组织分开,行政组织内部分工清晰明了。里格斯称此为"衍射型"(或"绕射型")。而自然光在棱柱体内的折射过程中,既有融合的白光特征,又有衍射后的各种颜色光的因素,这恰似过渡社会既有传统社会的因素,又有现代工业社会的因素,行政组织呈半分化状态。里格斯称此为"棱柱型"。见图2-2。

第二,重点分析了棱柱型(即过渡社会)的行政组织。里格斯指出,棱柱型行政组织模式具有三种特征:① 重叠性。即结构或组织上的重叠性,指的是传统社会组织结构(如家族、宗教团体等)与现代社会组织结构(如国会、行政机构等)彼此交织存在。② 异质性。即在同一社会、同一时期里,呈现出不同的制度、不同的行政规范与观点。它既有农业社会特征,又有工业社会特征,是一种新旧皆有、传统与现代兼容的行政模式。③ 形式主义。即法制与事实的脱节。受传统社会某些特征(如人情关系)的影响,政府制定的法令、政策往往不能付诸实施,形同虚设。

第三,考察了外部生态环境与公共行政之间的制约关系。里格斯把公共行政组织看做一个受经济、文化环境影响的生态系统。他认为,社会经济机制和生产力水平是影响公共行政最主要的生态因素,社会结构、社会沟通网络、政治制

---

① 参见丁煌:《西方行政学说史》,武汉大学出版社1999年版,第319页。

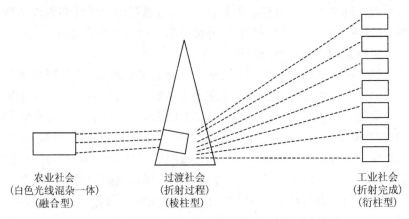

图 2-2　里格斯的"融合的—棱柱的—衍射的"过程图

度、认同意识等也是影响行政组织的重要因素。行政组织只有与生态环境相适应,并根据这些生态环境的变化适时作出调整,才能健康地发展。里格斯反对发展中国家照抄照搬西方发达国家的行政组织制度。

(3) 帕金森定律和彼得原理。

行政学家帕金森和彼得分别是英国和美国的著名行政学家。他们从剖析行政组织弊端入手,发展了行政组织理论,分别提出"帕金森定律"和"彼得原理"。

第一,帕金森定律。帕金森定律由诺斯古德·帕金森(C. Northcote Parkinson)在 1957 年出版的《帕金森定律——组织病态之研究》一书中提出。组织病态是对官僚组织机构、事业单位易发生,但又极难改进的近似病态的多种现象("官场病")的描述。[1] 由于这些现象均是组织顽疾,故作者称之为"定律"。迄今为止,书中描写的现象仍然是广泛存在的不良组织现象。它包括 10 条:① 官员增加原理。组织官员数量增加与工作量增加并无关系,而是由两个因素造成的,即每位官员都希望增加部属而非对手,以及官员们彼此为对方制造工作。② 中间派决定。即中间派在组织的"票决制"议程中具有举足轻重的作用,以至实际上是中间派决定政策。③ "鸡毛蒜皮"定律。组织中的财政部门讨论各种财政议案所花费的时间与所涉金额成反比,即涉及金额越大,讨论时间越短,反之则越长。④ 无效率系数。由于复杂的利益关系,决策性委员会的非必需成员越来越多,以至会议开始变质,效率变得低下,于是,不得不在委员会中再设立决策委员会或核心决策团体。⑤ 人事遴选庸才。⑥ 办公场所的豪华程度与组织的事业和效率成反比。⑦ "鸡尾酒会公式"。会议与鸡尾酒会是现代社会两种紧密联系在一起的活动方式,召开会议通常同时意味着鸡尾酒会。不同重要性的

---

[1] 参见唐兴霖:《公共行政组织原理:体系与范围》,中山大学出版社 2002 年版,第 52—53 页。

人物参加鸡尾酒会,会在不同的时间出现,站在不同的位置。⑧ 嫉妒症。⑨ 财不外露。⑩ 退休混乱。

第二,彼得原理。彼得原理由劳伦斯·彼得(Laurence J. Peter)在1969年出版的《彼得原理》中系统提出。所谓"彼得原理",即在实行梯层等级组织中,组织的每一个成员都趋向于晋升到他所不能胜任的层级。彼得认为,他提出的这一原理对所有组织都具有适用性。他同时指出,组织不断地追求,要求成员取得更多的成就,从而不断地提升那些胜任原来工作的人,直至其无法胜任的那一级职位为止。不胜任者的积聚导致组织效率低下。为解决效率问题,也为帮助那些已被提升到无法胜任的那一级职位的人们处理好自己力不从心的工作,任命更多的组织成员成为无奈的选择,机构臃肿也因此不可避免。彼得最后告诫人们,应认真估价自己的潜力,不要盲目地追求晋升、企望升官,因为这样不仅会给个人带来痛苦,引起"不称职综合症",而且也会导致组织大滑坡,给社会造成危害,最终导致整个人类达到"生存不称职级"。

多元发展时期的行政组织理论从系统性、生态性、权变性的角度对行政组织作了全面探讨。它不仅重视行政组织的静态研究,而且也重视行政组织的动态研究;不仅分析了行政组织与内外环境的适应性问题,而且也较为深刻地理解并剖析了行政组织的问题及弊病。它是"管理行政"时期行政组织理论走向成熟的重要标志。但是,它以政治行政二分法为前提,忽视了政策制定以及政治因素的地位和作用,过分地推崇效率和技术,而将价值、公平与效率的关系问题等一一遗落。因此,它不是行政组织理论发展的最高峰。随着社会的发展,行政组织理论必将有更丰富、更全面的内容以及更新、更科学的方法。

三、"服务行政"时期

所谓"服务行政",是一种以公共利益和公共责任为导向,强调社会治理方式以服务为主的行政管理模式。"服务行政"是针对"管理行政"出现的不足和缺陷而提出的。在这一时期,政治和价值问题再度回到行政组织学的核心位置。行政科学的学者们开始重新研究公共管理与非公共管理、政治与行政以及相关的"公与私"、"民主与效率"的关系问题。行政组织理论的重点由规定行政人员如何组织、行政权如何行使以实现对社会的有效管理,转移到政府如何以"服务者"的角色采取诱导性和服务性的管理方式为社会经济快速发展提供全方位的优质服务上来。"服务行政"时期以20世纪70年代新公共行政学的兴起为标志,主要代表人物有弗雷德里克森、戴维·奥斯本、特德·盖布勒、彼得·圣吉、拉塞尔·林登、史蒂文·科恩等。

1. 新公共行政学组织理论

新公共行政学关注社会公平,致力于行政道德问题研究,是20世纪70年代以来美国行政学界最活跃的一个学派,以 H. G. 弗雷德里克森(H. G. Fredericksan)为代表。主要观点包括:

第一,对传统公共行政"效率至上"进行反思和批判。弗雷德里克森指出,传统行政学以管理学为基础,以政治和行政二分法为前提,以经济和效率为行政管理的基本目标,忽视公共行政所应肩负的广泛的社会责任,其结果是在前所未有的经济发展时代,长期存在普遍失业、贫穷、疾病、无知和绝望,从而构成对现有政治制度的根本威胁。有鉴于此,他主张把社会公平加入到传统目标和基本原理之中,认为经济和效率虽是公共行政的价值目标之一,但决不是核心价值,核心价值应是社会公平。

第二,主张将"效率至上"转为"公平至上",强调公共行政组织变革。弗雷德里克森认为,行政组织变革的终极目标是建立民主行政模型。为避免行政组织变成顽固的、不负责任的官僚组织,他提出要减少层级节制、分权、放权、组织开发、责任扩大、广泛吸收公众等民主的组织思想。他同时强调,公共行政组织设计方案应遵循两个目标,即顾客导向的行政组织形态和灵活应变的行政组织形态。

第三,提出公共行政组织的基本运作过程。弗雷德里克森认为,在公共行政组织中存在四种基本运作过程:① 分配过程。所谓分配过程,是指新公共行政必须关心分配形式,必须依据从公共项目中获得的效益来处理物质和服务的分配问题,成本—效用分析和成本—效益分析是其最常用的方法。② 整合过程。所谓整合过程,是指通过权威层级协调组织中成员工作的过程。于其中,每个组织成员都可以视为在该层级中扮演角色,各自的任务通过权威层级联系在一起。整合的目的在于,建构一个有凝聚力的、能够有效实现目标的组织整体,使其运行机制更加有利于各种行政任务的完成。③ 边际交换过程。所谓边际交换过程,是指公共行政组织与其他相关组织及目标群体之间建立共生关系的过程。④ 社会情感过程。社会情感过程是一种社会情感训练的过程。它可以被视为行政管理体制改革的一种基本工具,还可以被视为一种技术,如敏感性训练、技术等。这里所说的社会情感,实质上是指心理素质。

2. 企业家政府组织理论

企业家政府理论也是近年来颇为流行的行政学派,由美国学者戴维·奥斯本(David Osborne)和特德·盖布勒(Ted Gaebler)在1992年出版的《改革政府——企业精神如何改革着公营部门》一书中首次提出。他们主张将企业经营的一些成功管理方法移植到政府中去,使政府这类公共组织能像私人企业那样,合理利用资源,注重投入产出,提高行政效率,重塑政府形象。具体内容包括:

第一,传统政府官僚体制存在严重危机。奥斯本和盖布勒指出,官僚制行政组织曾经是一种理性的、富有效率的组织形式,"是极权主义统治滥用权力的取代物"①。但在当今社会环境瞬息万变、社会需求多元化的情况下,那种传统的官僚制行政组织已不再适应社会的发展,暴露出明显的弊端,如庞大的机构、集权式的管理、标准化的统一服务模式以及由此产生的官僚主义、僵化死板、繁文缛节、低效率、高浪费、腐败等,政府重塑势在必行。

第二,政府重塑官僚体制的十项原则。奥斯本和盖布勒提出了政府重塑官僚体制的十条原则,即:① 起催化作用的政府:掌舵而不是划桨;② 社区拥有的政府:授权而不是服务;③ 竞争性的政府:把竞争机制注入到提供服务中去;④ 卓有使命感的政府:改变照章办事的组织;⑤ 讲究效果的政府:按效果而不是按投入拨款;⑥ 受顾客驱使的政府:满足顾客的需要,而不是官僚政治的需要;⑦ 有事业心的政府:有收益而不浪费;⑧ 有预见的政府:预防而不是治疗;⑨ 分权的政府:从等级制到参与和协作;⑩ 以市场为导向的政府:通过市场力量进行变革。②

3. 服务型政府组织理论

服务型政府组织理论是一系列公共管理理论的集合体。它的基本思想是,政府由原来的控制者改变为现在的组织者和服务者,施政目标由原来的机关和专家决定转移到现在由民众希望和合法期待决定,政府要务由原有的控制管理转变为现在的传输服务。③ 其中,较具代表性的有学习型政府组织理论、政府全面质量管理组织理论和无缝隙政府组织理论。

(1) 学习型政府组织理论

学习型政府理论直接渊源于学习型组织理论。学习型组织理论最早由美国麻省理工学院教授彼得·圣吉(Peter M. Senge)提出。他认为,学习型组织"是一个不断创新、进步的组织,在其中,大家得以不断突破自己的能力上限,创造真心向往的结果,培养全新、前瞻而开阔的思考方式,全力实现共同的抱负,以及不断一起学习如何共同学习"④。学习型组织的建立须以五项修炼为前提,即:第一项修炼:自我超越;第二项修炼:改善心智模式;第三项修炼:建立共同愿景;第四项修炼:团体学习;第五项修炼:系统思考。其中,第五项修炼——系统思考作为强化并整合其他四项修炼成一体的理论与实务,位居其他四项之上。尽管系统思考是五项修炼的核心技术,然而它也需要依靠其他四项修炼发挥潜力。学

---

① 〔美〕戴维·奥斯本、特德·盖布勒:《改革政府——企业精神如何改革着公营部门》,周敦仁等译,上海译文出版社 1996 年版,第 13—14 页。
② 张国庆:《行政管理学概论》,北京大学出版社 2000 年版,第 649—657 页。
③ 连玉明:《学习型政府》,中国城市出版社 2003 年版,第 649—657 页。
④ 〔美〕彼得·圣吉:《第五项修炼——学习型组织的艺术与实务》,郭进隆译,上海三联书店 1998 年版,第 3 页。

习型组织理论的提出,在整个组织管理学界产生了重大影响,并迅速影响到行政组织理论研究。学习型组织修炼中所蕴含的开放理念、学习理念、系统理念已对当代官僚制行政组织理论产生了极大冲击。学习型组织本身所倡导的以人为本、扁平化组织、"无为而为的有机管理"、系统思考等已成为当代政府组织变革的重要目标。学习型政府组织理论风靡全球。

(2) 政府全面质量管理组织理论

全面质量管理(Total Quality Management,TQM),是一种源起并广泛用于工商管理的管理模式。它最早由美国通用电气公司的费根堡姆和质量专家朱兰提出,后引入政府管理,为之作出杰出贡献的学者有史蒂文·科恩(Steven Cohen)等。所谓政府全面质量管理,依科恩等人的观点,是指将产品生产的全面质量管理的基本概念、工作原则、运筹模式应用于政府机构,以达到政府机构工作的全面、优质、高效。一般说来,产品生产的全面质量管理包括三层含义:第一,单靠数理统计方法来控制生产是不够的,还要有组织管理工作;第二,产品质量是在质量螺旋中前进的,包括市场调查、设计、生产、检查、销售等;第三,质量不能脱离成本。① 可见,政府全面质量管理组织理论具有如下特征:第一,作为一种新的管理模式,它强调全组织"质量"的重要性,重视物,但更重视人——顾客、员工、团队和谐的关系和坦诚的合作,重视"人、财、物"的协同、整体效应。这一理论的要义在于将产品质量管理技术放大、扩展、泛化成为全组织的管理,品质的标准相应地由技术合格转变为顾客满意。在这一意义上,政府全面质量管理就是一种"以人为本"的组织管理模式。第二,作为一种新型的管理流程,贯穿全面质量管理始终的基本思想不是传统的成本核算、劳动生产率、产品品质等概念,而是经由全体组织成员共同努力,不断"改善"组织。科恩等人认为,要"改善"组织,使组织获得生存和持续发展的能力,必须坚持五项原则,即顾客导向、领导示范(即要求各级管理人员道德高尚,领导者带头鼓励革新精神)、全员参与、重视教育、强化团队。② 政府全面质量管理奠定了行政组织重塑的部分技术基础。

(3) 无缝隙政府组织理论

"无缝隙政府"是拉塞尔·林登(Russell M. Linden)在通用电气公司总裁杰克·韦尔奇的"无界限组织"的基础上创造出来的。无缝隙政府是生产者社会向顾客社会转变的自然结果。林登认为,"无缝隙组织"是指可以用"流动的"、"灵活的"、"弹性的"、"完整的"、"透明的"、"连贯的"等词语来形容的组织形态,是一种行动快速并能够提供品种繁多、用户倾向个性化的产品和服务的组织,它以一种整体的而不是各自为政的方式提供服务。无缝隙政府实际上是一

---

① 〔美〕史蒂文·科恩、罗纳德·布兰德:《政府全面质量管理》,中国人民大学出版社2002年版。
② 转引自张国庆:《行政管理学概论》,北京大学出版社2002年版,第642—644页。

种以满足顾客无缝隙的需要为目标的组织变革,它创建的主要内容包括:① 顾客导向。林登指出,相对于政府而言的顾客:一是公共产品和服务的最终使用者,二是公共产品和服务供给过程中的参与者。作为一种"倒流程"的政府管理方式,顾客导向的政府管理关注的焦点是顾客需要。政府要将此种"顾客导向"贯彻到底,必须努力提升公共产品和服务的价值,以无缝隙的方式追求零顾客成本,强化政府内部"顾客就是上帝"的观念,加强与顾客之间的交流与沟通。② 竞争导向。即政府应以竞争为导向,引进公共服务的市场竞争机制,允许和鼓励民间参与和提供服务,使公共机构和民营机构之间、公共机构之间、民营机构之间彼此展开竞争,从而有效地提供公共服务。③ 结果导向。无缝隙政府以结果为导向,通过顾客和过程,强调积极的目标、具体的结果与产出,强调工作的实际结果、预算和绩效并重。可见,无缝隙政府不是全盘推翻现有的行政运作程序,而是以顾客、结果、竞争为导向,使政府每一项资源投入、人员活动、公共产品和服务的提供等都能真正体现顾客需要,使顾客能够在"任何时间"和"任何地方"得到服务,真正实现"为民服务"的目标。无缝隙政府组织为政府再造这一领域提供了公共机构迫切需要的东西:一是面向未来的公共机构自我改革的模式,二是为顾客提高无缝隙产品和服务的方式。无缝隙政府对顾客来说是"双赢"。①

"服务行政"时期的行政组织理论体现了知识经济时代的要求,具有与以往行政组织理论完全不同的特点和要求。它们倡导组织变革,认为行政组织只有不断变革才能产生活力,认为曾经在人类历史上起过重要作用的官僚制行政组织在今天已不合时宜,面对急剧变化的外部环境,官僚等级制组织缺乏足够的应变能力,机构庞杂,人浮于事,工作效率低下。同时,它们以服务为导向,强调公平、学习、权力下放和以"顾客"为中心,将效率与公平进行卓有成效的统一,也在以一种更开放的态度试图寻求各种优于官僚制行政组织的新型组织形态,以适应当今高速发展的信息时代。它们代表了行政组织历史发展与理论发展的方向。

第二节 我国行政组织的历史发展与理论发展

我国行政组织的历史发展与理论发展大致分为专制时代和改革发展两个时期。

一、专制时代行政组织的历史发展与理论发展

我国是一个具有两千多年封建专制历史的文明古国。从春秋战国时期开始,许多政治家对行政组织作了不少可贵的探索,形成了一系列独具特色的行政

---

① 参见〔美〕拉塞尔·林登:《无缝隙政府:公共部门再造指南》,汪大海译,中国人民大学出版社2002年版,译者序。

组织思想体系,具体说来包括:

1. 强化中央集权,强调君主一人操权任势

我国行政管理体制一直以集中、统一、稳定而著称,这在世界历史上绝无仅有。早在春秋战国时期,墨子就提出"尚同",提出"上之所是,必皆是之,所非,必皆非之……上同而不下比"①,强调政令和思想的统一。韩非则从中央与地方关系的角度阐述道:"事在四方,要在中央,圣人执要,四方来效。"②公元前221年,秦始皇统一六国,开创了封建大一统国家行政管理的新纪元。他在中央设三公九卿,直接听命于皇帝;在地方建制上,废分封,置郡县辖于中央,从组织体制上保证着"天下之事,无大小皆决于上"③。汉承秦制,历经三个多世纪,终于奠定了专制主义中央集权行政管理体制的基础。至隋唐,为适应当时社会分工发展的需要,又形成了三省六部二十四司的行政组织体制,以保证中央集权和君权的一权独大。三省六部制确立了古代中央行政组织管理的基本框架,以后各代竞相沿用并不断发展,直至明清。明清是我国封建专制主义发展的顶峰时期,中央集权趋向不断增强,明初罢丞相、废中书省,清初增设军机处等均是其重要表现。所以说,从秦至清形成的高度集权原则,是专制时代各级行政组织及其理论研究必须遵循的规范。

2. 注重组织结构,精细组织分工

我国古代行政组织思想一直对行政组织及其结构设计重视有加。荀子云:"离居不相待则穷,群而无分则争。"④成书于战国与秦汉之间的《周礼》也提出,中央政府机构应由天、地、春、夏、秋、冬六官主持,天官居首,其他各官各司其职。组织分工、层级节制开始引起人们的注意。秦王朝建立后,秦始皇第一次较完整地设计了封建专制的政权体系。他设三公九卿制,实际上就是行政组织内部分工的结果。三公中,丞相为"百官之长",辅助皇帝处理全国政务,太尉管军事,御史大夫负责监察;三公下设九卿,具体负责各项行政工作。整个行政系统分工合理,错落有致。历史发展到隋唐,三省六部制亦是如此。中书省取旨决策,门下省审议封驳,尚书省承旨执行,三者职权划分明确。其中,尚书省为全国的最高行政机关,下辖吏、户、礼、兵、刑、工六部又是各司其职,其结构之严谨,分工之缜密,自不待言。宋、元、明、清各朝基本沿袭了此做法,尽管在机构的权力关系与职能作用上有一些变动,但对分工、对结构严谨的强调从来都不曾忽略过。

3. 重视设职分官,强调官员职责权的统一

"典衣不加衣,是为旷职;典冠加衣,是为越权。"一定的职位,有相应的责

---

① 《墨子·尚同下》。
② 《韩非子·扬权》。
③ 《史记·始皇本纪》。
④ 《荀子·王制》。

任,有一定职权的人,必须负有相应的职责。我国古代行政组织思想不仅重视组织分工,而且也重视官员职责的明确。"位其不可不慎也乎"①,"靖共尔位"、"不解于位"②。战国时,设职分官、强调对岗位的坚守已成为一种普遍现象。将设职分官制度加以完善化是在秦朝。在此阶段,组织职位和官员职责不仅有质的规定,而且还有量的规定。唐代对政府机构和官吏的编制,基本上做到了以法定制,如《唐六典》就规定:"凡天下官吏,各有常员","凡诸司置直,皆有定制"。③ 除此之外,我国古代行政组织思想还反对官吏兼职,以保持官员职责的统一。荀子说:"一人不兼官。"④韩非则从不同角度为其作注,先后指出,"明主之道,一人不兼官,一官不兼事,卑贱不待尊贵而进"⑤、"使士不兼官,故技长"⑥。当然,历朝历代重视对官吏的考核和监督,加强监察机构的设置,也从另一侧面反映出对行政组织成员职责统一的重视。

4. 坚持立法建制与德礼辅政并举

"法令者,君臣之所共立也"⑦,"夫立法令者以废私也,法令行而私道废矣。私者所以乱法也"⑧。我国历时两千多年的专制行政组织管理,一直对法制化和制度化表现出特有的关注。秦统一六国后,将本国有关行政组织的法律推广到全国,并形成了一大批规章制度,开始了法制化的行政组织管理,以后各代不断发展,形成了一系列内容广泛、形式多样、以行政组织管理规范化为目的的法律法规。流传至今并颇有影响的此类规章包括《唐六典》、《明会典》、《清会典》等。这些条例之细密、完备,经验之丰富,沿革之清晰,在世界各国行政管理史上都是少有的。需要指出的是,我国治国理政一直强调礼、乐、政、刑的统一。因此,在重视法治的同时,人们也始终遵循"为政以德"的观点。如唐朝的《永徽律疏》中就明确指出,"德礼为政教之本,刑罚为政教之用",并以自然现象的"昏晓阳秋"来比喻二者的不可割裂。显然,这不仅是对唐以前法治与德礼辅政历史经验的总结,而且对以后专制时代行政组织的历史发展和理论发展也有着重要的指导作用。⑨

总之,我国专制时代的行政思想尽管由于政治、经济与社会发展的限制,大多是片断的、不系统的,而且更多地隐含于古代思想家们的治国方略中,但它们

---

① 《左传·成公二年》。
② 《左传·襄公七年》。
③ 《唐六典》卷四《吏部》。
④ 《荀子·富国》。
⑤ 《韩非子·难一》。
⑥ 《韩非子·用人》。
⑦ 《管子·法法》。
⑧ 《韩非子·诡使》。
⑨ 张晋藩:《中国古代行政管理体制研究》,光明日报出版社1998年版,第44—49页。

源远流长,异常丰富。尽管受阶级局限性等的限制,它们带有较浓的宗法色彩、较强的经验行政和权力行政的特征,具有很大的不足,但其中的许多内容,如政令统一、等级节制、专业分工等,仍值得我们借鉴。在当今行政组织改革与发展的时代,我们必须充分反思和借鉴这段历史。

二、改革发展时期行政组织的历史发展与理论发展

改革发展时期行政组织的历史发展与理论发展一般是指新中国建立以来行政组织的变革与理论进步。这一时期,我国行政组织经历了一系列深刻的变革。以 1978 年十一届三中全会召开为标志,我们可将改革发展时期划分为前后两个时期。一般而言,前期行政组织改革与发展主要围绕职能扩增状态进行,而后期行政组织改革与发展则主要立足于职能转变。①

1. 前期行政组织的改革与发展

在探讨前期行政组织改革与发展的特点之前,我们有必要对其间四次大的政府机构变动进行分析。②(1) 1954 年政府机构改革。这是建国后第一次大的政府机构改革,它初步确立了我国议行合一的政治体制,形成了自上而下,以中央为主、与计划经济相一致的部门管理体制,奠定了我国行政管理体制的基本模式。(2) 1958—1959 年政府机构改革。这次机构改革是适应 1955—1956 年城乡经济建设事业高速发展,中央政府为加强对整个经济建设工作的指导,按行业、产品设置了一批经济管理部门,从而造成机构迅速臃肿、中央集权加重的局面。它扩大了地方权力,赋予了地方更多的自主权,是建国后国家行政管理体制分权的第一次尝试。(3) 1965 年政府机构改革。三年困难时期,从 1961 年开始,中央开始对国民经济实行"调整、巩固、充实、提高"的八字方针,认为对有限的资源实行统一领导和集中管理是恢复国民经济的惟一出路而重新强调集中管理,并将 1958 年以来下放的单位陆续收归中央管理。实践证明,这在当时历史条件下是正确而有效的。此外,中央还提出用经济方法管理经济的某些思想和设想,并进行了某些探索。但这一切不久就被"文化大革命"所否定了。(4) "文革"时期政府机构设置。十年动乱期间,国务院受到严重破坏,行政管理工作几乎陷入瘫痪。这是一种由外力发动的极不正常的"变革"。直到 1975 年底,在周恩来、邓小平同志主持下,各机构才有所恢复,但其行政管理职能仍受到极大限制。

纵观这一时期的机构改革历程可以发现,这一阶段行政组织的历史发展与理论发展呈现出如下特征:(1) 行政组织设置具有充分的人民性。这是由我国

---

① 参见吴刚:《行政组织管理》,清华大学出版社 1999 年版,第 246—260 页。
② 参见张国庆主编:《行政管理学概论》,北京大学出版社 2000 年版,第 575—578 页。

社会制度决定的。建国后,我国实行议行合一体制,人民代表大会制度是我国的根本政治制度,这保证了我国行政组织将具有空前的人民性和民主性。人民性是西方国家行政组织与专制时代行政组织所无法比拟的。(2) 行政组织设置贯彻精简、统一、效能原则。反观前期行政组织的改革和发展,在其基本格局形成之后,总的来说是趋于稳定的。其中,政府经济部门出现了几次删删减减,但这却从另一方面反映了我国机构设置对精兵简政方针的不懈追求,对集权、分权适度点的不断探索。(3) 行政组织职能随社会主要矛盾的变化而不断变化。这一时期,我国经历了社会主要矛盾的根本性转变,即从阶级矛盾转变到人民日益增长的物质文化需要与落后的社会生产之间的矛盾。我国政府机构职能重点也随之变化,总的趋势是政治职能逐渐减弱,社会管理职能逐渐增强。只是后来由于"左"倾错误的影响,才使本来该淡化的政治职能反而增强起来,使经济职能受到干扰,代价惨重。(4) 行政组织权力配置以民主集中制为依据。我国行政组织在权力配置上,基本上贯彻了民主集中制原则。这主要表现在两方面:一方面,我国实行人民代表大会制度,它保证了人民内部的广泛民主及人民意志执行过程的集中统一。另一方面,在处理中央与地方关系上,我们强调民主基础上的集中统一,同时,又力求在中央集中统一领导下地方积极性的充分发挥。尽管在实际贯彻这一原则的过程中,我们出现过一些曲折和失误,但实践证明,总的来说这是正确的,是有待我们进一步改革和探索的。

前期行政组织的改革和发展尽管为我国后期行政组织的改革和发展奠定了相关的基础,但它以计划经济为基础,仍然存在一系列的弊端,如分工过细造成机构臃肿,过分强调集权造成层级行政和计划行政特征突出等。因此,在计划经济向市场经济过渡的后期行政组织改革与发展阶段,我们亟需对其进行突破。

2. 后期行政组织的改革与发展

后期行政组织的改革与发展也经历了四次大的机构改革。(1) 1982年机构改革。这次政府机构改革的主要内容:一是在划清业务范围的基础上,较大幅度地调整、裁并机构;二是紧缩人员编制;三是注意和经济体制改革相结合。此次机构改革是在党和国家工作重心全面转移到社会主义现代化建设上来之后首次进行的行政改革。它提出和建立的关于机构改革的思想,一定程度上为以后的行政改革提供了理论基础。它起到了由机构调整到领导制度、管理体制改革的先导作用。(2) 1988年政府机构改革。这场改革的直接原因是国务院自身机构建设的要求,深层次原因则是经济体制和政治体制改革的要求。此次改革的目标主要集中在五个方面,即转变职能、下放权力、调整机构、精简人员、搞好配套改革。(3) 1993年政府机构改革。这次机构改革总的指导思想为:把建立社会主义市场经济体制和加快市场经济发展作为机构改革的目标,按照政企分开和精简、统一、效能的原则,在转变职能、理顺关系、精兵简政、提高效率方面取得明显进展。改革的重点是转变政府职能。此次改革将专业经济部门作为改革的重点,已经开始触及50年代随着社会主义改造完成而形成的行政部门管理体制。(4) 1998年政府机构改革。① 此次政府机构改革是一次具有全面行政改革性质的改革,是在我国全面实行社会主义市场经济体制、实行经济增长方式转变、实行经济发展战略调整的新的历史条件下,集中进行的一次具有相当广度和深度的行政改革,甚至可以说是框架性变革。它的目标是建立办事高效、运转协调、行为规范的政府行政管理体系,完善国家公务员制度,建立高素质的专业化行政管理队伍,逐步建立适应社会主义市场经济体制的有中国特色的政府行政管理体制。改革的原则包括:① 按照社会主义市场经济体制的要求,转变政府职能,实现政企分开;② 按照精简、统一、效能的原则,调整政府组织机构,实行精兵简政;③ 按照权责一致的原则,调整政府部门的职责权限,明确划分部门之间的职能分工,完善行政运行机制;④ 按照依法治国、依法行政的要求,加强行政体制的法制建设。

可以看出,后期行政组织的历史发展和理论发展呈递进特征。较之前期行政组织的改革发展,它具有如下特点:(1) 行政组织改革和发展开始转移到以经济职能为中心上来。将政府组织的中心职能及时地转移到经济建设的轨道上来,这是此阶段行政组织及其理论发展的核心。我国政府机构改革的重心实现了由以前机构精简向现在职能转变的转移,特别是向政府与市场、政府与企业、政府内部各要素关系合理处理的转移。(2) 行政组织改革和发展逐渐被纳入政治体制改革的宏观战略目标。这一时期的行政组织改革对于机构改革在政治体制中的地位和作用的认识,是一个不断深化的过程。从开始的"就机构来改机构"到1998年的"将政府机构和人员精简作为政治体制改革的一个突破口",期间对行政组织改革与发展的认识已获得了质的飞跃。正确处理坚持、改善和加强党的领导与保证党政机关相对独立行使行政权力的关系,正确处理维护中央权威与进一步下放权力的关系,正确处理机构改革与健全民主制度的关系,正确处理政府机构与加强法制建设的关系,构成了这一阶段行政组织及其理论发展的重点。(3) 行政组织改革和发展始终以克服官僚主义、提高政府管理水平为依托。对于国家行政组织中普遍存在的官僚主义盛行、工作效率低下的现象,这一阶段的领导人深有认识。如邓小平同志就指出:"官僚主义现象是我们党和国家政治生活中广泛存在的一个大问题。它的主要表现和危害是:高高在上,滥用权力,脱离实际,脱离群众,好摆门面,好说空话,思想僵化,墨守成规,机构臃肿,人浮于事,办事拖拉,不讲效率,不负责任,不讲信用……都已达到令人无法

---

① 参见中国行政管理学会编:《新中国行政管理简史》,人民出版社2002年版,第489—519页。

容忍的地步。"①思考如何克服这种现象成为这一阶段行政组织理论研究的重要课题。与此同时,"小政府、大社会"模式的提出也对政府管理水平和服务水平提出了更高要求。由此,根据新的职能体系改革政府机构、建立一支高素质的专业化行政管理干部队伍等建议也逐渐被提上前台。(4) 行政组织改革和发展开始重视法制化建设。这主要表现为依法行政的提出,以及编制、机构、人员、行政程序法制化管理的增强。

总的说来,改革开放后进行的行政组织改革,准确反映了我国社会政治经济发展的需要,反映了我国行政组织改革由权力行政向管理行政,再向服务行政发展的趋向。行政组织改革的方向和思路都是正确的。它是我国行政组织理论逐步走向成熟的重要标志。

---

① 《邓小平文选》第 2 卷,人民出版社 1994 年版,第 327 页。

第三章 行政组织结构

"组织理论之父"马克斯·韦伯在 20 世纪初期提出了"理想的官僚组织模式"的概念。他认为,在组织内应按照地位的高低规定成员间命令与服从的关系,组织的结构是一层层控制的体系。这是人们对组织结构最初也是最重要的一种认识。其后的组织理论家无论在具体观点上如何各执己见,但都无法否认组织结构的存在,他们反而认为组织结构对机关组织的各项职能、关系及运作具有不可替代的作用。所以,探讨行政组织理论,就无法避开行政组织结构。

第一节 行政组织结构概述

一、行政组织结构的含义

"结构"一词原是生物学上的名词,在《世界百科全书》里的解释是:"就生物学观点,结构乃是一个有机体所有部分——器官或组织的一种特定安排。"因此,结构可说是一种"已经建立的关系模式"。组织结构即"组织各部门及各层级之间所建立的一种相互关系的模式"①。通常所指的组织结构是指正式的法规、运作政策、工作程序、控制过程、报酬安排及其他引导成员行为相关措施之设计。

在此基础上,可以把行政组织结构理解为行政组织各构成要素间的排列组合形态。② 其中,职位、职能、人员分布等形成了行政组织的主要构成要素。没有这些要素作为基础,行政组织的结构就成了无源之水、无本之木。构成要素与排列组合方式共同构成了行政组织的结构,构成要素相似,但组合方式不同,也会形成不同形式的行政组织。

二、行政组织结构的意义

从传统组织理论时期到现代组织研究时期,研究者都把组织结构分析作为一个重要的研究领域。在实践活动中,一个结构设置科学合理、运转灵活有效的行政组织是组织任务得以完成的基本保证。很多组织问题,如机构臃肿重叠、权责不明、效率低下等,在很大程度上与不合理的组织结构有密切关系,是组织结

---

① 张润书:《行政学》,台北三民书局 1976 年版,第 145 页。
② 参见王沪宁、竺乾威:《行政学导论》,上海三联书店 1988 年版,第 78 页。

构失调的反映。所以,行政组织的结构问题对于改变不合理的机构设置、权限划分与人员配置,改善公共行政管理的流程,提高行政组织的功能及效率都具有极为重要的意义。卡斯特(F. E. Kast)的论述道出了行政组织结构的本质。在他看来,机关组织的组织结构虽不能代表整个组织系统,但却是机关组织最重要的一部分,因它是机关组织的架构,惟有它才能显示出机关组织活动的功能与关系。

三、行政组织结构的设计

设计组织结构,最重要的是要找到纵向控制与横向协调之间的平衡点。纵向控制与效率和稳定性目标相关联,而横向协调则与学习、创新和适应性相关联。[①] 当组织需要通过纵向层级来协调或效率对实现组织目标至关重要时,职能型结构是适合的。这种结构借助任务的专业化和严格的指挥链,使稀缺的资源得到高效率的利用,但不利于组织获得灵活性和创新性。当组织为实现创新、促进交流学习,对跨职能协调有高强度的需要时,就应该借鉴横向型结构的特性。当然,在具体的组织设计方面,还有很多综合参考因素及诸如事业部型、矩阵型结构等中间性可选择方案。

行政组织的结构不但应该为组织提供职权、职责和部门组合的框架等要素,而且还应该连结和协调组织要素,使之成为一个和谐的整体,后者尤其重要,在很大程度上决定了组织结构的高低优劣。现代组织理论认为,将组织连结为一个和谐的整体,除了需要组织结构这一硬性要素,信息系统和各种联系手段等软性要素也是必不可少的。了解有关结构的信息有着重要意义。可以根据实现组织目标对信息处理的要求,合理地设计组织机构,以便提供所需的多方面信息联系。

管理者可以作出多种选择:或者按照传统的以公平与效率为中心的行政组织设计,强调诸如层级、规则与计划、正式信息系统等纵向联系;或者也可以根据具体情况借鉴现代的学习型组织结构设计,强调横向沟通与协调。对今天的行政组织来说,单单有纵向结构与沟通已经不够,还必须建立跨职能信息系统,通过不同部门管理者间的直接交流沟通以及成立临时性任务小组、专家队伍和专职团队等新的形式来补充、完善组织结构,以满足当今社会、经济、文化的发展对行政组织日益复杂多样的要求。

四、行政组织结构的无效

当一种组织的结构无法适应内外部环境情况的变化,不能再满足组织的需要时,往往会出现结构无效的症状,我们可以称之为"行政组织结构无效"。具体表

---

① 参见〔美〕理查德·达夫特:《组织理论与设计》,王凤彬、张秀萍译,清华大学出版社2003年版,第131页。

现为：

1. 决策迟缓或质量不高。由于组织层级汇聚太多的决策问题，决策者们可能会负担过重，这可能是向底层的授权不足所致。另一个导致决策质量不高的原因是，信息可能没有传达给合适的人或者信息传得不够充分、确切。该组织中，无论是纵向还是横向的信息联系，可能都无法保证决策的质量。

2. 组织不能创造性地对环境的变化作出反应。部门之间没有横向地协调起来，这是缺乏创新的一个原因。当有突发事件或危机发生时，组织部门间往往由于各自为政的关系无法及时、快速地合作处理危机，无法避免更多损失及危害的发生。此时组织表现为局部有效而整体无效。

3. 过多的对立性冲突。有冲突并不是坏事。一些组织学理论家认为，建设性冲突不但无害，反而有助于组织消除矛盾、谋求更好的发展。但是，当组织内各部门按照不同的目标各行其是，或者处于一种为完成部门目标而牺牲组织整体目标的压力下时，这种冲突就表现为对立性、破坏性。这样的结构就存在问题，严重时会影响组织功能的正常发挥，导致失效，乃至无效。

第二节　行政组织结构的类型

在行政组织的沿革、发展过程中，形成了一些比较成熟、稳定的结构形态，我们称之为"类型"或"模式"。行政组织虽然与经济组织有很多共性，但也存在着很大的区别，不可完全混同。在一般的行政学理论教材中，往往按照经济管理中常见的企业组织结构形式对行政组织结构进行分类。而本书撇开这种常规的分类法，而以行政组织的公共性权力为根本着眼点，对行政组织结构的现实与未来发展进行一个全面的归类与梳理。

对行政组织而言，职位和人员经过适当组合就可以形成最基本的行政单位。所以，通过对行政组织的分析，可以说任何一个行政组织都是相对而言的，主要表现为几个或多个上下层次递进的组织体系。换言之，从纵向序列来看，在一个行政组织中包含了更低层级的组织，而其本身也是更高层次组织体系的组成部分，彼此之间存在着领导与被领导的关系；而从横向序列来看，每一个行政层级都被按照功能的不同划分为几个或多个职能部门，是相互合作与协调的平等关系。因此，行政组织的结构可以按照纵、横两个主轴进行最基本的分类。

一、纵向结构

行政组织的上下层级之间，存在着领导与被领导的关系，这种排列组织的方式称为"行政组织的纵向结构"，也称"行政组织结构的层级化"。行政组织的纵向结构既包括不同层级政府间的构成，也包括各级政府或部门内部层级的构成。目前,我国的行政组织体系从纵向分为国务院—省/自治区/直辖市—县/区—乡/镇四级;而在各级政府机关内部的分层情况也是非常清楚、严格的,如国务院内分为部/司(局)/处三至四个等级,省级政府内从上到下设有厅(局)/处/科等级别。

纵向结构的优势在于:使这个行政管理过程进行纵向分工,不同层次的机构承担着不同的工作与责任,不但能增强行政管理的效率、提高不同层次行政人员的工作积极性,而且还大大有利于统一指挥与严格控制。按照行政组织纵向层级的多少,主要可以区分为金字塔型结构和扁平型结构(见图3-1)。

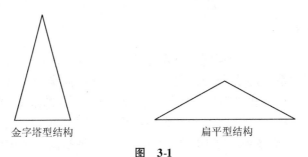

图 3-1

行政组织结构最典型的形态就是层级分明的金字塔型结构。迄今为止,这依然是国家政府和其他超大型组织最普遍采用的组织机构。这一组织结构主要表现为行政层次多,控制幅度小,行政组织呈尖型结构,体现出较为集权的性质。金字塔型结构的优点是行政上下同一高度,目标一致,有利于强有力的行政控制;缺点是管理层次过多,效率不高,自主权不够,应变能力差,不利于发挥下级工作的主动性与创新性。现代人际关系理论学家阿吉里斯认为,层级制组织机构会滋长人们依赖和从属于领导的心理……结果是把雇员从成人降低到幼年的水平。

扁平型结构出现较晚,往往在大型的公共事业单位或跨国集团有所应用。它的特点在于行政等级较少,行政幅度较大,是一种分权性的结构。分权化组织的优点在于可以降低集权化程度,弱化直线制组织结构的不利影响;提高下属部门管理者的责任心,促进权责的结合,提高组织的绩效;减少高层管理者的管理决策工作,提高其管理效率。扁平型结构的长处是往往有利于调动部属员工的积极性,但不足之处在于可能导致行政控制不力,导致组织丧失中心权威。

以上是两种比较典型的从纵向划分的组织结构类型,但在现实行政管理活动中,一个行政组织的结构可能既不完全是金字塔型,也不完全表现为扁平型,而是往往呈现出两者结合的特征,我们可以称之为"综合型"(见图3-2)。具体表现为:在组织中的某些比较重要、复杂的层级,行政控制幅度小;反之,则行政控制幅度大,从而使得一个行政组织融合了以上两种结构形式。事实上,实践充分表明,某种程度的层级组织结构对组织成员更好、更有效地完成工作任务是必不可少的,关键在于如何在层级递进式的组织结构中避免或者尽可能地减少其种种弊端,从而根据组织自身的具体情况选择一种最为合适的结构模式。

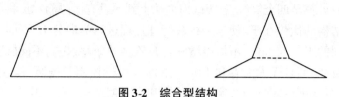

图 3-2　综合型结构

二、横向结构

在行政组织中,同一个层级中包含着各个职能不同的部门,彼此间是相互分工合作的平等关系,这种组织方式就是行政组织的横向结构。行政组织的这种横向分工是随着社会和科学技术的发展进步、政府事务的逐渐增多而细化的。行政组织为了完成行政任务,必须在纵向结构的基础上进一步地进行科学合理的横向分工,以适应各级政府不同职能的需要。这种横向分工构成了行政组织的横向结构,也可称为"行政组织的部门化"。所以,横向结构也是组织结构必不可少的组成部分,它与纵向结构的关系就如同纬线与经线,共同构建起组织的脉络框架,使得组织能量、权力及各种资源通过这一构架流动起来,发挥出更大的效率。如果一个组织没有一定的结构,则形同一盘散沙,纵有再好的人才、再多的资金也将寸步难行。一般而言,横向组织结构可以有以下几种分类:

1. 按照区域标准划分

行政管理活动必须在一定的空间区域内开展,因此,区域可以作为划分行政组织的标准。区域划分是指依据一定的诸如政治、经济、地理环境等要素来划分行政组织。例如,在国务院以下按照一定的地理面积、政治传统等要素划分为各个省、自治区及直辖市政府,而在每一个省、自治区及直辖市政府管辖范围内又划分为若干个平级的地方政府,依此类推。

2. 按照管理职能标准划分

所谓按职能划分,就是将政府所担负的职责和功能按照一定的标准进行分解、组合,设置若干个职能部门或机构来承担不同的职责。如,国务院所属的二十多个部、委、办、省(自治区、直辖市)政府内的各厅、局,同一厅、局之内的各处、室等。[①] 这些机构或部门都有各自的行政组织目标和业务范围,彼此之间没有行政隶属关系,仅有业务上的指导关系,互相配合,分工协作。在使用这种划分方法时,还应注意避免走极端,分工过细,造成部门林立、效率低下。

---

① 参见浦兴祖主编:《中华人民共和国政治制度》,上海人民出版社 1999 年版,第 303 页。

3. 按照管理流程标准划分

行政管理的流程一般而言可以分为咨询、决策、执行、监督、反馈等阶段。行政组织根据需要,可以将整个管理活动按照这些流程的环节进行划分,交由各个部门负责实施。例如,在深圳试点实行的行政三分制,就是将政府划分为决策部门、执行部门和监督部门三大块,各司其职,各尽其能。这种划分方法有利于各个管理环节发挥各自的积极性,但也有一定的局限性,比如,有很多管理工作的程序是无法完全独立出来的,也就无法交由某一个部门具体负责实施。

4. 按照服务的对象标准划分

依照所提供的商品、服务或者按照部门的服务对象来划分行政部门。比如,在中央政府中,按照服务对象的不同可以划分为教育部、农业部、交通部、卫生部等;在各级政府中的侨务办公室、复员退伍军人安置办公室、再就业办公室等等。这是一种比较简单、直观的划分方法,但应该避免与按职能划分的部门发生重叠交叉,避免行政机构的恶性膨胀。

在实际的组织发展过程中,社会、经济、文化、政治等各方面的变化都会对组织结构的设置产生或多或少的影响,组织所要应对的事务千变万化。所以,行政组织结构在基本的纵向、横向维度的基础上演化出多种不同的结构类型,大致如下:

1. 直线集权式结构

直线集权式组织结构是最早形成的一种组织结构,它的出现符合当时工业时代的许多需求。这种组织结构的形式如同一个金字塔,处于最顶端的是一名有绝对权威的上级领导,他将组织的总任务分成许多块,然后分配给下一级负责,而这些下一级负责人员又将自己的任务进一步细分后分配给更下一级,这样,沿着一根不间断的自上而下的层级一直延伸到每一位雇员。下属的首要职责是立即按照顶头上司的命令去做,而不该去考虑什么是正确的或者需要做什么。

直线集权式组织结构具有如下特征:指挥的等级链,职能的专业化分工,权利和责任的一贯性政策,工作的标准化等。在直线集权式组织结构中,上司负责其管辖范围内所有成员的行动,并且有权下达下属无条件服从的命令。通过组织劳动分工、制度管理决策以及制订一种程序和一套规则使各类专家可以齐心协力地为一个共同目标而努力。直线制组织结构极大地拓宽了组织所能达到的知识的广度和深度。

2. 直线—职能式结构

直线—职能式组织形式以直线制为基础,在各级行政领导下设置相应的职能部门。它是在直线制组织统一指挥的系统之外,增加了一套按专业化分工原则建立的职能机构。现代社会中,公共事务呈现越来越专业化的趋势,很多领域内的问题对我们来说都是全新的,如公共卫生问题、环境保护问题或电子商务纠纷问题等等。这些问题的处理除了需要常规的公共行政权力机关介入外,更需要大量具备专业知识与能力的技术型人才和机构的共同参与。直线—职能式组织结构模式就是为了适应这种需要而产生的,它是在直线集权制基础上发展、改进而来的。

直线—职能式组织结构模式与直线制组织结构模式相比,最大的区别在于更为注重专业人员与技术专家在公共管理领域中的作用。直线—职能式组织结构模式既保留了直线制组织结构模式的集权特征,同时又吸收了职能式组织结构模式的职能部门化的优点。直线—职能式组织结构模式适合于复杂但相对来说比较稳定、规模较大的行业组织。所以,就目前而言,直线—职能制仍然为我国绝大多数公共企事业单位所采用。

3. 直线参谋式结构

直线参谋式的结构形态与直线参谋制相类似,两者间的主要区别在于,前者以较为灵活的参谋系统代替了后者的专业职能部门。所以,直线参谋式结构主要也是为了适应现实需要而发展起来的一种组织结构类型。这种结构的设计理念所代表的是:试图通过在组织系统中纳入一批具有某方面知识、经验及技能的管理人员并赋予他们一定职权的办法,解决行政组织大型化、复杂化、专业化与领导个人能力、精力有限性之间的矛盾。

参谋系统直接为各级行政领导服务,以其自身不凡的才学与高超的智慧为行政领导出谋划策,提供更多选择的可能性。他们的意见、建议等只有通过被领导接受才能发挥影响与作用,具有一定的间接性。参谋机构一般以智囊团、政府顾问等形式为代表,较之直线职能制,体现出更多的民间意识。大部分专家都是行政组织体系之外的高校、科研机构的专家、学者或群众代表,以一种正式的或非正式的咨询、兼职顾问的形式为政府服务。

4. 直线综合式结构

直线综合式结构模式是直线参谋制与直线职能制的混合体,它主要是在直线集权制的基础上,同时设立直接向行政领导负责的职能机构与参谋机构。之所以需要如此多的辅助机构,原因主要在于实际的工作需要。一些比较特殊的公共组织管辖的业务比较复杂,工作任务比较艰巨,所以需要专业职能部门与参谋机构互相配合,共同达成组织的目标。其中,专业职能部门主要负责参与决策,并且实施部门的行政管理职能;而参谋机构则主要起到"思想库"和智囊的作用,如美国著名的智囊机构兰德公司等,为公共决策尤其是重大决策提供可行性分析、论证、方案建议、策略计划等。

5. 矩阵(项目)组织结构

矩阵组织肇始于美国航空及太空工业产品研发策略所形成的弹性组织结

构。矩阵组织结构形式是在直线职能制垂直形态组织系统的基础上,再增加一种横向的领导系统。它是一种将专业分部化与自给自足两项原则交互运用的混合体制,兼顾功能分部化及产品分部化的优点。这种组织形式又称为"项目组织"或"栏栅组织"(见图3-3),通常是指若干部门之间的团队组合,用以达成某种特定的工作,亦即为解决某项特殊问题而采取的团队或工作小组形式。

矩阵组织是一种非长期固定性组织,其组织结构模式的独特之处在于事业部制与职能制组织结构特征的同时实现。这类组织的人员自功能部门借调而来,完成某项特殊工作或任务,当任务完成后,工作人员归还原来部门。它的优势在于能够最有效地使用组织资源,以及在工作流动性需求和职能管理之间保持平衡。①

	1	2	3	4	……
项目领导					
工程师					
程序员					
人事干部					
财务人员					
评估师					
监察人员					
……					

图3-3 某公共建设项目

矩阵组织的高级形态是全球性矩阵组织结构,是后现代工业社会全球经济一体化背景下的产物,是一种比较新兴的组织结构模式。目前,这一组织结构模式已在一些全球性大企业中进行运作,如杜邦、雀巢、飞利浦等。这种组织结构侧重于层级上的扁平化,可以使组织因为提高效率而降低成本,同时,也因具有较好的创新能力与对服务对象的回应性,使其功能具有差异化特征。这种组织结构除了具有高度的弹性外,同时,在各地区的全球主管可以接触到有关各地的大量资讯。它为全球主管提供了许多面对面沟通的机会,有助于跨国机构的规范与价值转移,可以促进全球性组织的文化建设。因此,这种组织结构模式比较适用于一些大型跨国集团或国际性公共服务组织机构。

矩阵组织结构的特性表现如下:

首先,它是一种临时性的动态组织。矩阵组织结构并非传统组织的上下节制形态,而是具有弹性,可随时接受变迁的临时组合,其人员系各个专业化功能部门人员的暂时组合,一旦完成任务,项目组织即予裁撤。

---

① 参见〔英〕S. 泰森、T. 杰克逊:《组织行为学》,高筱苏译,中信出版社、西蒙与舒斯特国际出版公司1997年版,第232页。

其次,它是一种开放性的团体。一般来说,永久性的团体较具封闭性,成员的变动较为缓弱;而开放性的团体,人员之间互动频繁,可随时增加或减少。项目组织的人员主要是任务结合,且地位平等,故交互行为较传统式的组织频繁,沟通网络也比较复杂。项目组织的人员随项目性质及规模可多可少,并无一定的限制。

最后,它为特殊目的而成立。项目组织的出现,是由于原来的组织结构无法完成某项功能或目的,因此,必须将有关专家及人员加以组合,使之为特殊目的而工作。

项目组织的优缺点也十分明显。优点主要有:每一个项目主管负责完成各自的目标,任务十分明确;能够训练通才的管理人员;具有较大的能动性,可灵活适应实际情况,易于完成任务;可消除各部门间的本位主义;加强了横向联系,专业设备和人员得到了充分利用,能够发挥所长;促进各类专业人员之间的相互帮助与配合,相得益彰。缺点主要表现为:成员位置不固定,容易产生临时观念与短期行为,责任意识不够强;人员受双重领导,部分人员产生了双重忠贞问题,造成人员的彷徨感;项目主管与功能部门主管间容易产生职权的冲突;人员变动大,容易造成员工心理的不安定,影响组织效率。

6. 立体多维组织结构

这是一种为大型化、复杂化组织设计的综合式结构模式。它可以是三维,也可以是四维甚至更多维,其原理是把组织的结构划分为三维或更多维。例如,可以按产品划分的事业部、按职能划分的专业参谋机构、按地区划分的管理机构等等。

在立体多维组织结构中,对一些事关企业生存发展的重大事项,如新产品的研发、引进新工艺等,事业部主管不能单独决策,而是联合专业参谋部门和地区部门代表等组成类似产品事业委员会的机构,共同进行领导管理。这样做的益处在于,通过协调多个主要部门,及时沟通交流,减少超大规模组织存在的信息缺失或者不对称的情况,提高决策的准确性。因此,多维结构通常为经济型组织所采用。目前,这一组织结构在跨国公司等大型、超大型企业中广泛应用,而在行政组织领域的应用比较少见。

7. 参与型组织结构

随着民主政治建设的日益推进,在公共行政管理领域越来越明显地体现出民主行政、民主决策与民主管理的趋势。参与型组织结构由于固有的扩大民众参与度、提高决策管理透明度、群策群力的优势而逐渐受到重视。它一方面可以更好地让每一位组织成员发挥各自的聪明才智,增强参与积极性与组织凝聚力;另一方面还可以增加彼此的交流与沟通,减少和避免组织内部部门或成员间的矛盾冲突,提高组织的效能。

在这方面,一些公益性机构和非营利组织,如行业协会、学校、基金会等,进行了有益的探索,积累了一定的经验。这些组织往往由全体成员或一定比例的成员代表组成管理委员会,共同使用行政权力,处理日常的行政管理决策与事务。当然,组织规模的大小有时对其结构类型起到很大的影响。当组织规模超出一定限度时,要采用参与型组织结构是异常困难的,就算勉强为之,也难达到很好的效果。所以,参与型组织结构比较适用于一些规模较小的公共组织、某个临时公共项目组或课题组。但是,随着现代计算机及通讯技术的迅猛发展,相信参与型结构在更大规模的组织内也会有用武之地。

8. 事业部制结构

事业部制最早是由美国通用汽车公司总裁斯隆于 1924 年提出的,故有"斯隆模型"之称,也叫"联邦分权化",是一种高度(层)集权下的分权管理体制,为欧美、日本大型企业所采用。该模式是一种分级管理、分级核算、自负盈亏的形式,即一个公司按地区或产品类别分成若干个事业部,从产品设计、原料采购、成本核算、产品制造一直到产品销售,均由事业部及所属工厂负责,实行单独核算、独立经营,公司总部只保留人事决策、预算控制和监督大权,并通过利润等指标对事业部进行控制。总体来说,事业部制必须具备三个基本要素:相对独立的市场、相对独立的利益、相对独立的自主权。

在企业组织的具体运作中,事业部制又可以根据企业组织在构造事业部时所依据的基础不同区分为地区事业部制、产品事业部制等类型。通过这种组织结构,可以针对某个单一产品、服务、产品组合、主要工程或项目、地理分布、商务或利润中心来组织事业部。地区事业部制以企业组织的市场区域为基础来构建企业组织内部相对具有较大自主权的事业部门;产品事业部则依据企业组织所经营产品的相似性对产品进行分类管理,并以产品大类为基础构建企业组织的事业部门。

事业部制的优势在于:总公司领导可以摆脱日常事务,集中精力考虑全局问题;事业部实行独立核算,更能发挥经营管理的积极性,更利于组织专业化生产和实现企业的内部协作;各事业部之间有比较、有竞争,这种比较和竞争有利于企业的发展;事业部内部的供、产、销之间容易协调,不像在直线职能制下需要高层管理部门过问;事业部经理要从事业部整体来考虑问题,这有利于培养和训练管理人才。

事业部制的不足表现为:公司与事业部的职能机构重叠,构成管理人员浪费;事业部实行独立核算,各事业部只考虑自身的利益,影响事业部之间的协作;一些业务联系与沟通往往为经济关系所替代,甚至连总部的职能机构为事业部提供决策咨询服务时,也要事业部支付咨询服务费。

事业部式的结构模式适用于规模庞大、品种繁多、技术复杂的大型企业,是国外一些规模较大的联合公司经常采用的一种组织形式,我国一些大型企业集团或公司也陆续引进了这种组织结构形式。随着我国现代化经济建设的大举推进,一些大型、超大型公共基础建设纷纷立项,在这些需要耗费大量时间、金钱及物资的公共项目的建设管理方面,事业部制这种组织结构模式也不失为一种新的尝试。以下以产品事业部和区域事业部为例,作一些简单的介绍。

(1) 产品事业部制(又称"产品部门化")

按照产品或产品系列组织业务活动,在经营多种产品的大型企业中显得日益重要。产品部门化主要是以企业所生产的产品为基础,将与生产某一产品有关的活动,完全置于同一产品部门内,再在产品部门内细分职能部门,进行生产该产品的工作。这种组织结构形态,在设计中往往将一些共用的职能集中,由上级委派,以辅导各产品部门,做到资源共享。这种组织结构见图3-4。

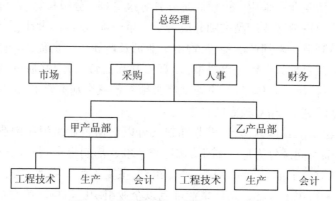

图3-4 产品部门化(事业部)结构简图

产品部门化的优点是:有利于采用专业化设备,使个人的技术和专业化知识得到最大限度的发挥;每一个产品部都是一个利润中心,部门经理承担利润责任,这有利于总经理评价各部门的业绩;在同一产品部门内,有关的职能活动协调比较容易,比完全采用职能部门管理来得更有弹性;容易适应企业扩展与业务多元化的要求。

产品部门化的缺点是:需要更多的具有全面管理才能的人才,而这类人才往往不易得到;每一个产品分部都有一定的独立权力,高层管理人员有时会难以控制;对总部的各职能部门,例如人事、财务等,产品分部往往不会善加利用,以致总部的一些服务不能获得充分的利用。

(2) 区域事业部制(又称"区域部门化")

对于在地理上分散的组织来说,按地区划分部门是一种比较普遍的方法。区域事业部制的原则是把某个地区或区域内的业务工作集中起来,委派一位领导来主管。按地区划分部门,特别适用于规模大的组织,尤其是跨国机构。这种组织结构形态,在设计上往往设有中央服务部门,如采购、人事、财务、广告部门等,向各区域提供专业性的服务。这种组织结构见图3-5。

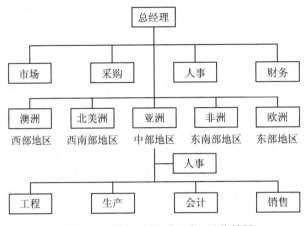

图3-5　区域部门化(事业部)结构简图

区域部门化的优点是:责任到区域,每一个区域都是一个利润中心,每一个区域部门的主管都要负责该地区的业务盈亏;放权到区域,每一个区域都有其特殊的市场需求与问题,总部放手让区域人员处理,会比较妥善、实际;有利于地区内部协调;对区域内顾客比较了解,有利于服务与沟通;每一个区域主管,都要担负一切管理职能的活动,这对培养通才管理人员大有好处。

区域部门化的缺点是:随着地区的增加,需要更多具有全面管理能力的人员,而这类人员往往不易得到;每一个区域都是一个相对独立的单位,加上时间、空间上的限制,往往是"天高皇帝远",总部难以控制;由于总部与各区域是天各一方,难以维持集中的经济服务工作。

第三节　行政组织结构的功能

一、结构的基本功能

结构功能主义理论揭示出组织结构与组织功能有着密切的关系,组织结构在很大程度上决定了组织功能,同时,通过结构也可以反映出组织的基本属性。行政组织结构对组织功能的影响主要体现为:一方面,结构决定功能,有什么样的结构就有什么样的功能;另一方面,功能又反作用于结构,功能的转变必然导致结构发生相应的变化。因此,对组织结构进行研究的目的并不在于组织结构本身,而在于通过组织结构的完善和改进来更好地履行组织的功能。

从行政组织结构的纵、横两方面来看,组织的功能有着截然不同的意义。组织的纵向结构要求下一层级必须服从上一层级的领导、指挥、命令和协调,其目标也必须与上一层级保持一致。正是这种层级结构保证了行政组织权力的垂直分布,保持了政令和指挥的统一;各级组织目标明确、责任清楚、行动迅速,能因地制宜地作出决策;各级行政首长负责全面的管理工作,有利于培养全面型的行政管理人员。但它的不足在于严格的等级规制,非人格化的管理无法充分发挥各个层级行政组织的积极性和创造性,行政"一把手"管辖事务过多,过分集权导致管理低效;容易形成地方保护主义,不利于中央对地方的宏观调控等等。

行政组织的横向结构按照职能的不同分工管理,行政人员较易掌握专门业务;从上到下归口管理,有利于形成统一的方针政策,使社会事务健康有序地发展;各级行政领导分工明确,各司其职。然而,横向结构也不可避免地产生一些副作用,比如:由于各个部门之间职能业务的不同,难免存在一些部门利益,难以进行完全、充分的沟通协调,从而妨碍了上级政府的统一指挥;中央各部门按业务范围直接统管到基层,不利于地方政府因地制宜地组织管理,压抑了地方政府的积极性。

合理的行政组织结构是实现行政目标、提高行政效率的物质基础。一般而言,一个组织结构应该具备下列四项基本功能:

1. 效率:良好的行政组织结构能够促进行政目标的实现。组织结构之所以必须建立,就是要使组织能够有效地运用资源,以最小的输入求得最大的产出,因此,组织结构应具有实现组织效率的功能。

2. 沟通:良好的组织结构,不论上行沟通、下行沟通或侧面沟通皆能使其达至畅通无阻的状态,因为良好的组织结构具有沟通的渠道,能够促使行政组织系统保持良好的沟通关系,发挥沟通的功能。

3. 工作的满足感:组织结构构建了人员的任务、责任、权力关系,并提供人员的地位与归属关系。合理的行政组织结构有利于稳定人员情绪,调动人员的工作积极性。所以,大部分人员皆能致平生之力于组织中,为组织效命,从而获得工作满足感。

4. 组织的同一性:组织是一群个人为既定目标的完成而集结的群体,必须通过有效的沟通与协调,群策群力,方能完成组织目标。组织结构的功能便在于经由分工与权责的安排,使个人之努力及行动同一,使个人的目标与组织的目标统一起来。

二、组织结构的分化与整合

所谓组织结构分化,是将组织结构系统分割为若干分支系统的一种状态,每一分支系统皆与外在环境发生特定的关系。在高度复杂的组织中,高度分工与专业化乃为事实所必须,组织愈趋复杂,则分工的程度愈显著。这种分工现象的具体表现,即是组织结构的职能分化。它与组织的纵向、横向结构划分有紧密的联系,但又不完全等同。前者实质上是一个动态的分化—整合过程,其间瞬息万变;而后者更侧重于一种静态的描述,是经过较长时间的积淀而呈现出的一种较为稳定的结构状态。而且,组织结构正是在长时间的分化—整合的基础上演变而来的,后者是前者的基础,前者是后者的必然结果。

一般来说,组织结构的分化主要可分为水平分化与垂直分化。

1. 水平分化(分部化)

何谓组织结构的水平分化?水平分化是指按照一定标准进行横向分割而形成各个部门与单位。"分部化"最简单的含义就是"分工"。古立克(L. H. Gulick)认为,在由下而上地建立机关组织时,吾人将面临一个问题,即反同类原则的问题。分部化自古立克与厄威克(L. Urwick)首创以来,备受机关组织的采用和重视。促成分部化的主要原因,可归纳为以下几点:

(1) 机关工作的日益复杂以及组织的日益庞大,促使机关组织必须按照工作的性质分设单位,将繁杂的工作分别归类到各个部门,以便能适应客观需要。

(2) 为了行政效率的提高,必须经由分部化的手段和过程,使各部门皆有明确的职能与权责关系,做到职有专司,克奏其功。

(3) 为了能使主管人员有效地指挥其属员从事分工和协调,以免因工作划分不当造成的困难。

(4) 将工作性质相关的活动予以归类,适才而用,才能发挥成员专才,妥善完成组织目标。

平行分化的方式主要有四种:

(1) 按功能分部化

是指将相同或相似的活动归类,形成一个组织单位。换言之,即将同一性质的工作置于同一部门之下,由该部门全权负责该项功能的执行。例如,制造、推销、人事、总务、采购皆是各项不同的功能,在机关组织中可按此等功能划分部门。

这种分部化的优点表现为:根据功能来划分部门,是最普遍的分部化方式,不论在企业组织或政府机关皆可常见。尤其是所有政府机关在成立之初,几乎皆采用功能性之分部化方式。但这并非意味着此种划分就是机关组织惟一的分部化方式,当组织渐形庞大时,功能性分部化方式必须与其他方式联合应用,才能发挥效用。通常,在以功能为基础作分部化时,多能涵盖每个组织所从事的各项基本活动。

(2) 按程序或设备分部化

这是指以工作程序或设备的不同为基础或对象而设置部门或单位。采取此种分部方式,主要是基于经济及技术方面的考虑,因此,此种分部方式在生产及操作部门中常见到,尤其是在政府专门性组织及企业组织的制造业中更可多见。

(3) 按人(顾客)或物分部化

这是指机关或组织根据所服务的人群或管辖、处理的事务和物材为基础来设置部门或单位。这种分部化方式在公、私组织皆可常见，在政府方面，如各级妇女联合会、青少年保护委员会等，即是以人员作为分部化标准的组织；在私人企业中更是普遍，以处理的物料为基础的，如百货公司的各物品分部(电器部、童装部、男装部、玩具部等)。

(4) 按地区分部化

这是指机关或组织以地区或处所为基础而设置单位，如海关总署在北京、上海、杭州等城市设立的分局，跨国公司在各地设立的分公司等。当一个组织的活动散布在一个广大的区域时，便会采用这种分部化的方式，主要是考虑市场的远近、原料取得的难易、交通的便利与否、社区的服务、政治制度的变迁等因素。

上述几种分部化的方式只是一般情形。划分的方法，各有其长处与短处，不能被看做是惟一的适当方法。应用时并没有一定的基准，通常必须考虑组织的种类、规模、管理者的意图、构成人员的性格以及其他情形来决定而混合使用，但无论如何，必以达成组织的目标与总体利益为依归。一般的倾向是，第一层次采用功能分部化为主，第二层次以下则混合使用，视事实需要而定。

2. 垂直分化(层级化)

垂直分化是以层级节制体系为代表，亦即依据组织的垂直面向进行分化。它所依据的标准是：个人对组织活动所具权力的大小、所具责任的程度以及所监督或管辖的部属数目等。换言之，垂直分化依各人工作的宽广度而产生，愈高的职位就具有愈大的宽广度。例如，部长的工作宽广度最大，而局长、处长和科长等就相对较小。

一般而言，在一些较大规模的组织中，垂直分化可以分成四个主要的活动组群或阶层：

(1) 高层管理职位：负责总目标的制定及有关资源分配政策的拟定。
(2) 中层管理职位：负责分目标的制定，完成上级政策，协调下级活动计划。
(3) 低层管理职位：完成中高层的决定，协调、指导组织的基层员工。
(4) 基层员工职位：完成上级的决定、指示，协调、指导基层员工。

组织结构的垂直分化，建立了组织的层级体系。尽管不同的行政组织在垂直分化程度上会有所差异，可能有些分化更为明确清晰，有些略差一些，但它们都会具有层级连贯制约的特性。

组织结构的垂直分化(层级化)即造成层级节制体系。考虑到垂直分化所依据的标准，层级化自然与控制幅度有密不可分的关系。

然而，分化也会带来一定的负面影响。过度的分化会导致组织各层级和各部门间的孤立游离状态，使得彼此产生冲突，阻碍组织总体目标的实现。因此，极需在相互依存的各组织构成部分间进行必要的整合。组织结构的整合是一种将组织的各类活动或每一组织成员、部门的行为、职能经过特定的过程聚集,融合成为一个有效整体的过程。组织整合的作用是在一次次重新的组合中革除旧弊,实现新陈代谢。就行政组织而言,内部的分工越精细、分化越明显,则整合的必要性也越大。

三、管理幅度与管理层次

管理幅度与管理层次是行政组织结构的两个基本范畴。前者指向组织的横向结构,后者构成组织的纵向结构,纵横结合,构成组织的完整结构。因此,组织的管理幅度与管理层次是影响组织结构功能的两个决定性因素。在组织其他条件不变的情况下,管理幅度与管理层次通常呈反比关系,即管理层次少则管理幅度大,而管理层次多则管理幅度小。

1. 管理幅度

管理幅度也称控制幅度,是指一个主管能直接指挥、领导和监督的部属及部门的数量和范围。由于受个人能力、才力、精力的局限,管理幅度是有一定限度的。超过了这个限度,不但不能充分管理部属,反而会使部属感到不满;在工作的开展、执行方面,也会因为力不从心而招致许多的障碍。衡量科学合理的管理幅度,到目前为止还没有统一的标准,它主要还是取决于一些前人的经验方法、管理机构的合理程度以及物质设备、管理技术水平的先进程度。

一般而言,组织管理幅度大小主要取决于以下几方面的因素:

(1) 管理者及其下属的基本情况,如双方的年龄、学识、能力、经历、性别等方面的差异。

(2) 工作的复杂、难易程度。通常,凡属较为复杂与重要性者,控制幅度相对较小,反之则较大。

(3) 工作的重复性与同质性程度高低。下属的工作如果是程序性的,或者同质化程度比较高,几经反复就会形成经验、养成习惯,管理幅度就会放大,反之则会缩小。

(4) 部属的能力与集中化程度。如果部属受过良好的训练且具有良好的判断力与创造力,并有高度的责任感,监督工作就较为轻松,管理幅度就会增加;另一方面,如果部属分散,则管理难度增加,管理幅度相应减小。

(5) 组织的制度建设水平。如果组织有比较成熟的制度约束,权责划分清楚明确,成员的规则意识较强,则可管理程度会较高,管理幅度也会较大。

(6) 助手的帮助。如果领导的身边有助手大力相助,则可控制的界限自然可以扩大。有关方面的专家研究认为,一个组织中高级管理者较为适宜的有效管理幅度为 3~9 人或部门,基层(一线)管理者则为 30 左右。当然,这些数据都不是绝对的,具体的适合范围还是应该根据组织的具体情况而定。

2. 管理层次

管理层次也称管理层级,是指组织的纵向等级结构和层次数目。管理层次是以人类劳动的垂直分工和权力的等级属性为基础划分的。所以,管理层次的划分,不仅取决于组织劳动分工的需要,而且还取决于组织权力构成的需要。不同类型的行政组织,其管理层次也会有所区别,但无论哪一种层次构成方式,其上下级之间都有比较明确和严格的统属关系,是一种自上而下的金字塔结构。一般来说,公共行政事务的多少与管理层次成正比,在整个社会中需要处理的事务何止千万,故公共行政组织通常都是层级严明的金字塔式结构。管理层次的多少不是绝对的,而是应该依据精简效能的原则加以合理设置。

管理幅度与管理层次之间存在一定的对立。为了保证行政管理的效能,我们一般主张管理的幅度不能过大,要有一个合适的限度。但是,如果严守控制幅度的原则,直属部属的人数势必要加以限制,组织的阶层数因而增加,造成高架式的组织结构,使沟通困难、人情味缺乏、经费增加,导致员工士气低落。若采用较广的控制幅度,则造成扁平式的组织结构,虽可消除高架式的缺失,却违反了控制幅度的原则,因此,两难状态一样存在。无论如何,控制幅度的原则有其存在的合理性,故谋求解决并提出合理之道,乃在于控制幅度并非一成不变,而是视各种条件予以决定。

第四节　行政组织结构的优化及其发展

若干世纪以来,金字塔式结构一直是我们用来组织和管理自己的结构形式。从罗马军队到天主教会,从通用汽车公司到国际商业机器公司,在它们的组织图表中,我们都可以看到,权力和信息从金字塔的顶端有秩序地流向底部。所以,工业时代典型的行政组织结构形式——直线式的等级制度在很长一个历史阶段内是最有效、最实用的,适合于一个相对稳定的外界环境。

时至今日,森严的垂直等级制度正逐渐失效,因为它所依靠的两大根本条件——现场要有大量精确的反馈、决策的性质要大致相同,已难以为继了。摆在决策者们面前的问题,种类日见繁多,除了复杂的技术、经济决策外,政治、文化、社会责任也常常让人不堪重负。就绝对数量而言,领导部门从来没有掌握过这么多来自下层的信息,其数量之大,绝非一个管理者能够吸收和处理。超工业革命大大分化了组织所处的经济、技术和社会环境,要求它更迅速地作出多种多样的反应。可是,与当前问题的规模和多样性相比,与越来越快的节奏相比,必要的信息反馈又少得可怜。传统的行政组织正面临着巨大的考验,组织结构存在着无序或失效的危险。

一个组织如果一成不变,就会缺乏生机,丧失可持续发展的空间。行政管理组织要存在与发展,就必须适应外界环境的变化,这就要求组织结构有相应的变化。经过百余年的演化,行政组织的结构无论是从形式还是在内容方面都发生了显著的变化。未来的组织结构会如何变化,将朝着什么方向变化,是人们关心和探索的问题。进入21世纪,社会外部环境的动态性、复杂性较之以往尤甚,加之发端于工商企业界的组织结构变革运动的冲击,波及到公共行政领域,共同推动了行政组织结构的优化与发展,其具体表现可以归纳为以下几个方面:

一、扁平化

所谓组织结构扁平化,是指通过减少中间管理层次、裁减冗员建立起一种紧凑的扁平型组织结构。实现组织扁平化需要一些基本前提,除了组织需要明确、简单的共同目标,以指导个人的行动之外,发达的现代网络通讯技术也为组织结构扁平化提供了一种可能。技术如果与管理相结合,就能直接转化为生产力。所以,互联网的广泛应用使办公自动化进入高速信息网络时代,它将使得行政管理更为自动化与简洁化,减少管理的中间层次,促使组织结构走向扁平化。

行政组织结构之所以会出现扁平化的态势,有着相应的发展背景。在西方一些发达国家,由于已经进入后工业社会,在具备了发达的市场体系与现代科学技术等条件的基础上,企业界掀起了组织变革的浪潮。其中,最显著的特点是组织结构向扁平化方向发展。在传统的行政组织中,中间层的主要作用就是上传下达,充当"信息传递员"——把组织中的信号加以整合、放大,并传递给他人。进入知识社会,为了加快知识和信息在公司内的传递,防止它们在传递过程中的耗散和扭曲,许多大公司都大刀阔斧地压缩管理层级,扩大管理幅度,实施管理结构扁平化。美国的通用电气公司原来从董事长到工人有24个管理层级,经压缩后,现在只有6层,原有的60个部门也减为12个,管理人员从2100人减为1000人。太阳公司扁平化后的垂直结构只有三层:总裁、事业部部长、工程师。英国电讯公司的管理层级也压缩了50%。事实上,管理大师彼得·德鲁克早在1988年发表于《哈佛商业评论》上的"新型组织的管理"一文中就指出,20年后的典型大企业,其管理层级将不及今天的一半,管理人员也不及今天的1/3。在这样的企业中,工作将由跨部门的专家小组来完成,协调与控制将更多地依赖雇员的自律意识。实践的发展验证了他的高瞻远瞩。

政府组织受企业界组织结构改革的影响,也开始出现扁平化趋向。例如,20世纪70年代后期开始,在西方政府部门内部的管理体制改革中,利用了信息技术革命的新成果,建立、完善行政管理信息系统,包括决策支持系统和信息管理系统。如各国政府诸部门建立的多样化的决策信息系统和政策方案分析选择系统,其中以英国的部长管理信息系统最为著名。

现代管理信息系统所形成的规范化的直接的沟通渠道降低了中间管理层次的中转作用,减少了中间管理层。扁平化结构的优点在于:行政管理层级减少,真正实现精简机构与人员;管理幅度扩大,组织内部严密地控制舒缓,提高组织成员的积极性与主动性,组织内信息通畅;管理成本降低,工作效率显著提高。所以,组织结构的扁平化克服了金字塔式结构的弊病,优化了组织自身的功能,顺应了社会发展的大趋势。

二、弹性化

组织为了求得自身的生存和发展,必然要依据外界环境的变化和自身的条件,进行新的结构调整。以往那种僵化的金字塔型的管理组织结构已经难以适应快节奏的现代社会的发展,新的组织在某种程度上必须具有弹性结构的特征,在政府内部采用一些可选择的结构机制,取代那些固有的拥有政策领域永久权利的传统部门和机构。这样一种组织结构强调弹性,主张不断撤销现有组织,从而避免因组织僵化而造成的困扰,[①]能够较为灵活快速地根据现代动态环境及组织目标的变化而变化,具有很强的适应能力。

弹性化的组织结构正在以其特有的优势被越来越多的社会组织所青睐,尤其是一些特定的公共组织,采取弹性化结构能够更好地适应其特殊要求,完成特定的公共职能。例如,美国政府在减小公共部门规模的压力下,开始倾向于利用非部门机关和半政府组织开展工作。这些组织的结构从根本上说是非正式的,但它们既保持了组织的弹性,也提供了很好的公共服务。而法国、澳大利亚等国家通过专门建立的协调机制来增加行政部门的弹性,保持公共部门的经久不衰。

有人预测,未来的企业组织结构可能有以下特点:(1)组织将在一种动荡的环境中经营,必须经受不断的变化和调整,从管理结构到管理方法都将是柔性的;(2)组织规模日益扩大,日益复杂化,组织将需要采取主动适应型战略,进行动态自动调节过程以寻求新的状态;(3)科学家和专业人员的数量将增多,职工队伍素质不断提高,他们对组织的影响将不断扩大;(4)将企业管理重点放在说服上而不是强迫职工参与组织的职能工作。有人认为,将来最有效的组织不是官僚主义结构,而是可塑的"特别机构主义"。将来的组织由一些单元或组件构成,任务或目标完成后可以"拆卸",甚至可以"扔弃"。构成组织的各单元之间并没有上下级关系,而只有横向的联系。组织的决策也同产品和服务一样,即不是统一的和标准的,而是因时制宜的。从这些分析来看,未来的组织结构呈现出明显的弹性化特征,可以说,这也是进入后工业社会导致组织结构变迁的必然结果。

---

① 参见 B. 盖伊·彼得斯:《政府未来的治理模式》,吴爱明、夏宏图译,中国人民大学出版社2001年版,第94页。

三、网格化

托夫勒在《第三次浪潮》一书中指出:未来信息社会的特点,将使权力又趋向分散,将是一种"矩阵式的领导形式"和"多元化的领导制度"。① 奈斯比特在他的著作中预言,集权结构将处于瓦解状态,人们非集中化、多元化的发展,将失去建立任何形式的集中体制的要求。② 一切事物都趋于水平,权力也由垂直变为水平。在网格化的组织中,人们彼此教育,共享思想、信息和资源。它是人与人、人群与人群互相联系、沟通的主要途径,自己的报酬来自于把权力赋予他人,而不是超越他人。未来学者们的预测在今天看来是正确的,组织结构在经过了传统的严格的等级制度、严密的监控后,渐次跨跃到参与、共享、平等的格局形态。

"网格"的概念产生于 20 世纪 90 年代中期,是从"电力网"概念借鉴过来的。网格化的最终目的,是让大家能够像使用电力一样方便地使用分布在网络上的强大而丰富的资源。这也是组织结构在当前的一个发展趋势,主要适用于基层社区的管理。网格化的基本逻辑是以社区为载体,以网格化的方式,打破条块分割,建立起整合资源的管理体制和统筹使用资源的反应机制,着眼于树立网格服务理念。网格化最大的优越性在于,它能够实现大规模的资源共享。这种运作灵活的网格资源共享,需要反应灵活的机制来支撑。一方面,要积极协调各方,完善资源整合机制。另一方面,要明确制度规则,完善资源共享机制。

我们生活在网络时代,不同的节点——不管是个体、团队、计算机还是其他什么,都以各种方式联系在一起。网络就是没有中心的网格,可以允许自由开放的沟通和人员、创意的持续流动。在网格化的组织结构中,管理人员必须无处不在,公众参与势在必行。这就意味着管理者走出办公室,去实际工作地点。网络是如此的灵活多变,以致管理人员无法留在中心。在网格中,不管是在象征意义上,还是在实际意义上,管理人员都必须到处活动,以便促进协作,激励整个网络。在网络中,任何人都可以成为管理人员,任何汇集事物的人就是一个事实上的管理者。不管是街道居委会干部,还是退休在家的婆婆、阿姨,每一个普通老百姓都可以成为不带职衔的社区管理者。从某种意义上说,相比较于传统的链式层级结构的控制与沉重,网格结构中的激励与轻快显得尤其为基层管理所需要,能够更好地发挥密切联系群众、实现社会自我管理的作用。

网格型组织结构旨在减少管理层次,使同一层次的管理组织之间相互平等、横向联系密切,像一个个网格那样形成横向体系,覆盖社会的方方面面。网格组

---

① 参见王辉、李林山主编:《行政管理学概论》,天津人民出版社 1990 年版,第 97 页。
② 同上。

织是直面基层百姓需求的组织结构,它以社会公众的需求为导向,破除行政区域限制,打破传统的计划管理模式。网格组织优点是层次少、功能强,能对社会的变化迅速作出反应。它是开放的、平衡发展的自组织结构系统,能够适应时代发展的需要,是当今基层组织的发展趋势。

四、虚拟化

网络信息技术将改变政府行政组织结构,组织结构的虚拟化就是主要表现之一。行政组织结构的虚拟化,实际上是关于组织间建立声像网络系统联系在结构上的正式体现。当然,并非所有的行政组织都实现了虚拟化,事实上也不可能都实现。一方面是因为技术条件限制,另一方面,也是最根本的一点,公共管理的权威性、复杂性、惟一性决定了它无法全部虚拟化。只有一些常规性、程序性、同质化程度较高的公共管理、服务与关系等实现了虚拟化,如电子政府、网上办公室等。这些虚拟化了的组织形态在很大程度上已经无法体现正式的结构。

组织结构的虚拟化问题并非空穴来风,它的出现是社会、经济、科技及文明发展的必然结果。一方面,原有的行政体制逐渐不适应现代政府的发展。在我国金字塔式组织结构中,庞大的中间管理层承担着上情下达、下情上呈的信息作用。客观上,它的存在是信息通讯技术落后的产物,组织高层无法与基层进行直接的沟通与协调。信息在经过大量中间管理层后的行政传播过程中呈现非对称性和层级性,往往造成信息的堵塞、扭曲、失真或失效。此外,原有的行政机关部门林立、层次繁多、职能交叉,相互推诿、扯皮现象时有发生,这种多层次、低效率的行政机构不利于信息的统一收集和整理。行政管理效能始终无法达到较为理想的水平,公众对于政府机关的满意度较低,新的组织结构及其所带来的管理方式的变革只是时间早晚的问题。

另一方面,网络信息技术与多媒体技术被广泛应用于政府系统,为对传统的金字塔型层级制进行改革提供了强有力的支持。网络时代下的政府组织结构,将对现有的金字塔型层级组织结构进行再造,并积极创建新型的网络组织。即减少或取消组织中间管理层次,压缩组织结构,扩大管理的幅度,推行网络化的组织结构形式,促使组织结构一定程度上的虚拟化。人们在网络信息技术的基础上,将重组政府组织,重新界定分工原理和跨度理论。时下流行的电子政府、公共网站、热线咨询等形式就是组织结构虚拟化的典型表现。国家通过建立高速信息网,在现代技术的支持下,把一些常规性、程序性的公共管理与服务项目在网上开展实施,保证了信息的充分、准确、畅通;有助于组织成员对组织及其服务对象的认同,并能将方案和结构连接起来;节约了大量的人力、物力,大大提高了行政效率。

第四章　行政组织环境

第一节　行政组织环境概述

行政组织作为一个相对独立的自系统,构成要素与相互关系组成了它的内部环境;同时,作为一个开放的社会系统,行政组织又与它所处的外部环境相互作用,进行物质、信息和能量等的输入和输出,保持动态的平衡与发展。科学地考察行政组织的内外环境,客观地研究行政组织环境对行政组织的影响,认真地探讨营造和优化行政组织环境的正确途径与方法,对于提高行政组织的运作效率和管理水平具有十分重要的现实意义。

一、行政组织环境的提出

行政组织环境是行政生态理论的重要内容,它的提出得益于生态学和行政生态学的出现和发展,是生态学和行政生态学的理论与方法在行政组织研究上的应用与发展。

生态学形成于19世纪末20世纪初。在生态学看来,没有一种生命有机体是可以孤立存在的,任何一种生命有机体都必须依赖于周围的环境,要同周围的环境进行物质交换才能生存。也就是说,生命有机体都是处在与其他有机体相联系的环境之中的。生态学注重的是一定环境中的动态有机体之间的功能关系和生态系统中的调节机制的分析。

从20世纪50年代开始,随着人口剧增、能源紧张、环境污染、资源破坏等一系列环境危机的加深,人们对生态环境问题开始给予越来越多的普遍关注和高度重视。"保护环境,拯救地球"的强烈呼声促进了生态学的迅速发展,行政生态学也在这样的时代背景下应运而生并得以壮大。1936年,美国哈佛大学教授J. M. 高斯发表了《美国社会与公共行政》,首次提出行政生态问题,提出行政组织管理与行政组织环境之间的关系问题。1947年,他又发表了《政府生态学》,进一步阐述了行政生态学的理论和方法。1957年和1961年,美国夏威夷大学东西文化研究中心教授里格斯分别发表了《比较公共行政模式》和在此基础上写成的《公共行政生态学》,他将行政组织的社会背景、文化背景、意识形态背景等与行政组织行为和行政现象联系起来进行考察,并依据行政组织的经济环境把行政组织划分为三种理想模型:融合型,即农业行政型态(Agraria);棱柱型,即过渡行政型态(Transjtia);衍射型,即工业化行政型态(Industria)。

里格斯从与高斯不同的研究视角出发,进一步发展了高斯的理论。他在更广泛的范围内分析了行政和经济、社会、技术、政治以及通讯等因素之间的关系,确立了行政生态学的基本思想。此后,行政组织环境研究就受到行政学界和行政活动家们越来越广泛的关注,人们开始从考察行政组织环境这一新的途径来研究行政组织。20世纪80年代行政学研究恢复以来,我国行政学界投入了极高的热情来研究这一问题,涌现出了一批有影响的论著,推动了现代生态学的发展。现代生态学认为,现代人应成为生态人(ecosystem people),必须具备生态道德(ecological conscience)和生态责任(ecological responsibility),注重生物圈规律,这就向我们的行政生态研究提出了更迫切的要求,要求我们研究行政组织时必须重视行政组织环境分析,注重分析行政组织有机体在生存和运行过程中所受的各种生态环境机制的影响。

二、行政组织环境的含义及构成

按照行政生态学的观点,从宏观上看,行政组织是整个环境系统下的一个子系统。作为一个开放的系统,行政组织无时无刻不与自身以外的其他系统进行物质、能量和信息的交换,它们之间相互作用、相互关联,构成了行政组织的外部环境。从微观上看,任何一个行政组织都是一个相对独立的自系统,它的构成要素与各要素之间相互作用、相互关联,构成了行政组织的内部环境。在本书中,行政组织环境是指影响到行政组织生存与发展的一切要素的总和,即行政组织的外部环境和内部环境的总和。

(一)行政组织外部环境的含义及构成

行政组织的外部环境又称行政组织的外部条件,是指处于行政组织边界以外(即行政组织周围)、直接或间接地对其施加各种影响的所有因素的总称。

要正确理解行政组织的外部环境,必须注意如下两方面。一方面,应在宏观上确定行政组织的边界,这是区分于行政组织内部环境的前提。行政组织的边界是指行政组织用以过渡外部系统要素的渗透与行政组织对外部系统的导出、防止外部系统干扰、保持自身系统独立性的界线。也就是说,行政组织的外部环境是有边界的。行政组织外部环境边界的确定应该以行政组织为中心,它是处于行政组织界线之外的因素或条件。另一方面,行政组织的外部环境必须是与行政组织发生关系的条件或因素。行政组织作为环境系统下的子系统,面临着极为复杂和多变的客观环境,但它并非与所有的环境都发生关系。我们认为,只有那些直接或间接地影响到行政组织的结构、功能、运行方式等方面的条件或因素,才能称为行政组织的外部环境;而对于那些与之并无关联或者影响甚微的条件或因素,一般不称为行政组织的外部环境。

行政组织的外部环境是一个庞大而复杂的体系,依据不同的标准,可以进行不同的分类。按照各种环境性质的差异,行政组织的外部环境可以区分为自然环境和社会环境两大类。

1. 自然环境

自然环境主要包括宇宙环境和地球环境。其中,宇宙环境包括宇宙天体运行、太阳黑子干扰、日月蚀影响等因素,而地球环境主要包括地理条件、国土面积、气候特点、山川河流、地形地貌、海岸海港等地理环境因素,以及可供人们开发利用的土地、矿产、生物、能源等资源环境因素。

2. 社会环境

社会环境是指在既定的社会中,所有的行政组织都面临并受其影响的共同环境。它的主要构成要素有:

(1) 经济环境。主要包括经济制度、经济体制、经济结构、经济发展水平、经济政策等。

(2) 政治环境。主要包括国家制度、政治制度、法律制度、政治文化、权力结构、民主参与等。

(3) 文化环境。主要包括文化传统、价值观念、道德标准、行为规范、人伦关系等。

(4) 民族宗教。民族包括民族分布、民族风俗、民族习惯、民族语言、民族经济等;宗教包括宗教组织、宗教活动、宗教信仰、宗教教徒、宗教教义等。

(5) 法制科技。法制包括立法、执法、守法、普法等环节;科技包括科学技术自身的开发状况、发展水平和应用程度等。

(6) 国际环境。主要包括国际组织、重大国际事件、国际形势、国际关系等。

社会环境对行政组织产生作用,往往是上述多种因素同时发挥效能。也就是说,行政组织受环境的影响而发生变化不是某一环境因素单独作用的结果,而是在各种环境因素相互作用中实现的。但是,在多种环境因素对行政组织产生影响的过程中,总有某一种或某几种因素起主导作用。一般来说,经济环境、政治环境、文化环境对行政组织的影响更为重要。

(二) 行政组织内部环境的含义及构成

行政组织的内部环境又称行政组织的内部条件,是指处于行政组织边界以内(即行政组织内部)、构成行政组织并使行政组织赖以生存和发展的所有因素与各因素之间关系的总和。它包括物质性的内部环境和非物质性的内部环境两大类。

行政组织物质性的内部环境是指构成行政组织有机体的有形要素,它是行政组织赖以构成的不可或缺的一切实体性客观要素(如人员、经费、物资、设备等)的总和。关于行政组织物质性的内部环境前面已详细阐述,本章将着重研究行政组织非物质性的内部环境,即组织气候。

1. 组织气候的含义

关于组织气候的含义,观点众多。塔古里认为:"组织气候代表一个机构内部环境的一种较为具体、持久的性质,它来自于成员的经验,可影响他们的行为,并且可利用一系列有组织特色(或属性)的数值加以描述。"张金鉴认为,组织气候是指"成员的工作热情、态度、思想、精神所表现出的或所造成的机关的一般及持久的行为气象"。张润书认为,组织气候是指"在一特定环境中个人直接或间接地对于这环境的察觉",它"与人员的士气、激励、文化背景、领导态度、沟通等因素皆具有相关的关系和重叠性"。彭国甫在《行政组织学》一书中写到,组织气候是指"组织成员对其所处的环境感觉认知,所产生的一种持久的组织行为气象,是组织内部的一种精神环境,或心理环境,对组织成员的行为有直接的影响"。

以上关于"组织气候"定义的各种观点虽然不尽一致,但都认为,组织气候是组织内部的一种较具持久性的行为状态。我们认为,组织气候是组织内部的非物质性环境,它是一种与组织成员的精神状态和具体行为直接相关的较具持久性的物质或行为气象,其核心是组织成员的个性、目标与组织目标融合并趋向一般。

2. 组织气候的测度

组织气候反映了组织内部环境的内在特色和内部环境各因素相互关系的状态。因此,测度、认识和改良组织气候对增进组织环境的和谐与稳定关系重大。利克特在《管理新模式》和《人群组织》两书中,提出了领导过程、激励过程、意见沟通过程、互动影响过程、决策过程、目标制定、控制过程等七个变量。他以这七个变量为标准,分若干个具体的指标和等级来测定组织气候的优劣,把组织气候划分为优、良、中、劣四个等级。

李特文和史汀格在1968年合著的《激励与组织气候》一书中,提出了测定组织气候的八个变数:

(1) 结构:个人感受到的组织的法规和纪律程度,如放任或拘谨。

(2) 责任:个人在组织中自主处理事物的程度。

(3) 风险:个人在组织工作中面临的冒险性、挑战性及其程度。

(4) 奖励:组织在奖励方面的公平程度与个人对所享受待遇的满意程度。

(5) 人情:个人与组织的融洽程度、个人感受到的他人给予的关注、友情以及社交机会和非正式组织的态度。

(6) 支持:个人感受到的上司、同事和下级给予的理解和协助。

(7) 冲突:个人感受到的他人听取不同意见的程度。

(8) 标准:个人对组织目标以及组织所要求的绩效标准的重视程度。

王沪宁认为,测定组织气候可依据各种各样的因素。一般说来,主要包括下列因素:(1)领导过程,包括行政系统的领导方式、领导风格、领导范围、领导内容、领导权限等;(2)组织结构,包括行政个体在组织中的地位,受到组织、法规和程序的限制等;(3)行政责任,包括个体在系统中感受到的压力,经受的任务、权限、义务,以及必须担负的职责;(4)激励力量,包括心理激励、生理激励,以及报酬、物质享受、精神状态、情绪兴奋的条件等;(5)沟通过程,包括系统中信息传递的环节、速度、准确度,信息渠道的开放程度以及行政个体获得信息的多寡等;(6)人际关系,包括系统中各行政个体之间的交往、友谊、工作关系、权力关系、人情关系、相互作用、相互影响等;(7)决策过程,包括决策程序、决策方式、决策权限的分配、决策开放的程度、决策的科学性和民主性等;(8)控制过程,包括控制方式、控制手段、控制范围、控制目的、控制体制、控制效应等;(9)目标体系,包括行政系统的总目标、总目标的产生、总目标的分解、总目标与个体目标的关系、个体对总目标的态度等。他认为,这些方面的不同因素在搭配上的不同,都会引起组织气候的改变,从而影响行政组织系统的行为。

三、行政组织环境的特点

1. 复杂性。行政组织环境是一个极其复杂的系统。它不仅包括行政组织所面临的经济、政治、文化、民族、宗教、国际社会等外部的宏观环境,而且还包括行政组织内部诸如组织成员、物资设备、行政经费等物质性的内部环境,以及由组织结构、权力配置、管理模式、人际关系、沟通激励、组织文化等要素与相互关系所组成的组织气候等非物质性的内部环境。

2. 动态性与不确定性。任何一个行政组织的环境都并非一成不变的。无论是行政组织的外部环境,还是行政组织的内部环境,都随时间的推移而不断发生变化。特别是在现代社会,世界变化日新月异,行政组织环境特别是行政组织的外部环境,变化速度越来越快,变化幅度越来越高,变化程度越来越深。同时,随之带给行政组织的不确定因素也越来越多,越来越剧烈。

3. 相对稳定性。相对稳定性是针对绝对稳定性而言的。尽管行政组织环境特别是其外部环境处在绝对的不断变化之中,但如果从宏观上把握某个行政组织的环境,它在某一时空内却具有稳定性。特别是它的内部环境一旦形成,一般来说,不经人为改革,组织气候的变化系数是很小的。

4. 可塑造性。可塑造性即可变革性或可创建性。行政组织环境特别是行政组织内部环境更具有塑造的可操作性。行政组织可以依据自身条件,通过一定的途径和措施,适当地创建、变革和改善内外环境,成为较理想的环境模型。

第二节 行政组织环境对行政组织的影响

一、自然环境对行政组织的影响

自然环境中的宇宙环境和地球环境,都与行政组织存在某种联系。由于宇宙环境对行政组织的影响甚微,因此我们将着重研究地球环境对行政组织的影响。尽管现在人们已经清楚地认识到"地理环境决定论"的机械性,而且随着科技和文化的发展,地理环境对人类社会的影响作用在逐渐变小,但是,作为人类社会赖以生存和发展的物质基础,地理环境对行政组织的影响却是客观而永恒的。

1. 地理环境影响、决定生产方式和经济基础,进而制约着国家行政组织的形成和发展

四大文明古国的诞生与兴盛均依赖于特定的地理条件,即位于亚热带、暖温带地区及大河流的中下游流域。温和的气候、肥沃的土壤、丰富的水源与平坦的地势,促进了生产力的发展、剩余产品的出现、私有的产生,进而促进了国家的产生。古埃及、古巴比伦、玛雅等古典文明的兴衰也与气候变迁和生态环境的变异息息相关。就中国而言,中华文明的东移南迁与这一时期中纬度地带自然环境的变迁密切相关。资本主义最先在地中海沿岸萌芽,继而在西欧临海国家或地区发展,与这一地区优越的地理位置、开放的地理环境以及丰富的"生产资料的自然资源"等地理条件无不相关。地理环境开放或封闭程度的不同、自然资源的差异导致了资本主义生产方式或工商文明在欧洲各地产生的时间先后不同。

2. 地理环境影响国家综合国力的强弱,制约着行政组织的财力基础与功能发挥

地理环境是综合国力的重要组成部分,地理空间与自然资源是一个国家能力发展的基石,国家的力量来源于它所安身立命的领地和资源,一个国家领地与资源的状况直接影响到这个国家行政组织的财力基础以及它对内、对外行使职能的程度和效力。自然资源丰富、国土面积广的国家较自然资源匮乏、国土面积小的国家而言,生产力的发展速度要快、综合国力要强、行政组织的权力体系和功能要更加健全和完善。

3. 地理环境性状影响社会的政治结构,进而影响到行政组织的权力设置

俄国哲学家普列汉诺夫提出,"自然环境对社会结构的影响是无可争辩的,自然环境的性质决定社会环境的性质"。以中国封建社会的社会结构为例,中国版图辽阔,地区之间常被高山、大河阻隔,地域之间差异显著。因此,在自然经济条件下的封建中国,要想克服和限制由于地理环境而造成的地域间的分离和

隔绝倾向,就必须不断地从政治上强化中央集权的力量。这样,辽阔且多山河的地理环境就在一定程度上促进了中央集权的政治结构,也在一定程度上造成了行政组织机构的超速发展和过分庞大以及行政权力的过分集中。

4. 地理环境条件影响国家实体与行政组织的安全和稳定状况

某些国家四周有山脉、沙漠、海洋包围,或有茂密的森林、大片的沼泽阻碍,这些都是国家安全的天然屏障,使这些国家有良好的防守条件,有利于阻碍外敌的入侵,有利于国家安全,有利于行政组织的安全和稳定。如历史上埃及、法国等国,封闭的地理环境都在保护国家安全上起到一定作用。而周围地理条件不利则容易遭到外敌的蹂躏。例如:文明古国巴比伦东西两面是平坦辽阔的草原,这样的地形条件成为游牧民族进入平原的通道,因而历史上先后被东西两面来的外族征服。又如:波兰东西两面是开阔的平原,一向是东欧与西欧之间的通道,难于防守。这种不利的地理条件在一定程度上促成了波兰历史上的多次灾难,使它多次遭到列强的进攻与瓜分。而比利牛顿山脉为保持西班牙的国际地位起着长久的重要作用,作为一种天然屏障,它使西班牙避开了欧洲大陆的大部分政治军事冲突。美国社会历史上的"长治久安"和经济的迅速发民更与它得天独厚的自然地理屏障(东西两面有大洋庇护)和政治地理位置(远离战乱的旧大陆,南北均为弱国)有关。

5. 环境问题可衍生国家内部与国家之间的政治问题,从而影响到行政组织

环境问题可以成为影响统治阶级政权的因素。如1985年,荷兰政府由于筹措环保费用发生分歧,导致了该国政府的垮台,成为世界上第一个因环境问题而垮台的政府。同时,许多环境问题诸如核泄露、酸雨等跨国环境污染会引起国家行政组织之间的政治合作或政治纠纷等。另外,由于环境问题的恶化,许多西方发达国家的绿党、环境党已成为一支重要的政治力量兴起。目前,法国、德国等国的绿党(或环境党)人士已有不少在政府中占据要职,影响到了行政组织的成员与功能设置。

二、社会环境对行政组织的影响

(一)经济环境对行政组织的影响

行政组织作为行政系统的重要组成部分,属于社会的政治上层建筑。从这一角度讲,经济环境是行政组织外部环境中最基本的方面,也是影响行政组织最重要、最深层的环境。经济环境对行政组织的影响可以概括为以下两个方面:

1. 生产力对行政组织的影响

生产力的发展状况为行政组织的存在和运行提供物质基础。行政组织总是在一定的物质条件基础上存在和运行的,物质条件充足与否和技术装备精良与否直接关系到行政组织运行效率的高低,而这些都与一定时期的生产力发展状

况密切相关。同时,从宏观上看,生产力的发展状况还是行政经费能否保证、行政组织能否顺利运转的保证。

生产力的发展水平制约着行政组织的功能发挥。行政组织有其内在的机构、体制和制度,但人们设计这些形式总要受到经济条件的制约,只能在一定条件下建立行政组织,不同的生产力水平要求设置不同的部门,履行不同的功能。自然经济社会中,商品生产极不发达,行政组织的经济功能极其微弱,与之相应的经济管理部门也很少。市场经济条件下,社会化大生产要求国家对经济宏观调控能力和社会管理功能的加强,与之相适应,宏观经济管理部门和相关的社会保障部门也得到了强化。

2. 生产关系对行政组织的影响

基本生产关系直接决定行政组织的性质和变化。生产关系是人们在生产过程中形成的人与人之间的关系,包括生产资料所有制形式、人际关系和产品分配形式等,它是社会中一切上层建筑赖以建立的经济基础。行政组织作为政治上层建筑的组成部分,经济基础的性质和变化决定它的性质与变化。

具体的经济体制影响行政组织的功能配置和运行模式。经济体制是生产关系的具体表现形式,它规定着经济资源的配置形式。在自然经济体制下,经济资源由自发的习惯经验配置,无需政府的直接干预与协调,因而行政组织的经济功能、社会功能微弱,而政治功能、社会功能较为突出。在计划经济体制下,政府对社会经济活动实行直接而全面的指令管理,从而导致经济管理的行政部门林立,政企不分。在市场经济体制下,经济资源主要由市场配置,兼由政府适当干预。与之相适应,政府宏观调控需要行政组织设立相应的管理部门。

(二) 政治环境对行政组织的影响

1. 国家制度对行政组织的影响

国家制度分为国体和政体两方面。其中,国体直接决定行政组织的基本性质,政体规定行政组织的具体形式和地位。

国体直接决定行政组织的基本性质。国体即"国家的类型",是指具有相同特征的国家的集合。它是一个国家最基本的政治制度,体现一个国家的阶级性质。行政组织作为国家政权的心脏,它的性质由国家的性质决定。所以,国体直接决定着一个国家行政组织的阶级性质。我国行政组织的阶级性,集中表现为工人阶级领导的、以工农联盟为基础的人民民主专政。

政体规定行政组织的具体形式和地位。政体即"政权构成的形式",也就是国家的统治形式或组织形式。它规定整个政治系统(包括行政系统)各机构的组成形式与相互关系,因而也决定行政组织在整个政治系统中的具体形式与地位作用。与议会制政体相对应的行政组织形式是内阁制,政府的存废更迭要以议会为基础;与总统制相对应的行政组织形式中,总统直接掌管政府,总统由全民选举,对选民而不对议会负责,总统与议会之间相互制衡。在我国人民代表大会政体中,人民代表大会统一行使国家权力,国家行政组织是人民代表大会的执行机关,由它产生并对其负责。

2. 政党制度对行政组织的影响

政党制度影响行政组织的稳定性和功能发挥。政党制度是指政党参与国家权力运营的形式、途径和制度。它反映的是政党与政权的关系,分为一党制、两党制和多党制。一般而言,在一党制下,行政组织的机构设置、人员配备和功能发挥比较稳定,政策有较强的连续性,执政党与行政组织能保持较长期的密切关系,党政双方能保持在政见上的一致性。但一党制容易导致党政不分,以党代政,损害行政组织的独立性。在两党制与多党制下,行政组织主要官员和政策随执政党的更迭而变化,行政组织的机构、人员、政策与运行不够稳定,但政治中立的文官制度可在一定程度上弥补这一不足,进而增强纠错机制的灵活性,有利于行政决策与执行的完善。我国实行的是中国共产党领导的多党合作制,它既可以吸收一党制与多党制的优点,又可以避免其缺点;既有利于我国行政组织的稳定,又有利于纠正行政决策与执行的失误。

3. 法律制度对行政组织的影响

法律制度规定并保障行政组织的地位和职权。行政组织是国家机器的组成部分之一,在整个国家机构体系中居于重要地位,享有特殊权力。在现代社会,行政组织的地位、权限等都是由法律规定和予以保障的。在我国,国务院是最高国家行政机关,也是最高权力机关的执行机关,实行总理负责制;地方各级行政组织都依据《宪法》、《国务院组织法》和《地方人民政府组织法》规定的权限行使职权。

法律制度规范和约束行政组织的行政行为。行政组织除了必须遵循《宪法》、《国务院组织法》和《地方人民政府组织法》外,它的具体行政行为还受《行政诉讼法》、《行政复议条例》等法律规范的约束。《行政诉讼法》规定,公民、法人或者其他组织认为行政机关和行政机关工作人员的具体行政行为侵犯其合法权益,有权依照本法向人民法院提起诉讼。《行政复议条例》第一条规定,"为了维护和监督行政机关依法行使职权,防止和纠正违法或者不当的具体行政行为,保护公民、法人和其他组织的合法权益,根据宪法和有关法律,制定本条例"。

4. 公众舆论对行政组织的影响

公众舆论为行政组织提供动力或产生斥力。公共舆论是"以人们内心深处的政治文化价值体系为标准,并经一定渠道由社会大众表达的对当前政治事务和公共生活的意见"。公众舆论是公众对政治生活问题和意见的表达,它往往以此构成政治输入,行政组织的工作就是把公众舆论的输入转变为政府的输出,以回应公众舆论。因此,公众舆论影响着行政组织的行政行为。在"公民社会"

呼声日愈强烈的今天,公众舆论对行政组织的影响也日愈明显。这种影响主要表现在以下两个方面:提供动力——维护和监督;产生斥力——反对和颠覆。当公众舆论与政府回应相一致时,它可以帮助政府较快、较有力地形成决策,使决策在运行过程中损耗降低,从而维护行政组织系统运行的稳定可靠。当公众舆论与政府输出的分歧较大时,再加上一些其他因素,它往往对行政组织产生巨大的破坏力。亚洲金融风波后,东南亚各国出现的政府危机就是典型的例证。

(三) 文化、民族和宗教对行政组织的影响

1. 行政文化对行政组织的影响

文化有广义和狭义之分,本书中研究的是狭义的文化,即以价值观和行为模式为核心的社会意识形态。狭义的文化对行政组织的影响是通过行政文化来实现的,行政文化是社会文化在行政领域的表现,是人们关于行政组织的价值观念以及与该价值观念相对应的行政组织的行为模式。

行政文化在一定程度上控制行政组织。行政文化是在行政组织成员的具体活动中形成的,它对行政组织及其成员的活动进行自觉或不自觉的控制,从而使行政组织的活动沿着一定行政文化的价值取向运转。首先,它规定行政组织行为的价值取向。行政价值观念影响行政性质,它通过行政组织领导和成员的导向作用来引导行政组织的行为。其次,它规定行政组织的明确目标。行政文化中的目标文化帮助人们设计行政行为的具体步骤、程序和方式,预测行政行为的结果和影响,引导行政组织为此而奋斗。再次,它规定行政组织成员的行为准则。行政组织成员的仪表、言谈、举止等都要受到行政文化的影响和制约。

行政文化对行政组织产生聚合力量。共同的文化导致人们的行为在特定的时空中趋向同一。强有力的行政文化具有团结行政人员的作用,它促使行政组织成员为提高行政效率和行政效益而努力工作。行政目标为行政组织确立凝聚点,团体行政意识的不断强化使行政组织产生凝聚力,行政理想的不断强化为行政组织提供凝聚剂。

行政文化对行政组织运作产生影响。伴随着人类活动,社会历史和文化的不断发展与进化,文化内部诸要素的变化、发展以及行政组织系统的发展,行政文化不断地自我更新和进化。行政文化的变革与更新必将成为行政组织进一步发展的重要动力,促使行政组织发生变革。

2. 民族环境对行政组织的影响

民族环境影响行政组织的设置。世界上有单一民族的国家,但更多的是多民族国家。在多民族国家中,民族成分繁杂,分布区域广泛,民族经济发展不平衡,必然存在民族问题。为解决民族问题,国家需要根据民族特点设立专门的行政组织来管理少数民族事务。我国根据"大杂居、小聚居"的民族特点实行民族区域自治制度,在民族地区设立行政组织,保证了民族之间的团结。

民族凝聚力影响行政组织的凝聚力。一个行政组织特别是国家行政组织是否具有凝聚力,在很大程度上取决于该行政组织所处的民族环境是否和谐、融洽。民族环境的优劣、民族之间向心力和离心力比重的高低直接影响到行政组织凝聚力的大小、强弱。

民族习俗在一定程度上制约行政组织权力的行使。行政组织权力具有强制性,但由于民族之间差异性和发展的不平衡性,行政组织在民族地区运用权力时,应考虑具体的民族风俗、文化和历史情况。忽视民族习俗,不适宜地运用行政权力容易损害民族感情,引起民族矛盾。因此,行政组织在行使行政权力时,应视具体情况变通使用近似的权力或终止某项权力。例如,控制人口的计划生育权力,在某些少数民族地区不适用。

3. 宗教环境对行政组织的影响

宗教是一种复杂的社会历史现象,是人们对于想像中的超自然的神灵的信仰和崇拜。影响组织的宗教环境,包括宗教组织、宗教教徒、宗教意识、宗教政策、宗教活动、宗教在国家中的地位等要素。

在政教合一的国家里,宗教制约行政组织的机构设置和职权行使。在这些国家,神权高于一切,国家行政组织的设置和职权的规定无不受宗教的影响;在一些没有成文宪法的国家里,伊斯兰教创始人穆罕默德的遗训和《古兰经》就是法律条文,行政组织的设置与活动都需以此为依据;在一些宗教盛行的国家里,行政组织成员以宗教道德规范代替行政道德规范,并以此来协调行政组织成员的行为和行政组织内部关系。

宗教在一定条件下可以推动行政组织的管理活动。当国家能够对宗教问题合理解决、对宗教能够适当地控制和利用时,宗教在一定程度上可以成为国家统治的工具,从而推动行政组织的各项活动,有利于行政目标的实现。同时,宗教所宣传的一些"剔除邪恶、与人为善"的教义在一定程度上可以引导教徒弃恶从善,在客观上有利于社会的稳定和行政组织活动的开展。

宗教在一定条件下可以妨碍行政组织的管理活动。宗教作为客观存在,是一种不可忽视的社会力量。当它被与国家力量相对抗的社会势力控制或利用时,就会成为行政组织管理活动的障碍。同时,宗教和迷信又往往鱼龙混杂,一些不法之徒打着宗教的幌子宣传封建迷信、诈骗钱财、煽动对社会的不满情绪,不利于社会的团结和行政组织活动的开展。

(四) 国际社会环境对行政组织的影响

影响行政组织的国际社会环境包括国际关系、国际形势、重大国际事件、国际组织和国际法等。

国际关系的发展和国家之间的密切交往,影响行政组织的机构设置和政策职能。国际交往由来已久,20世纪以来,特别是二战以来,国际交往日益频繁,交往领域日益扩大,交往形式也日趋多样。国家之间既相互依赖和合作,又相互排斥和竞争,这种相互依赖和制约的关系必然影响到各国政府的机构设置和政策职能。现代国家外交部、国防部及大量驻外行政机构的设置,正体现了国际社会环境的重要性。

国际形势特别是战争与和平的宏观国际形势,在相当程度上影响着国家行政组织的稳定。战争年代,政治局势变化频繁,行政组织结构因战争破坏或战时需要,必须采取灵活多样的形式;和平年代,政治局势相对缓和,局部冲突不甚激烈,行政组织较为稳定。

突发的重大国际事件,会促使一些相关国家设立专门处理这些事件的临时性行政组织。例如,在"9·11"事件发生后,美国政府为了应付恐怖活动,保障国家安全,专门设立了一些行政机构来处理这些突发性事件。同样,其他国家如英国、德国、日本、韩国等因形势的需要,也相继设立了这类行政机构。

国际组织和国际法在一定程度上制约着各国行政组织的活动。从国家派生出来的国际组织是各成员国政府依据共同的条约成立的;国际法是国际社会公认的行为准则和规范,缔约国的行政组织在行使职权时,必定要受国际组织有关条约、协议和国际法的制约和影响。

三、组织气候对行政组织的影响

组织气候是行政组织内部成员之间工作感情、态度、思想、精神、人格和情绪等因素组成的软环境,在微观层次上影响着行政组织。

1. 组织气候影响行政组织工作氛围的质态

拥有良好组织气候的行政组织中,领导与领导之间、领导和下级之间、下级和下级之间相互尊重、彼此信任、关系融洽,人际关系良好,工作氛围浓厚。反之,不良的组织气候中,领导之间勾心斗角,上下级之间互不信任,同事之间漠不关心,人际关系恶劣,工作氛围差。

2. 组织气候影响行政组织目标的实现

在良好的组织气候中,组织成员关系协调,心理相容程度高。在这种高涨的组织气候里,组织成员受到组织中人际心理氛围和文化价值观念的影响,他们的工作态度、情绪、意志和抱负向良性方向发展,从而有利于组织目标的实现。反之,在恶劣的组织气候中,组织成员心理压抑,缺乏工作热情,丧失积极向上的精神和要求,甚至产生与组织目标相悖的个人私心和"小目标",不利于组织目标的实现。

3. 组织气候影响行政组织效能的发挥

组织气候是由行政组织成员间的观点、情感、人格、态度和情绪等心理因素组合而产生的普遍且持久的组织气氛。组织气氛高涨,组织成员的情感、需要和欲望等就会对其行为产生正向刺激,促使组织成员产生对工作的积极性和创造性,促使他们对组织的正向推动作用相互叠加,进而促进行政效能急剧增长。反之,组织气氛低沉,组织成员的情感、需要和欲望等对组织成员的行为产生负向刺激,组织内部暮气沉沉,组织成员敷衍了事,致使成员间的积极作用相互抵销,从而降低行政组织效能的发挥。

由以上分析可见,行政组织环境影响着行政组织。无论是行政组织的外部环境还是行政组织的内部环境,都与行政组织密切关联。但行政组织并非一味地受制于环境,其能动性体现在行政组织可以适应、选择、改善或塑造行政组织环境。即行政组织与行政组织环境相互依赖、相互影响,两者在动态平衡中得以良性发展。

第三节 营造良好的行政组织环境

一、营造良好行政组织环境的意义

(一) 良好行政组织环境的含义

良好的行政组织环境包含如下三个要点:外部环境优良,能够为行政组织的存在和发展提供充足的资源和浓厚的外部氛围;内部环境优良,组织气候高涨、良好,能够支撑行政组织保持高度的凝聚力和旺盛的生命力;内外环境沟通系统顺畅,内部环境对外部环境感应灵敏,自我调节能力强。

(二) 营造良好行政组织环境的必要性

行政组织与行政组织环境之间是相互作用、相互影响的互依性关系,这种互依性表现为一个连续不断的运动过程。这一运动过程是通过两者双向而持续的物质、信息和能量的交流来进行的。行政组织环境给行政组织带来各种影响,行政组织又对行政组织环境产生反作用,两者在物质、能量和信息的"输入—转换—输出"中循环往复。而要实现这种循环往复的良性互动,就必须创建良好的环境。创建良好的行政组织环境是行政组织及行政组织环境保持动态平衡、实现良性互动的基础,也是推动行政组织发展的重要保证。

二、营造良好行政组织环境的前提

(一) 加强环境意识,提高对环境的敏感性和认知力

行政组织环境对行政组织而言,是一个极为复杂的系统。但是,适应环境、创建良好的行政组织环境却是行政组织主动性的行为。这要求行政组织:第一,树立起较强的环境意识。把行政组织体系放在环境这一大系统中思考问题和研究问题,而且,不将其与环境割裂开来。第二,提高对环境的敏感性。行政组织

对环境的适应和塑造都是建立在对环境的觉察和感受之上的,只有敏锐、及时地感受环境,才可能有机会作用于环境。反之,迟钝、麻木的反应只可能消极地受制于环境,谈不上创建良好的环境。第三,提高对环境的认识能力。除了要对环境有很强的敏感性和洞察力外,还要学会认识环境。即行政组织要认识各种环境因素的本质和特征,特别是要树立机遇观念和危机意识。所谓树立机遇观念,是指当良好环境初显端倪时,要善于促成和推动,从而降低创建环境的成本,提高行政组织对环境的适应效率。所谓增强危机意识,是指当良好环境变质或不良环境出现时,能够对其进行筛选和过滤,使不良因素尽可能少地干扰行政组织,减少或避免消极影响。这样,行政组织才能够抓住机遇,在最大程度上适应和改善环境。

(二)科学分析环境,提高对环境分析的准确度和判断力

对行政组织环境进行科学分析、作出合理判断是行政组织创建良好环境的必要前提之一。复杂的行政组织环境系统中,各因素的表现形式千姿百态,本质千差万别,仅仅依靠感受、认知等经验认识往往无法全面、正确地把握环境,特别是在经济、科技日新月异的今天。科学、理性地分析环境,提高对环境的判断力,应该做到以下几个方面:第一,科学分析环境的性质。"质"是一事物区别于他事物的内在规定性。只有分析环境是否合理,才可能决定是适应还是摒弃、是塑造还是保留等。否则,不加分析,一味接受,鱼龙混杂的环境往往会破坏行政组织系统的正常运行。第二,认真分析环境的特征。要善于分析环境的特征,由此来把握环境的本质。第三,提高科学分析的方法。掌握科学的方法,运用现代的工具,进行定量、定性结合分析,静态、动态结合分析,时间、空间全面分析,以提高对环境分析的准确性和可靠性。

(三)完善行政组织,提高对环境的适应性和容纳力

创建良好的行政组织环境是行政组织的工作,但行政组织作为这一行为的主体,只有首先优化自身,才可能有能力适应行政组织环境和接纳更多、更广的优良环境。完善和优化行政组织就要:第一,优化行政组织的结构。必须根据环境系统的性质和特征构建行政组织的结构,使行政组织结构具有相对的灵活性,以便能够随时依据环境的变化作出调整和完善。一般说来,行政组织环境越复杂,行政组织及其要素的结构就应越复杂;环境变化越频繁,行政组织及其要素的结构就应越具有弹性和屈伸性。第二,建立畅通的信息沟通系统。信息沟通畅通,信息的传递才可能及时、准确、可靠。行政组织可以通过建立扁平式的组织结构、实行民主参与式的管理等途径,保证能够及时接受内外环境变化的各种信息,并适时、适当采取措施,改善环境。第三,酝酿和谐的人际关系氛围。建立和维持团结和谐的人际关系,把组织成员需要与组织整体目标结合起来,整合组织成员的价值观念,使其与组织价值取向趋同;各成员之间团结互助,富有"凝

聚力"。富有"凝聚力"内核的行政组织更容易形成适应环境、改善环境的合力。

三、营造良好行政组织环境的途径

(一)营造良好的自然环境

营造良好的自然环境就要正确处理人与自然的关系,建设生态文明。生态文明相对于工业文明而言,是人类与自然界相互协调、共同发展的新文明。我国作为处于现代化进程之中的发展中国家,国家和各级行政组织有责任以史为鉴,总结社会进步与自然环境关系的经验得失,避免传统工业文明发展中的弊病,积极推进生态文明建设。

1. 转变观念,树立正确的自然观、科学技术观和社会发展观

在自然观方面,必须意识到地球的惟一性、自然资源的有限性以及一些稀缺资源的不可再生性。在现代天文学的视野内,地球仍是当今宇宙中惟一适合人类生存、生活的"家园"。从无限发展的可能性看,人类未来即使有可能发现和开发地外生存空间,也必须以地球和地球上的资源为依托。因此,我们必须保护和发展地球上的生物圈。

在科学技术观方面,必须充分认识到科学技术的"双刃剑"作用。科学技术是推动社会的巨大力量,但同时也具有局限性。"科教兴国"离不开先进的科学技术,但国家和各级行政组织更应强调发展绿色科技,即为建设生态文明服务的科技。

在社会发展观方面,确立和坚持"可持续发展"的理念。实行可持续发展,就是"既满足当代人口需要,又不对后代人满足其需求的能力构成危害"的发展。在谋求社会发展中,我们必须吸取某些发达国家工业化过程中破坏环境的历史教训,把发展经济和保护环境统一起来,把促进当前经济、社会发展与未来的可持续发展统一起来,使人类能够长远地创造良好的生存条件和生活质量。

2. 制定和贯彻节约资源、保护环境、控制人口的方针和政策

资源短缺是人类滥用自然资源的后果。建设生态文明,就要求国家和各级行政组织在对经济发展的宏观调控上,由粗放型经济向集约型经济转变,建立一个资源节约型的可持续发展的国民经济体系。

保护环境需要国家和各级行政组织加强对城市环境的综合治理;推广生态农业,研究和开发无公害的农业技术,植树造林,改善生态环境;实施企业综合发展的战略,把环境、资源价值纳入生产核度体系,鼓励发展绿色经济。

世界人口在 20 世纪末已超过 56 亿,预计到 21 世纪中叶将达到 100 亿。由于人口剧增产生了一系列的环境问题和社会问题,因此,创建良好的自然环境,建设生态文明,必须严格控制人口数量。我国实行计划生育政策,正是我国政府根据我国自然承载力而制定的相应的人口发展规划和政策。

3. 普及保护自然环境的伦理规范和法制观念

营造良好的自然环境,建设生态文明,不仅需要行政组织自身的努力,而且更需要行政组织唤醒全社会公民的环保意识和环保理念。自然环境是全人类的公共资源,早在20世纪70年代公害问题座谈会的宣言中就指出:"我们请求,把每个人拥有健康、福利等要素不受侵害的环境的权利和当代人传给后代的应是一种富有自然美的自然资源的权利,作为一种基本人权,在法律体系中确定下来。"《中华人民共和国环境保护法》的颁布及一系列保护自然资源、防治环境污染的法律和法规,也正是我国建设良好自然环境的重要举措。

同时,行政组织可以通过学校教育、媒体中介等方式进行生态文明的宣传和教育,引起全社会公民对生态环境的关注,帮助人们树立尊重自然、爱护自然、保护自然的伦理观念和行为规范,进而内化为公民自觉的生态文明道德。

人类与自然的关系已进入协调关系的新时代。行政组织要实现与自然系统的动态平衡,就应当肩负起责任,调整行为,通过创建生态文明,达到与自然界的和谐相处、协调发展。

(二) 营造良好的经济环境

经济环境影响行政组织,行政组织反作用于经济环境。但经济发展有其自身的内在规律,创建良好的经济环境,应在遵守经济发展规律的前提下进行。

1. 坚持和完善基本经济制度

行政组织是建立在一定经济基础之上的上层建筑,其首要和基本的任务就是为经济基础服务,巩固和完善其赖以生存和发展的经济基础。其中,最重要的就是坚持和完善基本的经济制度。在我国,就是根据解放和发展生产力的要求,坚持和完善以公有制为主体、多种所有制经济共同发展的基本经济制度,毫不动摇地巩固和发展公有制经济,鼓励、支持和引导非公有制经济的发展。

2. 深化和推进经济体制改革

一个国家选择、设计、发展什么样的经济体制,往往由国家政权组织尤其是行政组织根据本国的具体国情决定。深化和推进经济体制改革,实质是调整生产力和生产关系,使二者协调发展。在我国,推进社会主义市场经济体制改革,在更大程度上发挥市场在资源配置中的基础作用,就需要行政组织建立起科学的宏观调控机制,完善其经济调节、市场监管、社会管理和公共服务的职能,根据形势的需要实施相应的宏观经济政策。

3. 建立和健全社会劳动保障体系

建立和健全社会劳动保障体系是行政组织深化经济体制改革、巩固基本经济制度的重要配套措施。建立、健全社会保障体系,特别是建立、健全失业保险制度和城市居民最低生活保障制度,不仅影响到经济发展的成果,而且影响到行政组织的权威。各级行政组织要按照党的十六大提出的要求,把改善创业环境和增加就业岗位作为重要职责。广开就业门路,推行灵活多样的就业形式,鼓励自谋职业和自主创业,为经济建设创造良好的环境。

4. 大力发展生产力,提高全国人民的生活水平和质量

行政组织发展经济的根本目的就是提高全国人民的生活水平和质量。全国人民生活水平和质量的高低是行政组织工作绩效的最终体现。行政组织要充分、合理地开发和利用一切资源,调动一切可以利用的人力、物力、财力,发展生产力,全面建设小康社会,提高全国人民的生活水平和质量。

(三)营造良好的政治环境

1. 深化行政体制改革,推动政治文明建设

行政组织是政治体系的重要组成部分,行政体制改革的深入和成功必将推动社会主义政治文明的发展。为此,行政组织要遵循民主化、科学化与法制化的要求,深化行政管理体制改革,进一步转变政府职能,改进管理方式,逐步形成行为规范、运转协调、公正透明、廉洁高效的行政管理体制;按照精简、统一、效能的原则和决策、执行、监督、协调的要求,继续推进政府机构改革等。

2. 坚持民主政治制度,发展社会主义民主

行政组织要坚持和完善人民代表大会制度,保证立法和决策更好地体现人民的意志;坚持和完善共产党领导的多党合作和政治协商制度;坚持"长期共存、互相监督、肝胆相照、荣辱与共"的方针,加强人民政协发挥政治协商、民主监督和参政议政的作用;巩固和发展最广泛的爱国统一战线;全面贯彻党的民族政策,坚持和完善民族区域自治制度。

3. 加强社会主义法治建设

加强社会主义法治建设,核心是坚持有法可依、有法必依、执法必严、违法必究。为此,行政组织要做好以下几个方面的工作:首先,加强立法工作,提高立法质量,要严格按照党的十六大的要求,到2010年形成有中国特色的社会主义法律体系;其次,坚持执法必严、违法必究,法律面前人人平等,行政组织领导和干部要成为遵守宪法和法律的模范;再次,加强对执法活动的监督,确保法律的严格实施;最后,加强法制宣传教育,提高全民法律素质。

4. 自觉接受党的领导,巩固和完善党的领导

党的领导方式和执政方式,对于推进社会主义民主政治建设具有全局性作用。行政组织要自觉接受共产党的领导,协调与党委、人大、政协以及人民团体的关系;支持人大依法履行国家权力机关的职能,经过法定程序,使党的主张成为国家意志,使党组织推荐的人选成为国家政权机关的领导人员,并对他们进行监督;支持政协围绕团结和民主两大主题履行职能;加强对工会、共青团和妇联等人民团体的领导等。

（四）营造良好的文化、民族、宗教环境

1. 营造良好的文化环境

行政组织营造良好的与之相适应的文化环境，主要是营造良好的行政文化环境。

（1）合理定位行政文化价值观念和目标，加强行政文化建设

营造良好的行政文化，就是要建立起一种新型的能适应市场经济发展要求的、与行政组织管理体制相配套的行政文化。这种行政文化的核心价值观念包括以下几个方面：第一，效益和效率观念。效益和效率是行政组织成员的行动指南，也是行政管理追求的根本目标，它促使行政组织及其成员在行政过程中降低行政成本，建设廉价政府。第二，民主和法治观念。国家行政组织必须遵循民主原则，提倡公民参与行政、政府公开行政，真正做到行政活动体现民意；法治行政要求行政组织做到遵法、守法和执法，以法律为惟一准绳，维持社会秩序。第三，服务与竞争观念。政府是公共利益的维护者，其活动必须以服务社会、保护和促进公共利益为职责；竞争观念要求行政组织成员树立竞争意识，确立功绩观。

（2）重视社会对行政文化建设的监督，促进行政文化健康发展

营造良好的行政文化环境，必须重视社会公众对行政组织的输入活动，重视社会对行政文化建设的监督。只有将行政文化建设置于社会监督下，社会公众能够向政府表达自己的意见、提出自己的需要，才能使行政文化建设向健康方向发展。否则，闭门造车，以我为准，必然失去客观标准，不利于行政文化建设的改进与完善。

（3）加强法治教育和道德教育，推进行政文化建设

大力推进法制建设，不断完善依法行政，切实做到行政有法可依、有法必依是形成法治化的行政文化的必由之路。实行依法行政，用法律维护和保障公民的自由和权利，合理设定行政权，加强行政监督，有利于促进民主与法治建设。同时，大力推进道德教育，提高行政人员与全体社会成员的道德修养，是促进民主的行政文化的重要途径。特别是行政组织成员思想道德素质的提高，有利于使他们自觉做到勤政务实、廉洁奉公，实现以德行政，促进行政文化建设。

2. 营造良好的民族环境

（1）坚决贯彻民族区域自治政策

民族区域自治政策是我国的基本民族政策。实行民族区域自治，就是在一个主权国家范围内，在国家最高权力机关的领导下，以少数民族聚居地区为基础组成民族自治地方政府，设立自治机关，由少数民族当家作主，行使自治权，管理本地区、本民族的内部事务。实行民族区域自治，一要注意培养和使用少数民族干部，以便于民族政策的贯彻执行；二要在保证国家统一的前提下，给予少数民族充分的自治权，以确保政策落到实处。

(2) 坚持民族平等、民族团结、各民族共同繁荣

坚持民族平等,即尊重少数民族的政治权利、语言文字乃至风俗习惯。民族之间无优劣之分,各民族无论大小与强弱、先进与落后,都有自己的制度,都为人类文明作出了重大贡献,应该享有同等的地位。实行民族区域自治制度,尊重少数民族享有使用本民族语言文字的自由和拥有自己的风俗习惯均是民族平等的体现。

坚持民族团结。民族团结是增强民族凝聚力的重要手段,而民族凝聚力是衡量一个国家综合国力的重要方面。中华民族是生活在中国国土上56个民族的总称,各民族成员增强民族意识,对中华民族培养强烈的认同感和忠诚心有重要意义。浓厚的民族意识有利于消除民族之间的隔阂和矛盾,增强民族凝聚力,增强国家凝聚力和综合国力。

坚持各民族共同繁荣,即坚持各民族在经济、文化等方面都得到充分发展。在我国,由于历史原因,少数民族地区的经济、文化在一定程度上落后于非少数民族地区。因此,坚持各民族共同繁荣的核心就是积极帮助少数民族发展经济、文化事业,使各民族由政治上的平等进而达到和实现经济、文化上的平等。

3. 营造良好的宗教环境

宗教信仰自由是我国基本的宗教政策。宗教信仰自由是指一个国家的公民有信仰或不信仰某种宗教的权利和自由。行政组织营造良好的宗教环境,就要做到既尊重和保护宗教信仰自由,又限制宗教信仰自由的泛滥。

(1) 保护宗教自由,保护宗教活动的正当场所。宗教信仰是个人的私事,公民有选择信仰任何宗教或拒绝信仰任何宗教的自由和权利,任何组织与个人都不得强制和干预公民的自由选择;在宗教活动场所内以及按照宗教习惯在教徒自己家里进行的一切正常活动,都由宗教组织和宗教教徒自理,受法律保护,任何人不得加以干涉。

(2) 法律规范宗教自由,不得与社会利益相抵触。我国宪法规定:"任何人不得利用宗教进行破坏社会秩序,损害公民身体健康,妨碍国家教育制度的活动。"行政组织要依据有关法律,规范宗教活动,以保障公民的整体利益。

(3) 行政组织既要加强与宗教界的双向沟通,又要坚决反对政教合一。行政组织要形式多样地、定期或不定期地与宗教界人士举行对话,进行交流,以激发宗教教徒的爱国热情,取得他们对政府工作的理解与支持。同时,要坚决反对政教合一。政教分离是保障宗教信仰自由的前提,也是维护稳定民主、文明的政治保障。

(五) 营造良好的国际社会环境

国家行政组织是国际社会的主体。国际社会环境的良好发展,有利于巩固和加强国家行政组织在国际社会中的地位和作用,从而为本国各项事业的发展

提供有利的软环境。

1. 坚持和平发展，争取良好的国际环境

和平与发展是当今时代的主题，但是，局部的冲突与战争仍时有发生，贫穷与落后仍在一定程度上困扰着人们。战争直接关系到行政组织的生存、性质与功能；贫穷直接制约行政组织的存在、发展与效益。行政组织要维护和平，促进发展，争取良好的国际环境，就要把反对侵略战争和霸权主义当做重要内容，反对一切形式的恐怖主义；同时，增强第三世界的团结与合作，增进相互理解与信任，为争取建立新的国际政治经济新秩序而努力。

2. 坚持独立自主的外交政策

独立自主是我国国家行政组织对外政策的根本原则，是指行政组织处理任何内政外交都不依附于任何大国或大国势力，始终把维护、保护本国尊严和本国人民的利益放在第一位。五十多年来，中国政府始终坚持独立自主，不依附于任何大国或大国集团，不屈服于任何大国势力，以"独立自主，自力更生"的姿态争取国际支援，发展国际合作，尊重他国主权，在稳定国际环境、维护世界和平中起了举足轻重的作用。

3. 坚持贯彻和平共处五项原则，积极发展国际关系

国际关系特别是国与国之间关系的优劣好坏，直接影响到国家行政组织的效能能否充分发挥。和平共处五项原则是中国处理国际关系的基本准则，也是当代国际社会公认的国际关系准则。五十多年来，中国政府在和平共处五项原则指导下，积极与国际社会进行沟通协调，同世界上绝大多数国家和地区建立了正常外交关系或发展了睦邻友好关系。国际关系的良好发展，提升了中国的国际地位，增强了中国政府在国际社会中的权威，有利于行政组织对内、对外职能的发挥。

4. 实行对外开放，加强与国际社会的全方位交流与合作

实行对外开放，是世界发展的潮流和趋势。行政组织作为世界系统的一个子系统，只有实行对外开放，加强与国际社会全方位的交流与合作，才能谋求自身的更大发展；否则，闭关自守、夜郎自大只能导致落后和被动。党的十一届三中全会以后，中国政府实行对外开放政策，取得了重大成就；加入WTO是中国对外开放的进一步发展。实行和坚持对外开放，必将更快地发展综合国力，增强中国在国际社会的地位和威望，为创建良好的国际大环境作出更大的贡献。

（六）营造良好的组织气候

1. 创建良好的人际关系

创建良好的人际关系，使组织成员相互了解、和睦相处、积极协作，应遵循以下几点：

(1) 坚持公平、平等

组织成员在薪饷待遇、地位保障、晋升机会、参与权利、福利津贴等方面受到的待遇或奖惩是否公平,往往影响到组织气候的好坏。不公平、不平等往往会导致"不平则鸣"的情绪产生,破坏组织的人际关系。行政组织成员之间,人格平等,机会均等,"奖"以绩效为标准,"罚"以规章为尺度,真正做到公平、平等才能激发组织成员的工作热情,形成积极健康的人际关系。

(2) 进行意见沟通

行政组织要积极协作,形成合力,则需要了解和统一各方面的意见,而这些意见的了解和统一都必须以沟通为前提。只有通过广泛而多渠道的沟通,才能使行政组织成员交流感情,增进了解,消除分歧;才会消除心理隔膜,解决组织摩擦,增强组织团结。

(3) 正确使用激励

物质需求对人的刺激不是影响组织气候的最重要因素,组织内部和群众气氛对人的激励才是关键因素。坚持"以人为本",运用适当的诱因,进行合理的激励,可以激发组织成员的内在工作动机,挖掘组织成员的潜力,提高组织成员的积极性,从而有利于形成生机勃勃、积极向上的组织氛围。

2. 创建良好的群团关系

群团是指由三个或三个以上的组织成员,为达到他们的共同目标而在行政组织内部结成的共同体。创建良好的群团关系,就是要使群团内部各成员之间以及群团与整个行政组织之间关系和谐。

(1) 合理引导组织群团的目标和价值观

行政组织内部的群团,有有效群团和无效群团之分。有效群团既能完成行政组织任务,又能满足本群团成员的自身需要。无效群团的利益目标与整个行政组织的利益目标不一致或不尽一致,往往妨碍良好的群团关系。合理引导组织群团,要在尽可能满足群团成员合理需要的基础上,引导群团目标与组织目标保持一致,引导群团成员的价值观与整个组织的价值观趋向一致。

(2) 正确发挥非正式群团的积极作用

非正式群团的存在及其对行政组织内部环境的影响是一个客观事实,它既对行政组织产生积极作用,又给行政组织带来消极影响。创建良好的群团关系,应当重视非正式群团的存在,分析它们的特点和性质,采用恰当的途径和方法最大限度地减少其消极作用,发挥其积极作用。

3. 建立民主参与式的管理模式

民主参与式的管理模式,既是良好组织气候形成的条件,也是进一步创建更加良好的组织气候的前提。"群策之为则无不成,群策之举则无不胜",建立民主参与式的管理模式,核心是上级尊重下级的意见和建议。

(1) 上下级相互信任,无拘无束地交流意见

上下级交流意见的主动权在于上级。上级要科学地让下级发表意见,就要有民主意识,要有宽广的胸怀和气度,培养下级充分发表意见的氛围,提供下级充分发表意见的机会;同时,应正确对待反面意见、错误意见,及时地解答下级意见。

(2) 下级积极参与目标制定、集体决策、组织管理

上级赋予下级参与组织管理的权力,并调动下级的积极性和主动性,以营造民主参与的氛围。

(3) 沟通渠道畅通,信息交流迅速

上级要与下级进行多渠道广泛的沟通,要善于运用非正式沟通等方式。同时,建立和优化扁平式组织结构也是缩短沟通层次、提高沟通速度和准确度的重要途径。

第五章　行政组织过程

任何"过程"都含有时间顺序的含义。政府过程(行政组织过程)不同于历史过程(或者说政治学不同于历史学)之处在于,它不是以历史发展的纵向时间线索为依据,而是研究在某一或若干特定的历史横断面上,政府活动的逻辑顺序,或者说是政府运作的程序。[①] 因此,行政组织过程主要是指行政组织主体与客体之间的互动,组织系统与外部环境的"输入—转换—输出"以至循环反复的逻辑关系,注重对组织运行流程的系统考察。具体而言,行政组织过程指的是行政组织"决策—执行—监督"的矛盾运动过程,反映的是由于社会公共问题的产生和人们利益的诉求与表达,形成了行政组织过程运行的逻辑起点与重要前提,行政组织即政府以"看得见的手"在其职能范围内对行政组织目标和决策方案的制定与抉择,并运用公共权威加强行政组织执行和行政组织监督,最终实现行政组织目标,解决社会公共问题,维护社会公共利益的权威性分配。这一系列的活动环节基本构建了行政组织过程的逻辑流程。

第一节　行政组织决策

一、行政组织决策概述

1. 行政组织决策的内涵与特点

决策活动是人类改造自然和社会实践活动的重要内容,是社会组织运行过程优化的首要环节和重要基础。行政组织决策的优劣直接关系到行政组织过程的实施效果与组织发展程度。所谓行政组织决策,是指行政组织主体在处理公共行政事务时,为履行公共行政组织职能,实现公共行政组织目标,根据实际情况运用科学的理论与方法,系统分析、科学制定和合理抉择行动方案的组织活动过程。行政组织决策作为行政组织过程的起始环节,具有一般决策活动的共同性。同时,行政组织的自身特性决定了行政组织决策具有区别于其他决策的特点:

(1) 决策主体的特定性。行政组织决策主体是依法享有公共权威、行使公共权力的组织或个人,主要是中央和地方各级国家行政机关及其行政人员,经合法授权或行政委托的其他组织或个人依法行使行政决策权力的也可视为行政组

[①] 参见胡伟:《政府过程》,浙江人民出版社1998年版,第4页。

织的决策主体。

(2) 决策价值的公共性。任何行政组织决策都是在一定的价值观指导下，对社会资源和公共利益进行寻求、确认、实现、创造、选择、分配的政治过程与组织方式。行政组织决策价值是行政组织决策主体、决策参与者或决策影响者对组织决策行为的立场、社会正当性、有效性、公平性等的评价与判断。行政组织的公共性特点决定行政组织决策价值的公共性，即行政组织决策在本质上是运用公共权威对社会资源和公共利益进行的权威性分配，其主要价值导向体现为追求社会公平与公正，为公众谋求公共福利最大化的组织行为。

(3) 决策宗旨的服务性。行政组织决策是为解决公共问题，代表社会公共利益和代理行使公共权力的决策形式。这就意味着行政组织决策的目的是为公众服务，是取之于民、用之于民、利之于民。随着新经济时代和民主社会的到来，行政组织决策越来越需要为代表和实现社会公共利益、稳定社会秩序、促进国家安全与经济发展提供服务性的制度安排与优质的公共服务。

(4) 决策依据的合法性。行政组织决策代表国家意志和公共利益，必须遵守国家宪政要求，也必须尽可能得到社会公众的合法性认同和合理性遵守，否则行政组织决策方案就难以制定或执行。

(5) 决策内容的综合性。行政组织决策面向国家和社会公共事务的各个方面，是对市场机制失灵的必要干预，是对社会公共利益的表达与综合过程。决策内容的设定不仅反映行政组织管理职能的复杂性、范围的广泛性，更反映各利益主体的利益妥协、折中、分配和落实的公平性与公正性，这就规定了行政组织决策内容的综合性。

(6) 决策影响的深远性。行政组织决策是针对国家和社会公共事务管理与公共问题解决的宏观、长期、战略层面的制度安排与方案选择。行政组织决策将对社会组织各个方面与环节产生深刻影响，影响到社会生活原有制度运行的稳定性，影响到现行社会利益格局的发展程度，影响到社会经济、政治、文化等方面的发展前途与前进方向。因而，行政组织决策对行政组织自身及社会的影响是广泛的、系统的、前瞻的，也是深远的。

2. 行政组织决策的地位与作用

(1) 行政组织决策贯穿于行政组织过程的始终。西蒙指出，管理就是决策。[1] 从动态上看，行政组织过程是一定的组织与个人的行为互动过程，是公共利益表达、聚合、输出、分配与落实的利益运行。没有行政组织决策，就没有行政组织活动，整个行政组织过程就是进行组织决策和决策执行的循环往复的动态

---

[1] 参见〔美〕赫伯特·西蒙：《管理决策新科学》，李柱流等译，中国社会科学出版社1982年版，第33页。

过程。公共管理的其他环节或阶段都包含着决策的活动,同时,这些功能的执行又有各自的决策。① 从行政组织主体来看,任何行政机关及其行政人员都要涉及行政组织决策问题,通过组织决策履行其行政职能,依据一定的行政组织目标规划和设计组织、控制、协调这一目标的实施路径与具体方法。

(2) 行政组织决策是行政组织领导者的基本能力。在经验型决策时期,行政组织决策是行政组织领导者的基本能力和主要职责,行政组织领导者决策水平的高低直接关系到行政组织领导者管理水平的高低和行政组织业绩的优劣,行政组织领导者的个人生活经历、教育背景、行为习惯和精神信仰等直接影响到行政组织决策的质量与效率。在科学型决策时期,高速发展的信息经济时代对行政组织领导者提出更高要求,组织领导者在广泛听取和综合智囊团或信息咨询机关意见的基础上才可能具有更强的综合判断、组织协调和果断决策的能力。因此,无论是哪种类型的决策都要求组织领导者具有较强的决策能力,这种能力表现出行政组织领导者主观思维活动的灵活性和创造性,行政组织领导者的聪明才智、真知灼见和高瞻远瞩的信息管理能力,行政组织领导者的思想作风、工作作风和高度责任感。

(3) 行政组织决策是行政组织绩效和政策输出效果优劣的决定性因素。行政组织决策具有一般决策特点,即预测性、针对性等,加之行政组织自身具有广泛的社会影响力,因此,一项决策或政策出台直接影响到行政组织所属行政区域的社会生活与发展的特点与规律。重大决策失误可能导致整个社会失控和管理危机。科学合理的行政组织决策是行政组织过程高效运作的关键,是反映行政组织过程绩效的决定性因素。有效的组织决策能更加有效地履行行政组织的各种职能与职责,实现对社会问题的有效治理和对公共利益的权威分配。

(4) 行政组织决策是行政组织有效执行与监督的前提条件。行政组织决策质量的高低直接影响行政组织过程的顺利程度,影响行政组织执行与监督的有效性。如果存在组织决策失误、政出多门、政策多变、政策打架等现象,将可能使行政组织执行与监督无所适从,因而直接影响行政组织过程后续环节运行的持续性和科学性。

3. 行政组织决策的原则与类型

行政组织决策的原则是行政组织过程中决策活动所固有的客观规律的反映和概括,是行政组织决策活动所必须遵守的基本准则。根据行政组织决策的特点及其地位与作用,行政组织决策应遵循以下基本原则:

(1) 信息原则。信息是决策性生产的原材料,没有充足的原料就不能作出

---

① 参见陈振明主编:《公共管理学》,中国人民大学出版社1999年版,第331页。

正确的决策。① 行政组织决策实际上是行政组织信息的收集、整理、加工、转换、输出的流通过程。信息的完全性是科学决策的基础,信息不对称以及信道阻塞可能直接引发行政组织决策失误。在信息时代背景下,行政组织决策的科学性、正确性与信息拥有的完备性、时效性成正比例关系,信息拥有越及时、准确、全面,行政组织决策就越具有广度、深度、效度,越能情况明、决心大、点子多。行政组织决策系统中信息沟通、咨询系统的构建与完善程度也将成为行政组织决策优化的根本要求。

(2) 客观原则。行政组织决策必须按事物发展的客观规律和人们思维活动的逻辑进行,应坚持解放思想、实事求是、与时俱进的思想路线,深入实践,调查研究,摸清社会问题的本质与影响程度,了解决策对象的客观特性和发展规律,把握行政组织环境的各种变化,使决策尽可能符合和反映社会的客观情况和运动规律。

(3) 系统原则。行政组织决策是一项系统工程。行政组织决策不仅直接影响行政组织执行、监督等环节,而且直接反映或影响行政组织原有决策和未来决策的稳定性、持续性和协调性,直接影响行政组织相关决策方案以及决策内部各环节的统一性或功能共振与内耗的关联程度。因此,行政组织决策应遵循系统原则,要求达到整体化和综合化,要求注意决策对象所处的整个系统及其相关系统与环节的统一性,要求对整体与局部、内部条件与外部环境、当前利益与长远利益、主要目标和次要目标及其相互关系和相互作用加以系统分析。

(4) 预测原则。行政组织决策是对未来行政组织行为所作的设想与策划,是对社会经济、政治、文化等发展情况的预先分析和战略估测。行政组织决策坚持科学预测原则,全面了解和宏观把握行政组织决策对象的发展动向、时空条件、影响后果,定性探索和定量分析行政组织决策各变量和各要素的相互关系与相互作用,充分利用各种知识、经验、手段和技术对行政组织全过程和未来发展作战略性的推测与判断,把行政组织决策的现实可行性和可持续性发展结合起来,既立足现实,又着眼未来,使行政组织决策具有更强的可行性、战略性和灵活性。

(5) 效率原则。在公共组织中,效率仍是决策的基本准则,因为无论组织目标怎样确定,控制集团总是试图以它所能支配的资源,去最佳地实现组织目标。②

(6) 民主原则。随着社会各利益主体地位的提高与民主权利的唤醒,必然

---

① 参见李元书主编:《政治发展导论》,商务印书馆 2001 年版,第 210 页。
② 参见〔美〕赫伯特·西蒙:《管理行为——管理组织决策过程的研究》,杨砾等译,北京经济学院出版社 1988 年版,第 117 页。

要求行政组织决策的目的及其方式应保障人民当家作主的民主权利,行政组织决策方案的制定也必须源源不断地从人民群众的利益表达中获取具有广泛性和连贯性的信息来源,体现人民群众有序的、广泛的民主政治参与,尽可能体现和反映绝大多数社会公众的根本利益,并得到广大人民群众的支持和拥护。

根据各种行政组织决策的相似性和差异性,根据人们的主观分析和研究目的的差异,对行政组织决策进行不同范畴的分类,有助于人们对行政组织决策进行区分和比较,使之在具体的行政组织活动中作出分清主次、权衡轻重的决策安排。根据我国行政组织决策的实际需要,主要有以下几种分类:

(1)依据行政组织决策主体的地位,可分为中央决策、地方决策和基层决策。中央决策是由中央一级的国家行政机关处理全国性的、对于国家具有战略意义或其他只适宜由中央统一处理的行政组织管理问题,制定适用于全国统一的有关方针、政策、法规、规章。地方决策是指由省、市、县地方级行政机关所作的分别处理各自管理范围内的地方性行政组织管理问题的决策。基层决策是指由乡、镇一级基层行政机关所作的处理其管辖范围内的行政组织管理问题的决策。

(2)按照所要解决的决策问题的范围和重要性,可以把行政组织决策分为战略决策和战术决策。战略决策主要表现在对路线、方针、重大政策规划等具有全局性、整体性的宏观层面的决策方案的确定;战术决策是战略决策的配套措施和具体化,主要功能在于执行战略决策所规定的目标,从而去解决具体的、细节性的微观层面的决策问题。

(3)按照行政组织决策主体的人数和决策权力分配的情况,可以把行政组织决策分为群体决策、集体决策和个人决策。群体决策是指行政组织全体成员共同分享决策权力,参与决策,对重大决策问题根据一致意见、少数服从多数等原则,进行用脚投票或举手表决等方式作出决定。集体决策是指享有决策权力的行政组织领导集体,通过会议和集体表决的方式决定行政方案。个人决策是指某个行政组织的首长独自掌握决策权力,对行政组织决策方案的选择具有单独的最终决定权,而其他行政组织成员有建议、批评、讨论等权力,但没有最终抉择权力。

(4)按照行政组织决策主体的思维模式,可以把行政组织决策分为理性决策和非理性决策。理性决策是指根据所拟定的决策目标,收集比较全面的信息,分析各种可能的选择,拟定多个决策方案,经过科学论证,充分运用理性思维能力和各种可能的手段抉择出合理性方案的活动过程。非理性决策是指在遇到疑难的决策问题时,由于各种实际困境难以对决策问题进行充分论证和科学选择的情况下,可能依据决策主体的猜测、习惯反应、条件反射、本能反应等非理性的心理因素进行抉择。

(5) 按照决策问题的性质,可以把决策划分为确定型决策、风险型决策、不确定型决策和竞争型决策。确定型决策是指决策者具有惟一肯定性的主观决策要求、明确的决策目标、确定的客观条件、多样的选择以及明确的实施效果评价,从而根据轻重缓急原则进行排序和选择的决策。风险型决策是指存在一定的不确定因素,决策者因此必须冒一定的风险去进行选择,在确定目标的指导下对决策方案进行损益概率统计与比较,从而得出较为合理的决策方案。不确定型决策是指从不同角度考虑,可以作出不同的选择,而很难断定哪种选择是最好的决策。竞争型决策是一种在利益相互冲突的竞争对手之间进行的角逐性决策。

(6) 按照使用决策方法的程度,可以把行政组织决策分为经验决策和科学决策。经验决策是指由决策者根据个人或集团的思想水平、工作能力和生活经验等因素作出决定。科学决策是指根据组织目标的不同、变量的多寡、限制条件的差异等,采取适当的数学方法、试验、模拟等手段,以科学思考、科学预测、科学计算为依据并通过科学的决策程序进行的决策。

(7) 根据决策内容的常规性,可以把行政组织决策分为常规决策和危机决策。常规决策亦称例行决策、程序性决策、重复性决策等,是解决经常重复出现、性质相近的例行性问题,按照程序化的步骤与常规的原则照章行事,大致也能保证决策成功的决策行为。所谓危机决策,一般要求组织(决策单位和人员)在高度逆境中(有限的时间、资源、人力等约束条件下)完成应对危机的具体措施,即在一旦出现某些预料之外的紧急情况下,为防止错失良机,而通常需要打破常规程序和方法,省去决策中的某些"繁文缛节",以尽快地作出应急性非常规程序的决策。①

(8) 按决策行为进行的阶段不同,可以把行政组织决策分为初始决策和追踪决策。初始决策是决策者在开展某项工作或解决某个问题时最初的原始决策行为。追踪决策是根据决策执行过程中出现的某些误差以及信息反馈情况而进行的决策修正和调整。

二、行政组织决策的逻辑过程

行政组织决策的逻辑过程,即行政组织决策的基本程序,是指行政组织决策中各项工作、各个环节展开的逻辑顺序与具体步骤。分析行政组织决策的逻辑过程,有助于深刻认识行政组织决策的客观规律,揭开传统行政组织决策存在"暗箱操作"的神秘面纱,增强透明度,减少决策内耗和决策权力异化现象,提高行政组织决策的质量和科学化水平。美国著名的行政学家赫伯特·西蒙在《行政行为——行政组织决策过程的研究》、《管理决策新科学》等书中,系统地论述

---

① 参见宁骚主编:《公共政策学》,高等教育出版社2003年版,第359页。

了行政组织决策过程及相关问题,并把行政组织决策过程分为情报行为、设计活动、抉择活动和审查活动等四个基本阶段,从而构建比较完整的行政组织决策逻辑过程。

1. 行政组织决策目标的确定

行政组织决策的意图在于面对复杂严重的社会公共问题而采取有效的行政措施和行政方案,实现对公共问题的有效治理、及时回应和科学引导,从而维护社会公平与公正,促进社会经济、政治、文化生活稳定、健康、持续地向前发展。因此,行政组织决策首先面临的是决策信息情报的收集与获取,即及时发现和科学分析组织决策问题,并确定相应的决策目标。

所谓行政组织决策问题,是指在公共行政组织领域中存在的,而且被公共行政组织部门认知、接纳并采取实际行动试图加以解决的社会公共问题。行政组织决策问题是一种客观状态,不取决于人们的主观臆想或任意猜测;是一种被认知的状态,具体社会公共问题的严重性引起社会公众的价值观念和切身利益的公意性诉求,从而引起相关公共行政组织部门的高度注意;是在既定条件下,公共行政组织认为有必要而且能够运用公共权威进行解决的社会问题。行政组织决策问题的发现、认知和判断是实施行政组织决策活动的逻辑起点。而且,行政组织决策问题的特点、性质、程度、涉及范围等决定行政组织决策的性质、范围与目标选择。一般来说,公共行政组织决策问题具有关联性、公共性、主观性、历史性和动态性等特点。公共行政组织决策问题的界定与分析要经过问题的筛选和认定、问题层次和结构的分析、进一步调查和说明决策问题、判断和查证决策问题的可能原因与主要原因、确切表述问题并作出目标判断等几个基本环节。行政组织决策问题的界定往往受到各种价值观的影响,个人与社会问题之间、广泛性与严重性问题之间以及绝对与相对问题之间存在的矛盾冲突,使得价值观念在界定问题中的重要性变得更加清楚。[1] 因此,对行政组织决策问题的分析,要尽量做到以客观分析代替主观臆想,以逻辑论证代替人为杜撰,重点要解决的问题是使建构起来的实质问题和形式问题均符合最初的问题情境,弄清楚构成所界定公共决策问题的价值观及其来源,并尽可能有效选择和科学采用边界分析、类比分析、假设分析、层次分析等科学、具体的问题分析方法与技术,以避免决策缺陷与信息失真现象,提高问题分析的质量与水平。

对决策问题界定、分析之后,还必须经过行政组织决策系统的议程安排。议程安排是指将已经被认识和初步描述的事项与问题有主次地列入决策议程,所

---

[1] 〔美〕卡尔·帕顿、大卫·沙维奇:《公共政策分析和规划的初步方法》,孙兰芝等译,华夏出版社2002年版,第118页。

列议项的范围从公众争论到内阁和总统考虑的问题。① 学者柯布和爱尔德认为,议事项目可分为系统议事项目和政府议事项目两种,系统议事项目包括所有政治社会的成员普遍认为值得大家注意的所有问题;政府议事项目是指上述问题引起行政组织重视并被列入政策范围内的部分。行政组织决策问题进入决策议程,常常是因为决策问题的严重性和异常压力、出现突发性的事件或重大危机、政府所具有的关心公共利益的责任精神、开放民主的问题察觉机制与过程等条件。在现代民主政治中,行政组织决策问题一般通过代表制度或代议制度、政党、选举、利益集团、大众传媒等途径进入行政组织决策议程之中。

　　行政组织决策系统一旦确定了决策问题,就需要对各方面信息进行科学分析与预测,确定行政组织决策目标,即行政组织决策系统解决社会公共问题所要最终实现的目的或期望达到的预期效果。一般来说,行政组织决策目标的特点主要有:(1)问题的针对性。即任何决策目标都不是凭空产生的,而是针对具体的决策问题设定的,是针对客观存在、性质严重、属于政府责任能力和政策范围之内的公共问题而提出的。(2)未来的预期性。决策目标的确定与实现是通过一定的行政组织行为实现对未来有关问题的解决,实现对未来社会生活图景的预期与规划,这种预期性也往往涉及对未来社会环境变化、经济发展水平、人们价值观念变化等问题的预设、期待与把握。(3)架构的系统性。行政组织决策目标体系的架构安排必须全面考虑社会各个方面的条件制约,系统反映社会各利益结构的具体要求与实际背景;必须处理好社会各利益主体之间的利益关系与矛盾;必须正确处理和科学解决其他公共问题所要达成目标之间的关系;必须正确处理好短期目标与长远目标、主要目标与次要目标、全局目标与局部目标之间的关系。(4)现实的可操作性。行政组织决策目标是抽象性与具体性的统一,是对解决社会公共问题的高度抽象和未来行动纲领与方法的指导;同时,更要求目标能符合实际情况,具有现实的可操作性,即对中长期目标应具有一定的伸缩性或灵活性,对短期目标尽可能具体化,以便于解决具体问题的各项方案的制定和措施的落实。

　　行政组织决策目标的确定还必须明确、具体,规范目标实现的约束条件,并处理好多目标决策之间的相互关系,避免顾此失彼或政策混乱;必须尽可能体现社会公平与公正,考虑和反映社会弱势群体的利益与需求,寻求社会自由、安全、健康、效率、正义等伦理与价值的综合考虑。对于多重目标决策,应注意四个突出的问题:一是全面权衡显性目标与潜在目标、战略目标与战术目标、全局目标与局部目标之间可能发生的矛盾与冲突;二是以决策目标体系的优化选择和创

---

① 〔美〕叶海卡·德罗尔:《逆境中的政策制定》,王满传等译,上海远东出版社1996年版,第153页。

造性改进,尽可能淘汰风险过大、成本过高、效益过低的决策目标;三是对决策目标之间的关系与地位进行科学排序与有效整合,确立合理的目标体系,抓住重点,突出难点,兼顾一般,把握关键,难易结合,各个突破等;四是挖掘信息,掌握情报,防止决策目标的失偏与失灵。

2. 行政组织决策方案的拟定

所谓拟定行政组织决策方案,是指行政组织决策者针对决策问题,依据决策目标的基本要求,通过调查研究,运用适当的技术与方法,设计或规划各种实现决策目标的可能性方案的行为过程,其实质是创造出一套处理社会公共决策问题的行动方针,使应该解决并且能够解决的问题以最有效的方法解决。随着信息网络技术和计算机技术的发展与普及,现代公共行政基于社会公共问题的重要性、决策环境和条件的动态性以及决策执行过程的随机性,必然要求决策方案设计的多样性和可选择性。

在现实行政组织决策方案的设计活动中,由于决策对象系统及其环境的差异性,决策方案设计主要有如下几种类型:

(1) 例行设计,即对一项已在决策议程中取得相当地位的问题作重复性的、不变的设计或一成不变地依例行事。

(2) 类比设计,即决策设计者在设计决策方案时,仿照历史上同类的解决问题的方案,或者模仿相似的相关决策规范,并要求具有与被模仿者环境的相似性、解决问题的同质性、参照方案的可行性等。

(3) 渐进设计,即决策设计者以社会上共有的认识和原有决策为基础,对因时改变所产生的边际差距进行片断的、连续的、渐进的、修补性的决策方案设计,其主要特点是渐进主义、积小变为大变、稳中求变。林德布洛姆认为,最有效的公共政策是那些已经生效的和相当多的竞争各方同意的公共政策,对现实存在的政策实施渐进的或最低限度的变革,政策制定者就能将选择过程简化为易行的步骤。依据民主的多元化模式,渐进设计"有助于政策制定者完成在相互竞争但平衡的利益之间达成一致的多元化目标"[①]。

(4) 创新设计,即决策设计者通过创造性思维得出的一个在质上区别于现有设想,能够解决某种问题、满足某种需要,或者使某种状态得到创新改变的决策方案设计,其主要特点是对问题的创造性思考、对心智模式的改变与知识重组、对方案全盘更新与双赢互补等。

行政组织决策方案的拟定需要应用系统的方法,对拟定方案各阶段的要求、条件与问题作全面分析和综合设计。拟定决策方案一般可分为轮廓设想和具体设计两个步骤。

---

① 〔美〕罗伯特·丹哈特:《公共组织理论》,项龙、刘俊生译,华夏出版社2002年版,第87页。

（1）轮廓设想。要求保证备选方案的全面性和多样性，要求从不同角度和路径出发，大胆设想出各种可能性的决策方案，其在本质上是方案设计者的思维活动，通常有经验思维、直觉思维和逻辑推理等方法与技术。经验思维是决策设计者凭借丰富的决策实践经验对于决策方案的设计提供实用性较强的传统决策方案。直觉思维是决策设计者在极短的时间内，不经过严密细致的逻辑思考便能发现和找到决策问题的本质和具体解决办法，它是决策设计者长期实践经验的积累、思维创造力的高度提升。逻辑推理是指通过各种逻辑论证与分析而产生的理性设计方法，如比较、分析、综合、归纳等。

（2）具体设计。通过轮廓设想阶段得到的决策方案往往只是决策方案的初步轮廓和概貌雏形，需要具体设计以进一步加工和具体化。具体设计需要加强如下几方面的工作：决策目标的系统分析，将可能性方案与决策目标进行比较以去伪存真；详细设计方案细目，反复计算，严格论证；预测和评估方案的潜在问题、可行性、效益性、约束条件、应变措施、技术与风险评估等。

为了确保行政组织决策备选方案的科学性，拟定决策方案还需遵循以下几个原则：

（1）目标导向原则，即设计行政组织决策方案必须紧扣决策目标，以决策目标为指导进行具体设计。

（2）可能详尽原则，即尽可能列举和设计出所有可能性方案，充分考虑一切可能的多重方案。

（3）相对独立原则，即所提供的各种备选方案之间是有差异的，相互排斥，相对独立，执行一种决策方案就不能执行另一种方案，以鼓励决策方案设计者发散思维，大胆创新。

（4）民主集中原则，即在拟定决策备选方案的过程中，只有经过全面、深入的调查研究，掌握客观、真实、准确的地方信息，按照民主集中制和群众路线需求，充分发挥行政组织决策系统中信息咨询和参谋、智囊团的作用，群策群力，拟定出高水平、高质量的最佳决策方案。

3. 行政组织决策方案的抉择

行政组织决策方案的抉择，是行政组织决策主体在对各种备选决策方案科学比较、总体评估的基础上进行甄别而选出最佳方案，或对各个方案的优缺点综合分析后相互吸收与补充而形成最佳方案。抉择活动是行政组织决策主体在组织决策过程中最核心的任务，是组织决策过程中最关键的环节，抉择的好坏直接关系到组织决策活动的成败与优劣。行政组织决策方案的抉择主要包括对行政组织决策备选方案的评估、选择以及合法化等环节。

一旦确定了可供选择的决策方案，每一个选择都应该是可以进行严格评估的,从而决定对每一个可供选择的建议是持支持还是反对的立场。① 行政组织决策备选方案的评估,是对各个决策方案效果的预测性分析,以便确定最终实施的决策方案,主要涉及这样几个问题:"以何种标准判断所拟定方案的优劣?方案的优劣是否存在一定的'度'?比较不同的方案时以何种标准作为决定尺度?如何判断结果的优劣?"②决策方案评估应遵循一定的评估标准,主要有技术可行性、经济可行性、政治可行性、行政可行性等。决策主体也必须创造宽松的环境,确保决策方案论证者对各种决策备选方案作出客观评估,并善于听取代表不同阶层利益主体的反面意见。杜拉克曾指出,管理者的决策不是从"众口一词"中得来的,好的决策应以相互冲突的意见为基础,应从不同的观点中选择,应从不同的判断中选择,所以,除非有不同的见解,否则就不可能有决策。③ 因此,决策主体在对决策方案的论证与评估过程中,不能预设立场,必须听取评估者及其他专家学者尤其是社会群众的意见与呼声,必须听取赞同和反对双方面的意见,必须对方案进行正面与反面的论证评价。

行政组织决策方案的抉择是在决策方案评估论证的基础上进行的,因此,为了避免决策失误,决策主体必须充分了解信息咨询、参谋、评估等人员对各种备选方案的信息反馈情况,全面把握各个决策方案的可行性、客观性、合理性、效益性等,注意择优与代价的统一、长远目标与短期目标的统一、经济效益与社会效益以及政治效益的统一。行政组织决策方案的抉择也需要对多方利益的确认与综合。由于社会利益团体往往采取多种方法或手段对决策者施加各种影响,可能使行政组织决策偏离正常的运行轨道,因而需要具体分析各种利益团体的利益需求特点与性质,特别是需要适当扶持弱势群体,使各利益团体的利益受损减少到最低程度,并能通过相关政策扶持得到一定的利益补偿,或实现各利益团体的利益双赢,最终减少行政组织决策与执行的阻力。行政组织决策方案的抉择,还必须发挥决策者个人决断的作用。决策者的主观价值取向、综合素质、判断能力、预测能力、抉择能力等对决策方案的抉择影响重大,往往要求决策者对决策问题及其领域的全面知识,具备决策问题的背景及其他相关问题的信息,具有敏锐察觉问题和果断确定与解决问题的多谋善断能力,具有摆脱习惯势力、陈腐观念和环境压力影响与阻碍的创新精神和科学头脑等。对决策方案的抉择在决策理论上曾出现过三项基本原则:

(1)由任尔德提出的悲观原则,亦称小中取大原则,即在考虑决策方案收益的同时,注重研究方案失败的可能性,在若干个方案可能的最小结果值中,以择

---

① 参见〔澳〕欧文·休斯:《公共管理导论》,彭和平译,中国人民大学出版社2001年版,第161页。
② 徐家良主编:《公共行政学基础》,杭州大学出版社1997年版,第214页。
③ 参见〔美〕杜拉克:《有效的管理者》,许是祥译,台湾中华企业管理发展中心1978年版,第178页。

取较大者为满足。

（2）由赫威兹提出的乐观原则,亦称大中取大原则,即以择取若干决策方案的可能最大结果值中较大者为满足。

（3）由萨凡奇提出的最小遗憾原则,即注重考虑某一方案成功与失败之间的机会值,以尽量避免方案的实施结果与实际可能达到目标的机会损失而造成的"遗憾",计算这种遗憾值,然后以遗憾值最小的方案作为满意标准的方案。

行政组织决策方案抉择之后,往往需要经过合法化的过程,才能获得合法性基础。行政组织决策方案的合法化有广义与狭义之分。广义的决策方案合法化指的是决策方案的法制化或获得合法地位,具有社会权威性和法律效力,还包括通过政治动员、舆论宣传提高社会公众对行政组织决策方案的认识与接受程度,获得广泛社会认同和公众服从的过程。狭义的行政组织决策方案合法化是指决策方案转化为相关的法律、法规,或由法定行政组织部门作出,得到有关权威部门的审定与批准,从而获得法律效力。行政组织决策方案的合法化过程因决策方案的性质、地位和作用以及各国立法程序、行政制度等差异而有所不同。

4. 行政组织决策方案的修正

在实际的行政组织过程中,行政组织决策往往不是一次可以完成的,对决策方案的抉择与合法化并不能说明决策方案的万无一失或一劳永逸,而必须在决策方案的实施过程中,不断通过信息反馈,对决策方案的运行情况进行审查、监督、测定、核实,发现方案中存在的问题与不足,并及时对原有决策方案进行修正与完善。通常人们把这一环节称为"追踪决策过程"。

由于客观事物的复杂性、多变性,又由于决策本身总是带有预测性和风险性,所以追踪决策是正常的,也是必要的。[①] 在行政组织过程中,追踪决策的原因表现在多个方面。行政组织过程产生在一定的时间、空间等客观环境之中,影响和制约决策方案实施的因素很多,这些因素发生变化必然要求决策方案的修正与调整。同时,由于行政组织过程中主客体的主观因素影响,特别是人们对原有决策问题的某些方面或环节认识的日益深化以及自身素质等的提高,可能要求决策方案的相应修改与调整。决策方案的预期性和抽象性不免在实际执行中出现某种失误或偏差,必然也要求决策方案的更新与变化。决策方案负作用或实施成本过大也可能需要追踪决策。在行政组织过程中,追踪决策有这几个方面的基本特征:

（1）回溯分析。即对原有决策的产生机制、内容、环境进行客观、冷静的分析,分析产生失误的原因、性质、程度,从而为制定有效的追踪决策提供依据。

（2）非零起点。追踪决策面临的问题不在决策的初始阶段,而是在伴随决

---

① 参见王沪宁、竺乾威主编:《行政学导论》,上海三联书店 1998 年版,第 120 页。

策实施过程中资源的消耗和对环境产生一定影响的情况下进行的。

（3）双重优化。即追踪决策应优于原有方案，在替代方案中优选，以获取更可行的决策方案和实施效益。

（4）心理效应。由于原有决策失误，可能会对决策者和决策对象心理造成一定的负面影响，怀疑、恐惧、抵制心理与行为可能形成追踪决策障碍。追踪决策在客观上反映了行政组织决策过程的动态性、阶段性和关联性，这就要求行政组织决策者有严肃认真的科学态度，敢于承认事实，正视客观的问题或决策偏差的存在，善于克服各种阻力，与时俱进地及时发现问题并快速回应，提高责任意识，加强对决策方案的信息反馈与修正完善，防止因追踪决策打乱整个行政组织过程的有效运行，并进一步促进组织决策目标的最终实现。

三、行政组织决策的科学化、民主化和法治化

党的十六大报告从全面建设小康社会的战略高度出发，把改革和完善行政组织决策机制、推进决策科学化与民主化列为政治文明建设和政治体制改革的重要内容。行政组织决策的法治化是依法治国、依法行政、决策民主化与科学化的根本保障。我们要在21世纪头20年抓住机遇，全面建设汇集十几亿人口的、更高水平的小康社会，按照党的"三个代表"重要思想的具体要求，顺应现代行政组织决策理论与实践的发展趋势，积极创新行政组织决策体制及其运行机制，努力推进行政组织决策的科学化、民主化和法治化。

1. 行政组织决策科学化是回应新经济时代挑战的必然要求

在新经济时代背景下，社会生产力的突飞猛进、科学技术的飞速发展、信息网络的宽频覆盖，使整个人类社会融入高度复杂的国际市场与一体化社会之中。各国行政组织决策正面临着前所未有的挑战，其内容和方法愈来愈呈现出综合化、高速化、定量化和超前化的发展态势。系统工程学、预测学、运筹学、模糊数学、电子计算机等学科的理论、方法以及新科学技术与产品的发展为行政组织决策科学化提供了坚实的理论基础和物质条件。所谓决策科学化，是指决策者及其他参与者充分利用现代科学技术知识和方法，特别是公共决策（政策科学）的理论和方法进行决策，并采取科学合理的决策程序。[①] 随着我国改革开放的日益深化和市场经济体制的日益成熟，国际风云的复杂变化以及难以预测的突发事件特别是危机事件随时可能发生，必然要求行政组织决策由传统的拍脑袋、拍胸脯式的经验型决策向科学分析、精心论证、统筹兼顾、程序优化的科学型决策转变。首先，在决策体制上应以民主集中制为原则，由个人独断向集体决策转变，决策工作的专业化、专门化和系统化要求发挥行政组织决策系统中信息、咨

---

① 参见连玉明主编：《学习型政府》，中国时代经济出版社2003年版，第59页。

询、评估等分支系统的辅助作用,发挥专家咨询和智囊团作用。其次,在行政组织决策过程中,应遵循科学决策程序的客观规律,由主观随意决策向科学程序化决策转变,传统的凭个人经验和定性判断式的主观随意性决策需要得到及时创新。在当今社会化、组织化、信息化程度不断提高的行政组织环境中,决策的复杂性、艰巨性越来越大,新情况、新问题不断出现,对决策精确度和准确度的要求空前提高,必然要求行政组织决策向规范化、程序化的科学决策转变。最后,在决策方法上,由经验型主观判断方法向综合各种科学决策方法和信息网络等先进技术转变。信息技术和网络技术的发展,深刻地改变着政府的管理方式与方法,网络技术加强了政府信息置换功能,电子政务的发展必然影响和促进现代行政组织决策技术的提高,如采用调查研究的德尔菲法、头脑风暴法、演示法以及决策预测的目标定向预测法、机会预测法、指数平衡法,移动平均法等等,这些技术和方法大大提高了行政组织决策的量化分析和准确度,使决策信息的收集、处理、传递、沟通更为快捷,更有力地推进了行政组织决策的科学化。

2. 行政组织决策民主化是加强社会主义政治文明建设的重要内容

党的十六大报告指出,社会主义政治文明建设应建立和完善民主决策制度,应"丰富民主形式,扩大公民有序的政治参与,保证人民依法实行民主选举、民主决策、民主管理和民主监督,享有广泛的权利和自由,尊重和保障人权",应"完善深入了解民情、充分反映民意、广泛集中民智、切实珍惜民力的决策机制"。行政组织决策的民主化是加强社会主义政治文明建设的重要内容,是实现人民群众当家作主的重要途径,是建设社会主义民主政治的价值追求。自改革开放以来,中国社会进入了全面转型的发展时期,市场经济的发展催生了社会利益结构的急剧分化和利益主体的多元化,激活了人们的利益观念和民主意识。社会开放性程度的提高以及民主政治的发展、信息化水平的提升和决策科学技术的不断创新等,必然要求行政组织决策的民主化和制度化、程序化的政治参与。如果没有制度化、程序化的决策参与机制与充分的利益表达渠道来协调和管理社会各方面的利益,势必造成社会各阶层利益的失衡和社会矛盾的加剧,并可能危及社会的安定和政治的稳定。[①] 行政组织决策民主化应包括决策方式的民主化和决策目标的民主化两方面。决策方式的民主化要求行政决策在充分了解民情、反映民意、集中民智的基础上进行,从人民群众各种利益表达和政治参与中获取广泛性、真实性、连贯性的决策信息,体现人民群众当家作主、自主管理和自我服务的民主权利。决策目标的民主化要求行政组织决策体现和代表人民群众的意志与要求,维护社会公平与公正,以增进大多数人的福利和为人民服务作为决策的根本出发点和归宿点。行政组织决策民主化应重点建立和完善社情

---

① 参见刘熙瑞主编:《公共管理中的决策与执行》,中共中央党校出版社2003年版,第146页。

民意反映机制,增强行政组织决策的透明度和公开化,重视社会公众的利益表达,赋予公民在行政组织决策中的发言权和质询权,表达多种政治主张和决策建议,并合理利用利益博弈与利益综合,通过社会通报、社会听证、网上投票、虚拟政府、舆论监督等机制的建立与完善,实现行政组织决策的民主化,推动社会主义政治文明的建设进程。

3. 行政组织决策法治化是行政组织决策科学化和民主化的重要保障

行政组织决策法治化是依法治国、依法行政、建立社会主义法治国家的根本要求之一,有利于促进和保障行政组织决策科学化和民主化。为了有效规范行政主体的决策行为,应该使反映决策内在规定性的原则、程序、方法等上升为一定的法律规范,将其纳入法律所规范和保障的行政法行为模式当中。[①] 行政组织决策法治化要求行政组织决策的主体、程序、方法、结果等必须具有一定的法律基础,防止随意决策或越权决策,充分尊重不同利益群众的意志与要求,加强行政组织决策的科学分析和利益协调,并依据法律程序进行决策,实现决策权利与义务对等、决策权力与责任结合,加强对决策者的责任追究与监督约束,从而有力地保障行政组织决策更为谨慎、更为科学、更为民主。行政组织决策法治化确保行政组织决策能依法进行,有利于公民对行政组织决策的制度化参与和法律监督,要求行政组织决策充分听取和反映人民群众的意见与要求,防止行政组织决策中出现"一人说了算"、"暗箱操作"、"凭印象、凭感觉、凭冲动"决策的人治现象。行政组织决策法治化要求建立和完善行政组织决策的专家咨询、决策议事、社会听证、决策程序、决策评估、决策公开和决策违法审问等制度,强化行政组织决策者的法律意识和责任意识,使决策者真正做到权为民所用、情为民所系、利为民所谋,能在法律规定的行政范围与职权内依照法定的决策程序进行,从而促进和保障行政组织决策的科学化与民主化,提高行政组织决策的合法性和有效性。

第二节 行政组织执行

一、行政组织执行概述

1. 行政组织执行的内涵与特点

行政组织目标的实现、决策方案的落实,关键在于有效的行政组织执行。所谓行政组织执行,是指行政组织及其行政人员依法将决策中枢系统输出的决策指令付诸实施,从而实现行政组织预期目标的行政行为,也就是把行政组织决策

[①] 参见许文惠等:《行政决策学》,中国人民大学出版社1997年版,第348页。

方案由理想变为现实的活动过程。行政组织执行作为行政组织过程中不可分割的组成部分，有其自身的内在规定性和特点，主要表现在以下几个方面：

（1）服务性。行政组织执行是行政组织决策目标的实现过程，必须服务、服从于行政组织决策的目标要求和价值取向。同时，行政组织决策是以解决社会公共问题、满足公众要求、为社会公众提供公共服务作为基本目标的。因此，行政组织决策的具体执行实际上也就是为人民服务的具体化过程，即行政组织执行不仅服务于行政组织决策指令，而且最终服务于广大人民群众。

（2）务实性。行政组织决策是行政组织过程的设计层面，而行政组织执行是行政组织过程的操作层面，是决策方案的具体落实，是行政组织主体与社会公众的直接互动，因而具有较强的务实性。行政组织执行是由一系列工作环节所构成的动态过程，需要做一系列的实际工作。

（3）法定性。行政组织执行是行使公共权威、依法对公共事务进行管理的法律行为，这就要求执行主体必须具有法定权威，执行活动的内容必须具有法律依据，对执行结果必须承担法定责任。因此，行政组织执行作为或不作为具有一定的法律规定性和强制性，应以国家公共权力为后盾，对于不履行相应义务的公民、法人或其他组织，行政机关可以采取必要的强制手段迫使其履行义务，维护行政组织行为的威严性和法律地位。

（4）连贯性。行政组织执行的连贯性体现了行政组织执行的经常性和程序性，即行政组织执行往往不是一次性工作，在贯彻执行某种特定决策指令时，还要执行大批例行性与程序性决策方案，必须完成日常的程序性和连贯性行政事务。

（5）创造性。行政组织决策目标的确定、方案的设计具有一定的前瞻性和预见性，是宏观层面的战略把握，但不可能把社会生活中的各种事务和隐性问题考虑周全，特别是针对偶发性、突发性事件和重大危机问题，这就要求行政组织执行具有一定的灵活性和创造性，需要具体情况具体分析，具体问题具体处理，因人因事而异，因时因地制宜，灵活机动，开拓创新，以追求决策目标的最终实现。

2. 行政组织执行的地位与作用

一项组织决策的制定，并不等于问题的解决，在决策和实现决策效力之间，还存在相当大的空间与差距，行政组织执行的好坏直接影响到行政组织决策的实际效果和行政组织过程的正常运转。美国学者艾利森曾指出，在达到政府目标的过程中，方案确立的功能只占10%，而其余的90%取决于有效的执行。可见，行政组织执行在组织过程中有重要地位。行政组织执行的地位与作用主要表现在以下几个方面：

（1）行政组织执行是行政组织过程的关键环节。行政组织过程的有效运行在于将决策目标与方案转化为现实行为与社会影响，能够付诸实施。执行是政府规制的关键，无力执行的裁决或判决只不过是一纸空文，而且会损害政府的形象与信誉。① 因此，行政组织执行是联系行政组织决策、组织监督与组织运行结果反馈的桥梁和纽带，是直接、具体地解决公共问题的关键环节。

（2）行政组织执行是检验决策方案优劣的实践依据。行政组织执行是行政组织决策方案的具体实践过程。实践是检验真理的惟一标准，决策方案的正确与否、效果优劣必须通过行政组织执行才能全面、客观地检验出来。

（3）行政组织执行是衡量行政组织运行成本的根本尺度。行政组织运行成效与决策方案效能的实现，在很大程度上取决于行政组织执行的科学安排与具体落实。如果行政组织执行能准确地掌握行政组织目标的实质、决策意图与内在机理，优化配置各种执行资源，充分调动行政组织执行主体的积极性、主动性和创造性，就可能高效圆满地完成决策规定的任务，实现组织目标，从而也可能弥补决策规划的缺陷与不足，提高组织运行成效和决策效能；反之，则可能使公共问题扩大化、严重化，导致公共资源的极大浪费、组织运行成本的提高、社会秩序的紊乱与社会发展的阻滞。

（4）行政组织执行是行政组织过程后继决策的重要依据。行政组织过程的后继决策以原有行政组织执行的情况及结果的反馈信息为决策依据，执行后果的好坏直接影响后继决策的内容设计和制度选择。

（5）行政组织执行是行政组织领导者的重要职责。行政组织领导者往往兼有决策权和执行权两种行政权力。行政组织领导者不仅要多谋善断、科学决策，还必须尽可能发挥计划指挥、运筹帷幄、沟通协调等作用。更为重要的是，行政领导者要身体力行、以身作责，提高自身权威，确保行政组织决策方案的有效执行，并在具体实践中亲身体验和发现行政组织决策存在的问题与偏差等。

3. 行政组织执行的基本原则

在行政组织过程中，行政组织执行的基本原则主要有：

（1）忠实原则。行政组织执行必须忠实于行政组织目标，忠实于行政组织决策的内容安排，忠实于行政组织决策的精神旨意，依据决策指令办事，而不得"有利就执行，无利就变形"或"上有政策，下有对策"。行政组织执行的范围、内容、程度等必须基本符合行政组织决策的精神和内在机理。

（2）法治原则。行政组织执行是一种合法行为，要求行政组织执行的权力设置、人事安排、机构配备等实现法治化，依法行政，防止行政组织执行中的有法不依、执法不严、以权压法、以权代法现象。行政组织执行主体的行政作为与不

---

① 朱光磊：《当代中国政府过程》，天津人民出版社2002年版，第275页。

作为的行政裁量权等必须符合法律制度要求,执行程序和标准必须具有明确的法律规定。

(3) 责任原则。责任的观点要求公共行政应该对民选的官员,特别是应该对立法者负责。[①] 在法治行政的社会里,必然要求行政组织执行主体根据执行权力的大小承担相应的责任,要求其行政行为履行相应的行政责任和法律责任。

(4) 人本原则。行政组织执行以人为主体,必然要求以人为本,尊重人的基本需要的满足和自我价值的合法实现。行政组织执行应充分调动和发挥行政人员及社会公众参与执行的主观能动性。

(5) 公平原则。新公共行政理论认为,公共行政组织的核心价值在于维护社会公平。因此,行政组织决策的具体执行必须兼顾各种社会利益需求,尽可能帮助和扶持弱势群体的利益表达与利益实现,实现社会公平与公正,做到行政组织执行的原则性与灵活性的有机统一。

(6) 效益原则。行政组织执行需要投入一定的人力、物力、财力等资源。行政组织执行的高成本、低效益必然造成行政组织内耗和资源浪费,而低效的公共服务与劣质的公共产品往往给国家和社会生产带来极大的损害或损失,因而加强成本收益分析、坚持效益原则是行政组织执行的基本要求与重要原则。

二、行政组织执行的逻辑过程

行政组织执行是由多个环节构成的有机过程,各环节之间相互作用、相互影响,确保行政组织目标的最终实现。行政组织执行是由人、财、物、信息、组织机构、实施对象、制度规定等众多要素构成的复杂的组织系统,这些要素之间的复杂关系和有机互动形成了逻辑严密的动态过程,主要包括准备、宣传、试点、推广、指挥、控制、评估、总结等一系列环节。行政组织目标实现的效果,最终取决于这些要素的功能发挥。

1. 行政组织执行的准备与宣传

行政组织执行准备、计划与宣传是行政组织决策方案实施的预备活动。执行准备主要包括以下几方面的工作:

(1) 物质准备。物质准备是行政组织执行的经济基础和物质保障,主要是指必要的经费和物质设施等。"工欲善其事,必先利其器",充足的经费开支、先进的办公设施和通讯技术将有力地保障行政组织执行的顺利推进。

(2) 组织准备。行政组织机构及其行政人员是行政组织执行的主体和责任承担者,组织执行机构的确定、人才的录用与选拔直接影响行政组织执行的组织

---

① 参见〔美〕戴维·罗森布鲁姆等:《公共行政学:管理、政治和法律的途径》,张成福等译,中国人民大学出版社2002年版,第405页。

合力和外在影响力。组织准备做到机构完备、权责对等、分工合理、奖惩适度、沟通畅通、结构合理等有利于形成团结向上、内聚力强的组织文化和组织执行力。

（3）法制准备。一般政策的决定,伴之而来的是一系列的法律规章,以界定执行政策的规范轨迹,使执行当中有法可循,有规可依,尽量不会使执行者与决策的目的拉得太远,而造成失控状态。① 行政组织决策是否合法,是否得到上级行政机关的批准与认可,决策方案可行性认证报告是否得到有关机构审批,这些准备工作直接影响到行政组织执行的合法性。同时,行政组织执行的机构设置、人事任免、制度安排、执行程序设计是否合法等,都是行政组织执行中法制准备的重要内容。

（4）学习准备。行政组织决策往往不是由执行机关直接制定的,而主要是由上级决策机关发生的行政指令,因此,行政组织决策的精神、目标、内容、范围等都必须经过执行机关及其相关人员的认真学习与深刻了解,了解国家方针、政策、法律、法规的相关规定,了解决策方案的价值导向、内在机理和政策关系,了解本组织内部及其行政范围内的实际情况,从而获得更充分的行政组织执行信息,减少和防止行政组织执行失误和信息的不完全性。

行政组织计划是根据实际情况,在学习、理解决策方案的基础上,制定旨在达到组织目标的具体行动措施和行动程序,是行政组织决策方案的具体化和细则化。行政组织计划要求实事求是、切实可行;要求计划的各分项目标既不保守,也不冒进;要求计划设计的原则性与灵活性的高度统一,行政措施要新,行政方法要得当;要求计划前后衔接,各方面统筹兼顾,理顺各种组织利益关系。

行政组织宣传是行政组织执行主体利用各种媒介对即将执行的行政组织决策内容在相应范围内宣告、教育与说服,以得到广大群众的了解、支持与推动,为行政组织执行创造有利条件。行政管理机构从事着大范围的教育和说服活动,意在说服与某一既定政策直接有关的人以及一般的公众相信这一政策是合理的、必不可少的、有益于社会或合法的;同时,告知人们这些政策的存在和意义。② 行政组织宣传主要是由行政组织执行的有关工作人员或专门的组织宣传机构依法进行,宣传的内容必须系统全面,重点宣传行政组织决策的实践和理论价值,宣传国家方针与法律法规,宣传行政组织决策的目标、实施范围、资源状况、分配原则及组织执行的预期效果等。有效的行政组织宣传应使行政组织执行人员与社会公众深刻体会到行政组织决策与执行的必要性、紧迫性和现实性,明确行政组织决策与执行的针对性、有效性和长远性等,使公众能积极参与和主动配合行政组织执行工作。行政组织宣传应坚持正面教育、个性化宣传和充分

---

① 参见谢庆奎等:《中国地方政府体制概论》,中国广播电视出版社1998年版,第426页。
② 参见〔美〕詹姆斯·安德森:《公共决策》,唐亮译,华夏出版社1990年版,第148页。

利用一切传播媒介与手段,同时,应注意宣传的适度性、及时性、有效性和成本节约。

2. 行政组织执行的试点与推广

行政组织试点是行政组织执行的重要方法和基本组成部分。行政组织试点尤其成为我国公共行政组织过程的重要特色和优良传统,是为了保证行政组织执行的有效性、合理性和科学性而先对部分执行客体实施行政组织决策方案,以获得全面推广的初步经验和评估资料。科学有效的试点安排有利于减少行政组织执行风险,使决策执行失败带来的损失减少到尽可能低的程度,有利于降低组织执行成本;同时,通过试点以获得检验决策方案是否有效以及进一步了解实际情况的真实性与可行性,便于行政组织决策方案的有力执行或修正与改善。试点可根据行政组织决策与执行的基本要求选取典型部门、典型地区或典型单位作为试点对象,制定合理的试点方案,并进行各方面试点的情况摸底与测试分析。最后,应根据试点情况进行科学总结,试点结果要求实事求是、综合调查、深层发掘和系统思考。

行政组织决策方案的全面推广是行政组织执行过程中变量最多、操作性最强、涉及面最广、难度最大的组织活动环节,全面推广要求把握重点和解决难点相结合,宏观规划和微观调节相结合,效率优先与兼顾公平相结合,行政强制执行与法制、经济、政治、教育等手段的综合运用相结合。全面推广在行政组织过程中时间最长、影响最广、情况最多、环节最复杂,必然要求行政组织执行主体在这一阶段加强政策宣传和思想教育,加强行政组织执行中的信息沟通与利益协调,尤其要加强行政组织执行的指挥与控制,确保行政组织执行的顺利推进和组织任务的圆满完成。

3. 行政组织执行的指挥与控制

行政组织执行在于依靠行政权力充分调动各级、各类执行主体与客体对决策执行的积极性、主动性和创造性,以最大程度实现行政组织目标。因此,行政组织执行必须由统一的意志和权威来进行正确指挥和有效控制。

行政组织指挥是行政组织领导机关和行政组织首长依照法定权威,通过安排、命令、引导、调度、划拨等方式推动行政组织内部有效运转、相互配合,使内部行政人员与行政组织执行客体朝着共同的组织目标奋斗的行为过程。行政组织指挥是行政组织决策有效、有序执行的前提条件与根本要求,是领导作用在行政组织执行中的直接体现。有效的行政组织指挥是行政组织执行的发动机和遥控器,是行政组织目标实现的强大推动力和影响力,是使行政组织活动沿着正确方向与轨道前进的火车头;有效的行政组织指挥可以使行政组织中财力、物力、人力、信息等资源得以优化配置、合理利用和有效开发,减少组织内耗和行政组织执行成本;有效的行政组织指挥可以激发行政组织执行人员与广大人民群众的组织士气与群众动力,发掘潜在的工作积极性和创造力。行政组织指挥需要有足够的领导权威,领导权威是行政职权和领导威信的结合,是法定权力与领导艺术的升华。法定的行政权力来自行政领导者的职位、职权和职责的大小,而领导者的威信则来自其卓越的领导才能、崇高的领导品格、良好的组织才能、敏锐的组织洞察力、非凡的领导业绩以及领导者与下属及群众的亲密关系等因素的高度综合。行政组织指挥需要具有一定的指挥能力与指挥方法,行政领导的指挥能力直接反映领导者或领导集团是强还是弱、是好还是差。[①] 为了保证有效指挥,要求行政组织指挥切勿盲目指挥或瞎指挥,方向越强,目标越明,力度越强,指挥越有效;要求行政组织指挥坚定果断,要有充足的知识准备和思想准备,要有丰富的实践经验和渊博的学识,既要有战略眼光,又要有战术头脑,看准之后必须意志坚定、态度明确、信心充足,不为流言所动,不为困难所伏,不为压力所乱;要求行政组织指挥统一、具体、简明、扼要,而不可政出多门、多重领导、越权指挥。

行政组织控制是指在行政组织决策的执行过程中,执行机关及其工作人员根据行政组织目标要求,对执行情况与效果进行测定,依据一定的执行标准,及时发现问题并争取有效对策,调动相关工作人员努力工作,从而使行政组织执行不断向前推进的行为过程。行政组织控制对于搞好行政组织执行工作、完成组织执行任务、防止组织执行失误、减少组织内耗意义重大。许多管理学家都视控制为组织过程中最重要的环节,强调控制在组织决策执行中的重要地位与作用,强调控制对于明确行政组织目标、把握行政组织执行方向、提高行政组织效益的重要保障作用。行政组织控制的过程一般包括三个步骤:

(1)确定标准。标准是衡量行政组织执行效果的规范与准则,是在一个完整的行政组织执行计划中选出的对工作效果进行科学计量的关键点。控制标准要求达到定性与定量的结合、客观公正与内容详尽的统一。

(2)衡量成效。即根据控制标准,客观地检查和评估行政组织执行状况及其效果,科学分析和认真研究执行效果与既定组织目标之间的偏差及其产生的原因,并对偏差的性质、程度、范围和影响进行全面分析与评价。

(3)纠正偏差。根据偏差产生的性质进行纠正,通常有两种情况,一种是通过改变或调整目标来消除偏差;另一种是通过改变控制能力来满足目标要求。

行政组织控制的方式主要有三种:

(1)前馈控制。也称预先控制,即在行政组织执行的准备阶段进行控制,以保证未来组织执行结果能达到组织目标的要求,尽可能防患于未然,减少执行误差。前馈控制把重心放在流入组织的人力、物力和财力资源上,其目的在于通过

---

① 参见张国庆主编:《行政管理学概论》,北京大学出版社2000年版,第304页。

保证高质量的投入来预防问题的发生。①

（2）目标控制。也称目标管理，即通过相互衔接、相互制约的目标体系来实施控制。

（3）反馈控制。也称事后控制，是在行政组织执行任务完成之后进行控制，尽可能去检查行政组织执行是否按期待的方式进行，衡量最终结果是否有偏差，并以此为依据对行政组织执行主体相应的业绩进行考评。

4. 行政组织执行的评估与总结

在行政组织执行过程中，评估是运用科学的方法、标准和程序，对行政组织主体的业绩、成就和行政行为等方面的绩效评价，对行政组织执行过程的各个阶段、各个环节的组织执行情况、效益与价值的检测和判断。评估是以结果为导向的现代行政组织管理的基本要求，是促进行政组织领导者对组织决策执行情况的科学指导与严密监督，是推进公共服务供给中市场机制和个人选择引入、加强公民参与、实现消费者主权和公众主权的重要途径，是增强执行主体的竞争意识、危机意识和成本意识，克服官僚主义，防止权力腐败，改善服务质量，提高行政效率的有效方法。行政组织执行评估从不同角度可以分为不同的类型，根据评估的组织形式可分为正式评估和非正式评估；根据评估机构的地位可以分为内部评估和外部评估；根据评估的时限可以分为短期评估、中期评估和长期评估；根据评估的指标可分为定性评估和定量评估等。

总结是行政组织执行工作的最后环节，是根据行政组织决策方案的执行情况以及组织执行评估结果进行系统的客观衡量与理性反思，肯定成绩、检讨缺点、总结经验教训，是对组织决策方案的修正、补充、完善或终止等处理的基本要求，是为后继政策的制定提供宝贵经验的重要环节。由于行政组织过程是不断连续、环环相扣、螺旋式上升的组织运动过程，一项决策方案的完成并不标志组织职能的消失，行政组织决策问题的复杂性与行政组织职能履行的长期性决定了行政组织过程存在的持续性和动荡性。因此，行政组织执行的工作总结不仅对执行活动总结，尤其也与决策活动和监督活动紧密相联，是行政组织过程中阶段性成果总结的根本要求。总结的内容主要包括对执行情况和评估结果的科学分析与定性判断、对执行活动的业绩评定和责任追究、对执行活动经验与教训的有效吸取与深刻反省、对决策方案的调整与终止等理性选择与系统研究等。总结的原则主要有：领导控制与群众参与相结合、个人总结与组织总结相结合、定量分析与定性判断相结合、现实总结与面向未来相结合、自上而上与自下而上相结合等。

---

① 〔美〕理查德·达夫特：《管理学》，韩经纶等译，机械工业出版社2003年版，第599页。

三、行政组织执行的组织冲突及其调适

行政组织执行依博弈论的观点来看,是执行主体与客体之间依据一定的游戏规则进行讨价还价的政治过程,在这个过程中不免发生各种各样的矛盾与冲突,因而可能严重影响到行政组织执行的公平性、公正性和有效性。耗散结构理论认为,任何生物机体或社会组织都是一种空间有序、时间有序和功能有序相结合的非平衡的耗散结构。耗散结构理论的涨落等相关方法有效地分析和说明了组织冲突与组织涨落之间的密切关系。组织冲突表现为微观层面的组织目标偏离,组织涨落表现为宏观层面的组织状态偏离,微观组织冲突在一定条件下的时间与空间积累就可能导致组织涨落,即宏观组织冲突。行政组织作为最重要的社会组织,受非平衡、非线性以及自组织演化等耗散结构规律的作用,必然引发组织目标、组织状态的偏离,从而引发行政组织冲突。所谓行政组织冲突[1],是行政组织中的个人与个人之间、个人与团体之间以及团体与团体之间,因意识、目标和利益等因素的不一致而引起的观念、态度和行为等方面的彼此抵触、争执或攻击。

行政组织冲突在具体的行政组织执行过程中表现尤为明显,依其产生的根源分析,主要存在如下几种类型的冲突:

(1) 利益冲突。行政组织执行是公共利益的运动过程,利益是影响和制约行政组织执行最直接、最有效的力量,行政组织执行作为公共利益与稀缺资源权威性分配的组织活动,必然引发一部分人利益受损而另一部分人利益增进,从而可能引发组织矛盾与冲突。由于利益结构分化、利益主体和利益要求的空前复杂化、多样化利益格局规定的不明确和资源的稀缺性等原因,不可避免会产生利益差异、利益矛盾和利益冲突。在国家行政组织中,利益经常表现为表扬、记功、通令嘉奖、提级、提职、调换重要岗位等,而机关的职级、工资总额、经费、岗位等都是有限的,这就难免要发生冲突。[2] 在行政组织执行过程中,利益冲突主要表现为上级行政机关与下级行政机关的利益冲突,"条条"、"块块"之间的利益冲突以及行政组织决策者、执行者与目标群体之间的利益冲突等。

(2) 目标冲突。行政组织目标客观上存在全局目标与局部目标、个人目标与组织目标、长远目标与近期目标、公平目标与效益目标、经济目标与社会目标等区别或差异,因目标不一致而导致行政组织执行方向不够明晰,行动不够统一而引发组织冲突。

(3) 制度冲突。政策执行人员经常不止从一个来源那里接到相互冲突的政

---

[1] 参见彭国甫:《行政组织学》,湖南师范大学出版社1990年版,第267页。
[2] 参见张国庆:《行政管理中的组织、人事与决策》,北京大学出版社1998年版,第226页。

策指示。① 行政法律、法规、政策等制度规范上的冲突往往使行政组织执行人员无所适从、左右为难。行政组织法律制度等规定存在地方性法规与行政规章、地方立法与中央政府立法等方面的制度安排上的矛盾与冲突,就制度冲突的具体内容而言,既有实体方面的冲突,也有程序方面的冲突;既有行政法律关系主体在承担法定义务的条件、数量、范围、手段、期限等方面的冲突,也有行政法律关系主体在享有权利方面的冲突;既有行政法律规范中行为模式的冲突,也有行政法律规范中法律后果的冲突等。

(4) 道德冲突。行政组织道德是行政组织执行主体在行政组织活动中应遵循的职业道德准则和伦理规范,是以"道德命令"的方式,通过个人内心信念、社会舆论和职业道德传统等对行政组织执行主体的行政行为施加影响的行为规范过程。行政组织执行中存在着个人道德与行政职业道德、传统行政道德与现代行政文化创新等方面的矛盾与冲突,如因循保守心理与开拓创新精神的冲突、中庸思想与竞争意识的冲突、等级意识与公平理念的冲突、强调民为邦本与经济人格的冲突、集体主义价值观与正当追求个人需要满足的冲突等。

行政组织冲突在行政组织执行过程中是客观存在的行政现象。传统行政理论认为,行政组织冲突可能引发行政组织过程的不稳定、混乱、对抗、破坏乃至组织分裂等消极后果,必须加以克服与否定,并将化解矛盾与冲突作为行政组织过程中系统与环境保持平衡的根本方法。但实践证明,行政组织冲突在行政组织执行过程中具有破坏性和建设性两方面的影响与作用。破坏性冲突又称"功能失调性冲突",其主要影响结果表现为行政组织执行者之间、执行者与决策者之间、目标群体之间的相互对立,信息沟通阻塞,功能内耗,并视冲突对方为势不两立的敌对势力或异己力量而相互排斥、仇恨和抵制,因而最终可能导致行政组织执行偏差或失败,影响到组织目标的最终实现,造成行政组织执行中资源的耗费与执行成本的提高,加重国家与社会负担,还可能引发权力腐败和政府"寻租"、"招租"等现象,也可能导致整个组织系统的崩溃与瓦解,影响政治稳定和社会发展。而建设性冲突作用主要表现为行政组织冲突的积极影响。福莱特认为,冲突是一个要素,存在于相互作用的期望之中,它并非只具有破坏性,同时也具有建设性。冲突作为表现和累积差别的要素,也可能成为组织健康的标志和进步的象征。② 建设性的行政组织冲突有利于"促进联合,可以加强群体间的内部凝聚力,以齐心协力共同战胜外在压力"③,表现为"兄弟阋于墙,外御其侮";有利于行政组织之间政令畅通、信息对称、协调一致;有利于行政组织结构与功能

---

① 参见〔美〕查尔斯·林布隆:《政策制定过程》,朱国斌译,华夏出版社 1988 年版,第 84 页。
② 参见丁煌:《西方行政学说史》,武汉大学出版社 1999 年版,第 149 页。
③ 唐兴霖主编:《公共行政组织原理:体系与范围》,中山大学出版社 2000 年版,第 287 页。

运行的严谨有序,减少内耗和执行障碍,相互之间还能增加协作与创新,提高行政组织执行的有效性和科学性;有利于对行政组织执行人员加强控制与监督,提高领导者权威和指挥的时效性等。

行政组织冲突有利也有弊,采取必要的调适对策或策略,尽量减少破坏性冲突或化阻力为动力,科学利用和有效调适建设性冲突等具有非常重要的理论意义和现实意义。一个组织要不断修改那些窒息组织空气、压制民主、束缚成员创造性的规章制度,不断制造出建设性冲突,减少破坏性冲突,从而保持组织生气勃勃的活力。① 因此,对行政组织破坏性冲突应当采取以下几种对策进行有效调适:

(1) 谈话协商。冲突双方或互派代表通过谈话协调与商讨,使冲突问题得以和平解决。

(2) 仲裁调解。由仲裁者出面进行仲裁调解。

(3) 行政裁决。由上级行政主管部门按"下级服从上级"原则,借用行政权威作出冲突结果的行政裁决方案以强制冲突双方执行。

(4) 组织重塑。通过人事更新、角色互换或结构再造等行政组织重塑以解决组织冲突。

(5) 政治教育。针对冲突产生的原因,对冲突双方加强思想政治教育工作,使其树立正确的行政组织道德观念,培养集体主义精神和团队合作理念,加强对行政组织目标和行政组织执行情况的了解与宣传,营造行政组织执行的民主氛围,从而使破坏性冲突得以自觉、主动地消除或避免。

对行政组织建设性冲突应尽可能合理利用和有效培养,以使行政组织执行过程充满活力和有效竞争,提高行政组织运行效率,使行政组织目标得以顺利实现,主要策略有:

(1) 加强制度创新。通过制度创新与合理安排来明确规范行政组织执行主体的行为职责与权限,实现依法行政和公开行政,并通过奖惩制度的明确规定来培养组织的竞争力和创新精神。

(2) 加强教育培训。通过加强行政组织干部的培训和职业教育,使其增强法制意识、效率意识、责任意识,增强信息获取与沟通能力,倡导创新精神,自觉认识到行政组织目标对其自身价值实现的一致性、重要性和可能性,使其主动避免破坏性冲突,并科学利用建设性冲突作用,培养正当的竞争心理、贡献心理和发展心理。

(3) 加强监督控制。行政组织领导者要加强行政组织执行的目标管理和绩效考评,加强对行政人员思想作风和行政行为的监督、考核与控制,使行政人员

---

① 参见竺乾威主编:《公共行政学》,复旦大学出版社 2000 年版,第 44 页。

能把个人目标与组织目标统一起来,把眼前利益与长远利益、个人利益与公共利益统一起来,把个人努力与团队合作统一起来,提高行政组织执行的合法性、有效性和合理性,加强对行政组织冲突的法律监督和科学控制,最终确保行政组织过程正常运行和行政组织目标的最大实现。

第三节 行政组织监督

一、行政组织监督概述

1. 行政组织监督的内涵与特点

行政组织监督是行政组织过程的重要组成部分,是依法治国、依法行政的根本保证。现代行政组织监督在我国学术界有各种不同的解释,狭义上的行政组织监督是指行政组织对自身及其行政人员的职务行为和行政行为所实施的监察和督导。本节对行政组织监督作广义上的理解,即行政组织监督是指有关国家机关、社会组织或公民对行政机关及其行政人员在行政组织运行过程中的职务行为和行政行为进行的监视、检查与督导,以使行政机关及其行政人员正确行使公众赋予的权力,优质高效地完成行政组织目标。

行政组织监督的特点主要有:

(1) 监督对象是行政机关的行政行为和行政人员的职务行为。

(2) 监督主体具有广泛性,包括国家权力机关、司法机关、国家特设的行政机关、政党、社团组织和人民群众等。

(3) 监督宗旨是保障社会主义民主与法制,促进行政机关及其行政人员依法行政、合理行政、优化行政,提高行政组织运行效率,推进廉政、勤政建设。

(4) 监督性质是监督主体对行政机关及其行政人员的法制监督。

2. 行政组织监督的基本功能

行政组织监督在国家政治生活和行政组织过程中具有非常重要的地位与作用,是使国家行政机关及其行政人员切实做到依法办事、依法行政,清正廉洁,严格履行行政职能,预防和克服官僚主义,防止权力异化与腐败的根本保障。行政组织监督的基本功能主要表现在以下几个方面:

(1) 保障功能。行政组织监督保证人民赋予的权力按照人民的意志行使,使人民的意志制度化、程序化,并且将它体现在公共权力运行机制之中,规范和制约被监督者的行为,保证国家行政机关及其行政人员忠实地为人民服务,为公共权力的科学、合理、正常运行提供保障,保障人民群众当家作主的民主权利真正落到实处。

(2) 防范功能。行政组织监督把被监督者所拥有的权力与所担负的行政组织职责联系起来,并通过一系列制度安排使之内化为一种自律,使行政人员自觉按照道德规范、纪律和法律的规定,对自己的行为进行自我评价、自我约束、自我调整、自我防范,使行政人员以负责的精神审慎地使用权力,防范公共权力异化和行政腐败等行为产生。

(3)控制功能。行政组织监督的主要任务是审查行政机关及其行政人员的行政行为和职务行为的法律依据,评价行政组织活动的法律后果,对行政组织运行中的失误和偏差进行督促与纠正,对严重违法乱纪的现象依法处理和有效监控,以保证行政行为的合法性、正确性和有效性,维护宪法、法律、法规的权威性和严肃性。

(4)反腐倡廉功能。行政组织监察严格按照《行政监察法》的有关规定,加强检查监督,表彰廉洁奉公、忠于职守的人员,严肃惩治违法乱纪行为,反对腐败,反对权力异化和官僚主义,从而有力地推进廉政作风建设,确保行政组织过程的有效运行。

3. 行政组织监督的基本原则

行政组织监督原则是指反映行政组织监督活动客观规律、用于指导人们正确处理监督活动中存在的问题与矛盾,以保障行政组织监督达到预期目标的行为准则,是行政组织监督活动客观规律的真实反映,是正确、有效、合法实施监督的基本前提和根本要求与保证。行政组织监督应遵循以下基本原则:

(1)公开性原则。国家行政机关及其行政人员的职务和行政活动必须依据法律的规定在一定范围和时限内公开,使监督主体全面了解监督对象的言行举止,实现行政组织过程的公开化、干部人事管理的分开化和办事制度与办事结果的公开化。

(2)客观性原则。行政组织监督主体在实施监督行为的过程中,始终实事求是,一切从客观实际出发,切实了解和掌握监督对象的真实情况,正确分析、科学评价和客观判断,从而实现监督过程、内容、方式、结果等的客观性。

(3)法制性原则。监督主体要依据法律赋予的职务和法律规定的程序开展监督工作,以宪法、法律规定作为监督准则,并依照法定程序进行,使监督过程、程序、方式法制化和规范化。

(4)参与性原则。在监督活动中,必须发动和依靠人民群众的监督力量,通过各种形式与渠道,吸引、鼓励和领导广大人民群众合法参与到监督工作中来,充分体现监督过程中人民群众的政治参与权力和群众参与的有效作用。

(5)时效性原则。监督活动必须及时有效、时机恰当、监督迅速、措施得力、回应及时、效果明显,从而使被监督者的不当或违法行为得到及时有效的制止、防范和矫正。

二、行政组织监督的内容及其过程

1. 行政组织监督的主要内容

行政组织监督的内容是由行政管理职能的性质特点和作用目的决定的。基于行政组织过程的复杂性和广泛性以及行政权力的单方性、强制性和主导性,行政机关的行政行为和行政人员的职务行为的违法、失职、失误以及损害公民合法权益的现象时有发生,以法律为武器,以监督为手段,防止、纠正、制裁行政机关及其行政人员的不当、违法乱纪等行为,以促进依法行政、高效行政、廉洁行政,保障公民的合法权益等成为行政组织监督的基本目标和核心内容。行政组织监督的主要内容有:

(1) 检查、监督行政机关和法律授权的或行政机关委托的组织及其行政人员贯彻执行国家法律、法规以及行政命令的情况。

(2) 审查行政机关和法律授权的或行政机关委托的组织及其行政人员行政执法活动的法律依据。

(3) 监督、审查享有行政立法权的行政机关制定、发布行政法规、规章活动的合理性和合法性,评价行政机关和法律授权的或行政机关委托的组织及其行政人员的行政执法活动的合法性和合理性。

(4) 检查监督行政机关和法律授权的或行政机关委托的组织及其行政人员保障公民申诉、控告、检举等权利的有效行使情况和对行政机关及其行政人员违反国家法律、法规以及违反党政纪律行为的检举、控告、调查处理等。[①]

行政组织监督内容体现了行政组织监督体系的基本构成,由行政机关以外的监督主体构成的行政组织外部监督和由行政机关内部监督构成的行政组织内部监督构建了行政组织监督的有机系统。

2. 行政组织外部监督

行政组织外部监督主要包括国家权力机关监督、政党监督、司法监督和社会监督等。

(1) 国家权力机关监督。又称立法机关监督,指国家权力机关通过行使计划审定权、法制审查权、人事罢免权、质询权、视察权、检查权等形式,对行政机关及其行政人员的行政行为从立法管辖和审查的角度进行宏观督促和制约。这种监督体现了立法权对行政权的制约,是具有最高法律效力的监督。

(2) 政党监督。我国政党监督包括中国共产党的监督和民主党派的监督。中国共产党的监督主要通过执政领导进行政治监督、思想监督和组织监督等专门监督,实现党对行政机关及其行政人员执行党的方针、路线、政策等情况的监

[①] 参见夏书章主编:《行政管理学》,中山大学出版社2003年版,第300页。

督。各民主党派主要通过政协参与行政监督,包括监督国家宪法与法律、法规的实施情况,党和国家重要方针政策的贯彻执行情况,行政机关及其行政人员依法行政、廉洁勤政等情况。

(3) 司法监督。即司法机关通过司法手段和司法程序对国家行政机关及其行政人员行政行为的监督与限制。① 人民检察院通过行使法律监督权和法纪检察权,对触犯刑律、已构成犯罪的行政机关工作人员进行侦查、批捕和提起公诉。人民法院通过审理与行政机关及其行政人员有关的案件,处罚行政人员违法犯罪行为,实施对国家行政机关的监督。

(4) 社会监督。即社会公众、社会团体和社会舆论机构通过一定的法律程序和途径,争取用各种方式,如投票、讨论、协商、控诉、抗议、建议、批评等形式对行政机关及其行政人员的行为进行监督。

3. 行政组织内部监督

在行政组织内部,信息沟通顺畅、联系密切、容易发现问题并能及时处理监督问题,有利于提高行政组织监督效率,提高法制意识和政治责任感,因而行政组织内部监督具有及时、直接、快捷、主动、全面等优点。行政组织内部监督主要包括一般监督、业务监督和专门监督等三个方面。

(1) 一般监督。即上级机关依据行政隶属关系对下级行政机关的监督。上级行政机关有权改变或撤销所属行政部门的不适当命令和指示,这是自上而下的监督;下级行政机关也有权向上级行政机关提出批评、建议,履行自下而上的监督。

(2) 业务监督。它主要分为主管监督和职能监督,主管监督是上级行政机关对下级行政机关的业务监督,而职能监督则是部门之间的业务监督,还有些政府部门就主管业务在其职权范围内对无隶属关系的行政部门进行监督,包括对平行关系和上下级关系的政府职能部门的监督。

(3) 专门监督,即由政府设立的专门机关独立行使监督权,对所有部门的行政工作实行专业性分工的监督,如行政监察和审计监督等。

4. 行政组织监督的逻辑过程

行政组织监督是行政组织过程得以有效运行的重要保障,伴随行政组织过程的始终。然而就自身而言,行政组织监督是其内在活动特性与规律的逻辑反映。行政组织监督的逻辑过程主要包括以下几个环节:

(1) 确定监督目标。监督目标的确定,直接关系到行政组织监督的方向、价值和结果,有利于增强行政组织监督的主动性和自觉性,保证监督活动的有序开展并取得最佳的监督效果。确定监督目标必须建立在广泛获取监督对象信息和

---

① 参见彭国甫主编:《现代行政管理新探》,燕山出版社1998年版,第219页。

了解实行情况的基础上,要求监督目标正确、具体、可行,符合监督的相关法律规定,符合当地实际情况,有利于提高行政组织运行效率和依法行政,防止权力腐败等。

(2)规划监督方案。监督方案是监督主体可以依法实施的基本根据和重要措施。规划监督方案要求具有目的性,能产生实际的监督效果,并尽可能解决实际问题,防止行政组织运行问题的严重化和扩大化,增强监督的矫正、预防功能;要求具有可行性,即具有实施的可能性,具备实施方案的各种客观条件,符合党的路线、方针、政策和国家法律法规的规定,也有利于节省监督成本、提高监督效益。规划监督方案还要求具有时效性,监督及时,做到防患于未然,能进行实时控制。

(3)实施监督方案。即依据一定的监督标准实施监督方案的具体化过程。监督方案的实施要求制定监督计划,动员组织监督力量,更为重要的是,加强对监督过程的控制,以便及时采取措施,消除监督过程中发生的各种偏离监督目标的现象,保证监督取得实质性效果。

(4)评价监督效果。即对监督所取得的成效进行评价与考核,总结行政组织过程中存在的问题与经验教训,并依法对监督结果进行处理。

三、行政组织监督机制的建设与完善

行政组织监督机制的建设与完善是促进行政组织机关依法行政、廉洁行政和合理行政的重要保障,是由特定的监督主体按照一定的监督法律法规行使行政监督权,确保监督公正、公平,达到预期监督效果,实现监督目标的必然要求。建立、健全行政组织监督机制,可以协调和理顺各监督主体之间的关系,减少监督内耗与摩擦,防止监督失范与失控,使各监督主体之间信息畅通、监督有力、功能互补、行动统一,促进行政组织监督的法制化、合理化和科学化。行政组织监督机制的建设与完善也是防止官僚主义、打击腐败分子、促进廉政建设和提高行政效益的战略选择。

由于各种原因,当前我国行政组织监督存在许多问题,具体表现为:

(1)监督观念淡化。部分行政组织监督人员在监督过程中为了明哲保身,对被监督者的不法行为视而不见,甚至知法犯法,寻租腐败,或作应付式监督,法制观念不强,监督意识模糊,监督信念动摇。

(2)监督合力不强。在行政组织监督过程中,各种监督力量没有得到有效整合,分工不合理,责任不明确,以至于发生越权、滥用监督权、互争管辖权或责任推诿等,造成"虚监、弱监、漏监"等现象。监督合力不强,严重影响了行政组织的监督力度与实效性。

(3)监督法制短缺。监督主体履行监督职能必须以有关法律制度的规定为

准绳,否则就会造成监督主体无法可依。缺乏监督标准与依据,监督主体便难以有效地行使监督权力,对腐败现象的监督或惩处也缺乏有效的法律依据和法制手段。

(4) 监督体制不健全。由于绝大多数行政监督机构均隶属于各级政府,属各级政府的"内部监督机构",在同级行政机关和上级行政业务部门的双重领导下,难以从全社会和宏观上实现有效监督,在组织上和经济上缺乏应有的地位和必要的独立性,因而在办案过程中容易受到行政官员长官意志的干扰,难以独立地行使监督权。

(5) 监督程序不通畅。行政组织监督偏重于事后的追惩性监督,忽视了事前的预防性监督与事中的过程性监督。传统监督机制忙于"查错纠偏",陷入被动、消极地位,导致行政组织监督不正常、不连续,缺乏畅通的程序监督。

为了提高行政组织监督的有效性和科学性,防止和遏制公共权力腐败,促进行政组织过程正常运行,实现依法行政、依法治国,并针对当前我国行政组织监督存在的问题,应重点建立和完善以下几种有效的行政组织监督机制:

(1) 健全监督独立机制,提高监督主体的法律地位。行政监督机构保持独立是各国行政组织监督公认的基本原则。如果监督主体事事、处处受到牵制,不能独立行使监督权,那么就形同虚设,无法树立起应有的权威,无法发挥震慑作用。①改革行政组织监督的双重领导体制,建立行政组织监督的垂直领导体制,使行政组织监督机构能在组织上和经济上保持一定的独立性,从而独立履行行政组织监督职能。

(2) 建立监督协调沟通机制,提高监督主体的信息沟通和监督聚合力量。由于监督主体、监督方式、监督渠道繁杂,加之分工不合理、责任不明确,导致功能内耗或监督失控与"真空",这就需要建立相对独立的行政监督协调委员会、廉政建设信息交流中心、行政监督网络等,实现监督公开化和监督信息化,加强各监督主体之间的信息互动与监督力量聚合,提高监督的有效性。

(3) 强化权力制约机制,提高监督机关的权威性。要以权力制约权力,就必然要求制约权力的监督权应大于或至少应独立地平行于被制约的权力,否则,监督权就难以充分实现。如赋予人大实实在在的最高行政监督权,保证人大及其常委会对整个行政组织过程真实有效的法律监督,强化纪检、监察机关的权威,并进一步加强司法监督的权威性、独立性和强制性。

(4) 完善行政组织监督的法律条例,加强行政组织监督和廉政建设的法律地位。通过立法和相关法律制度的安排与创新,增强行政组织监督的公正性、公开性和合理性。

---

① 参见荣仕星、钟敏:《政坛永恒的话题——民主监督》,法律出版社1998年版,第71页。

（5）落实监督教育机制，提高监督人员素质。要想充分发挥行政组织监督的作用，确保监督工作运行的有序性和时效性，需要建立一支高素质的行政组织监督干部队伍，通过落实监督教育机制，真正贯彻落实"教育为主，预防为主"的方针，抓好监督人员的专门教育和业务培训，提高监督主体的工作能力和业务水平，增强为人民服务的监督意识。

（6）完善社会监督机制，提高群众参与监督的积极性和主动性。邓小平指出：要有群众监督制度，让群众和党员监督干部，特别是领导干部。结合我国实际，要根据宪法的规定制定和实施民主监督法律，培养和提高公民参与监督的民主意识，明确民主监督的范围，制定严密的民主监督程序与监督制度，从而提高社会公众监督、社会团体监督和社会舆论监督的积极性和主动性，提高社会监督的效果与质量，为真正实现和推进依法行政、依法治国，促进和保障行政组织过程的高效、正常和制度化运行，为建设社会主义法治国家和全面建设小康社会服务。

第六章　行政组织沟通

在现代公共组织理论中,组织沟通是一个十分重要的组成部分。有效的组织沟通往往被形容为组织中流动的血液,是保证整个公共行政管理系统统一指挥与行动、消除隔阂与误会、确保工作效率、实现高效能管理的重要环节。

第一节　行政组织沟通的含义与类型

一、行政组织沟通的含义

从词源上理解,"沟通"对应的英语单词是"communication",也可以译为"传播"、"交流"、"通讯"等等。而"communication"一词源于拉丁文"communicare",意思为"使共同"。所以,从字面的解释来看,"沟通"强调的是"共享"。组织沟通主要指管理者们使用业已建立的系统在组织内外部传递和接收信息的过程[1]。而所谓行政组织沟通,是指在行政管理活动中,行政组织与外界环境之间,行政组织内部各部门、层级、人员之间信息的交流与传递过程。它包含人际沟通,但更有组织结构化、非人格化的特性。

在吉列斯(Gillies)看来,组织沟通的特质主要表现为:
(1) 沟通是一种过程;
(2) 沟通会受噪音干扰;
(3) 沟通是讯息的传递;
(4) 沟通可以运用语言与非语言的讯息传递。[2]

除此之外,随着人类科学技术的飞速发展,社会生产力得到了飞跃式的进步,从而从根本上推动了现代社会的进程。与之相适应,国家的社会公共管理功能也在不断强化,在西方甚至出现了"行政国家"的现象,这些变化说明当代行政组织沟通呈现出新的特点与趋势。

1. 行政沟通出现扩大的趋势,重要性增强

随着社会、经济等各领域的拓展,公共行政管辖范围扩大,当代政府职能空

---

[1] See Douglass L. M. The Effective Nurse: Leader and Manager. St. Louis: The C. V. Mosby Company, 1980.

[2] See Gillies D. A. (1989). Nursing Management: A Systems Approach. Philadelphia: W. B. Saunders, 1989.

前膨胀。为了应付各类公共事务,维护国家基本的社会秩序,相应地,行政组织机构也逐渐庞大、复杂。此外,公共事务表现出日趋繁复的特点,已经不是一个机构能够解决的,往往需要几个或多个行政机构联合处理。所以,各部门、机构间的有关情况、问题、经验以及各类其他信息的交流沟通显得尤为重要且频繁。有时,行政沟通的水平还决定了行政管理活动的优劣。

2. 行政沟通的形式多元化,横向联系增多

由于行政组织从上到下严格的层级结构,一直以来,纵向的组织沟通是最主要的沟通形式。但是,随着行政机构本身的扩大、工作人员的增加、处理事务的复杂多样,传统的由行政领导拍板包办的做法已经不合时宜,需要多样化的沟通方式来满足现实工作的需要。其中,组织机构间的横向协调合作成为一种发展趋势,行政机构间、部门人员间的横向交流联系和信息沟通逐渐增多。横向沟通一方面能促使行政机构和部门人员取长补短、相互学习、相互促进;另一方面对于激发行政人员的积极性、增强参与度、提高行政效率也是十分有利的。横向组织沟通在公共行政管理活动中扮演着越来越重要的角色。

3. 高新技术手段在行政沟通中的应用日益广泛

现代科技的发展影响到我们生活的方方面面,在公共管理领域,科技也正发挥着不可忽视的作用。表现在行政沟通方面,主要是现代高新技术在传统的沟通方式基础上增加了很多新的沟通手段和媒介,使传统的沟通变得更为方便快捷。尤其是网络技术和多媒体技术在行政沟通领域的应用,跨越了时间与空间的限制。很难想像在古代一纸公文要经过几个月的快马加鞭才能传到,而在现今通过网络技术只要几秒钟的时间就能完成,这巨大的变化主要依赖于现代科学技术的发展。把科技运用到行政沟通活动中,大大提高了行政效能,是未来的发展方向之一。

4. 信息反馈成为行政沟通中越来越重要的一个环节

在传统的行政沟通中往往会忽略信息的反馈,似乎只要把信息传送给接收者,沟通就已完成,没有专门负责反映沟通效果的机制。而事实证明,行政沟通过程中适时的反馈实属必要。通过沟通者双方或多方间的信息交流与反馈,可以发现沟通中存在的问题,弥补信息的失真和欠缺,检验政策、任务的执行与完成情况,切实加强和改进已有的行政管理工作。所以,在现实需要的推动下,信息反馈正由过去的数量少、速度慢、质量差、走形式主义向如今的数量多、速度快、效率高、重实质效果转变。

5. 非正式沟通的普遍性、重要性逐渐显现

在行政组织沟通中,非正式沟通始终存在,其兴衰程度随着组织气候的改变而发生变化。它的存在有利有弊,关键在于正式的组织系统和领导者如何加以准确的控制和引导。当前的组织民主程度较为充分,开放度与宽容度也比较高,

非正式沟通也比较普遍。在这样的情况下,只要注意非正式沟通的大致倾向,避免组织内小道消息和不良话题的泛滥,就不会造成什么不良后果。同时,必要的非正式沟通还是组织健康发展的润滑剂。存在于组织成员间的非正式沟通能够消除人们的紧张压力,增进彼此间的了解与友情,无形中增加组织的向心力。适当运用非正式沟通还能为组织的正式沟通作好铺垫,使公共行政组织更为协调、公共行政活动更为高效。

二、组织沟通的构成要件与解析

根据海恩和道格拉斯的说法,可将沟通的要件分为:讯息背景、讯息成形者、讯息本身、讯息传递途径、讯息接受者、回馈六部分,这些要件共同组成了一个完整的沟通过程。在一些比较特殊的沟通形式中可能会根据实际状况增加或减少个别要件,但这不会改变沟通的基本结构和实质。

三、组织沟通的作用与意义

就行政机关而言,行政沟通可说是民众或机关成员对机关的问题、目标、任务、作法等获得共同了解,使观念与想法趋向一致、精神与行动得以团结的方法与过程。对于行政管理而言,行政沟通可以看做是行政组织的血液,正是行政沟通赋予行政机构以生命力。行政沟通在公共行政管理中起着不可低估的作用,主要表现为:科学民主的行政决策首先需要有充分的信息交流与沟通,后者可说是前者的先决条件;同时,组织内部保持良好的沟通是协调各部门、人员间工作、情绪、气氛与关系的主要工具;行政沟通还是行政人员履行行政职能、执行行政权力的主要手段之一;通过行政内彼此充分的沟通可以发现不足,改进行政工作方法,增强员工的满意度和积极性,增加组织的凝聚力。

现代行政机关大都组织庞大、人员众多、业务复杂、高度分工与专业化。为消除可能发生的利害矛盾、意见分歧等冲突摩擦的现象,必须寻求有效的沟通。行政的主旨在于机关成员以集体的努力,达成共同目的与使命;而沟通就在于从思想汇合与共同了解方面获致此种合作性的努力。有效的沟通可以加强团体意识,培养成员的责任心、荣誉感,激发成员的工作意愿,增进成员的工作士气,提高机关组织的工作绩效。

行政组织为了自身的发展,也有必要建立和健全良好的沟通体系,通过信息在行政组织体系的上传下达、上下相通,及时了解和掌握组织内外的变化,面对新问题、新情况时实现组织的革新功能,从而更好地适应新环境。行政组织沟通还具有一定的监控功能,主要表现为通过行政组织发布具有强制性的命令、通告、规则、意见等,可以对下级机关、部门和工作人员及其行为进行有效的监督和控制。沟通可以使上级部门、领导及时掌握下级的基本状况,防止弄虚作假、玩忽职守等情况的发生。

有效的沟通可以保证在行政执行的过程中协调一致、互通有无,机构、部门和人员间时刻保持密切的联系与互动,切实增强行政组织对外部环境和内部突发状况的应变能力;可以使组织的成员易于了解整个机关组织的实际情况,从而能制定出切合需要的决策,有利于机关组织的运作。有效而迅速的沟通,可以使外界的反应快速回馈至机关组织,使其成员均能知悉,而使紧急事件或危机能够及时获得妥善的处理,避免蒙受重大损失或遭受重大冲击,有利于机关组织的生存与发展,从而为实现高效率的公共管理提供一个有力的保证。

除了以上这些一般性的功能,行政沟通在我国公共行政中的特定作用表现为:行政沟通是提高政府工作透明度、推动社会主义民主建设的有效途径,行政沟通是提高行政管理有效性的保证,行政沟通是实现行政决策科学化、民主化的重要条件,行政沟通是改造人际关系、鼓舞士气、增强组织凝聚力的重要手段。

四、行政组织沟通的类型

行政组织沟通按照不同的标准可以有不同的分类,以下就此作一个最基本的划分。

1. 按沟通渠道划分,有正式沟通和非正式沟通

(1) 正式沟通

所谓正式沟通,是指在行政系统中的机构与人员,通过以组织程序和层级关系为基础的正式渠道进行沟通。它带有严肃性、常规性的特点,一般在正式场合和正式组织机构中进行。传达文件、安排任务、召开会议、请示汇报等与机关文字工作密切相关的行政行为,都属于正式沟通,因而它是一种常见的主要沟通形式。

正式沟通是依据机关组织结构的层级节制体系建立的沟通系统。在机关组织内,每人均有其固定职位,必须规定向谁报告、受谁指挥或监督。这种权威的报告系统形成了组织与个人的沟通途径。上级命令由此路线下达,下级报告也由此路线上传。

正式沟通的目的是使全体成员了解机关组织的目标、政策、计划及各人的职责。它的优点是沟通的效果和约束力较大,所以凡是较为重要的讯息和书面的沟通,大多循此途径。但是,它的缺点是速度较慢,并且大多要求单方面接受沟通内容。

(2) 非正式沟通

组织中除了正式沟通外,还存在大量的非正式沟通。例如,把许多正式组织不了解的问题通过一些非正式组织的思想传递和真实情况的反映,使其对正式沟通起到积极的强化作用。

非正式沟通依据行政组织成员建立的非正式组织而产生,也就是由于人与人之间的互动关系而产生。它不受组织层级的约束,成员个人可任意选择沟通对象与途径。

它的优点是速度较快且多为直接的沟通,传闻和谣言就是两种最常见的管道。非正式沟通有时可弥补正式沟通的不足,但却具有以下缺点:沟通内容被歪曲,以致引起误会,滋生事端;妨碍或削弱正式权力的行使和效力,使命令推行受阻,影响组织工作绩效。

2. 按信息流向划分,可分为上行沟通、平行沟通、斜行沟通和下行沟通

(1) 上行沟通

上行沟通是指机关组织的下级人员通过正式的指挥权责系统,将意见或讯息等由下而上传达给上级人员的过程。上行沟通主要有两种表现形式:一是层层传递,即按照组织中的固有原则与程序逐级向上传递;二是越级传递,即减少中间层次,让决策者与组织成员直接沟通对话。一般而言,在机关组织中,上行沟通比较不受重视,未能充分发挥其功能。行政组织中,上行沟通的渠道主要有:上级与部属间的讨论和座谈会,开设意见箱,下级撰写工作报告、总结供上级审阅,建立投诉、申诉制度,部属工作满意度调查等等。

上行沟通的主要作用表现为:提供部属参与的机会,提高他们工作的积极性,满足他们心理上的需求。在上级作决策时,有更多的信息作为参考。通过上行沟通还可以了解部属的看法、批评、抱怨、不满,及时采取应变措施,及时化解机关组织中的潜在危机,促进组织的高效与和谐。它的缺点是:在沟通过程中,上下级之间由于级别不同而容易造成心里距离,形成一定的隔阂,当部属向上级传送意见或讯息时,常会采取保留态度,不愿将真相完全传送,可能会抑制和歪曲情况的客观真实,导致信息失真,因而上级也无法了解全部的事实。

(2) 平行沟通

平行沟通是指通过机关组织结构体系,在平行单位间或平行人员间互相交换讯息或意见的过程。例如,科长与科长间、组织处与人事处间的沟通等。平行沟通的主要作用表现为:一方面,有助于缩短沟通距离,节省沟通时间,促进协调合作,弥补上下沟通的不足;另一方面,现代机关组织的专业分工极为精细,组织内单位间的互赖程度极高,平行沟通可使单位和人员间互相了解,培养彼此间的友谊,增强彼此协调的机会。这种沟通方式的不足之处在于:由于是平级间沟通,有时会有暗自竞争较劲、互相不服气的情况发生,影响信息的正常流通与传递。此外,由于组织趋向专业化而设立许多功能不同的单位也会造成沟通障碍。

(3) 斜行沟通

斜行沟通是指机关组织内不同层级的单位或人员间的沟通,亦即不同单位职位不相当人员间的沟通。例如,通讯科科员与财务科科长间的沟通。斜行沟

通是常常发生在具有某种业务方面的联系,但又分属不同职能部门、不同层级之间的沟通。这种沟通活动的作用在于:可以减少沟通的时间,简化垂直(上、下行)方向的交流,加快交流的速度和时效性,同时也可以减少讯息被误解的可能。但同时还应注意,当正式的垂直沟通受到破坏,上司发现自己对下属采取的举动或决策一无所知时,斜行沟通会带来人际间的冲突。所以,在斜行沟通前后及时向有关上级领导汇报情况是非常必要的。

(4) 下行沟通

下行沟通是行政组织通过正式的指挥权责系统从一个较高层次向另一个较低层次传达命令、任务、意见、讯息等的过程,是一种自上而下的沟通。下行沟通是组织中上级让下级了解情况、统一思想与行动的重要手段。研究表明,组织中的沟通约有半数是下行沟通,因此,它的效率会对组织沟通的总体效率产生重要影响,必须加以重视。

卡兹与卡恩认为,下行沟通模式大体有五种目的:

① 传递工作指示;

② 促成部属对工作与其任务关系的了解;

③ 对下级提供工作程序与实务的信息;

④ 对下级回馈其工作绩效;

⑤ 对下级阐明机关组织的目标,增强其"任务感"。①

下行沟通的主要优点是:能够使下级人员和部门及时了解组织的总目标和整体战略,增强部属的责任心和使命感;同时还能加强各层级间的联系,协调彼此间的行为和活动。下行沟通也存在本身固有的一些缺点:如容易造成权威的气氛,因而影响士气;信息在由上向下传递的过程中,容易被曲解、过滤或搁置;当上级人员向下级人员下达指示或命令时,往往因为顾及安全与控制因素,而不愿向部属多作说明,或认为根本没有说明的必要,以致部属无法充分了解该指示或命令,从而影响执行的效果。在目前情况下,这是一种在行政组织中发挥功能最大的沟通方式。

3. 按沟通的结构模式进行划分,可以分为链式、环式、螺旋式、轮式、丫式、倒丫式和全通道式沟通

(1) 链式沟通模式(如图 6-1)

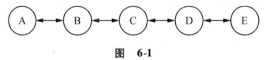

图 6-1

---

① 参见时巨涛等:《组织行为学》,石油工业出版社、民主与建设出版社 2003 年版,第 203—204 页。

在对链式网络沟通的研究实验中可以观察到,处于链型沟通两端的部门或人员只能与一端进行交流,而其他三个部门或人员从可沟通对象的数量上是平等的。在一个组织系统中,它相当于一个纵向的沟通网络,代表一个组织中五个等级的上下级彼此间交流信息、上情下达和下情上报的形式。

链式沟通模式的优点是传递信息的速度最快,解决简单问题的时效性最高。行政组织系统往往比较庞大,需要实行分层授权管理的正式组织,链式沟通模式是一种比较适宜且有效的沟通方式。这种沟通模式的缺点主要是:从人员方面说,每个组织成员的沟通面过于狭窄(尤其是处于两端的成员),彼此沟通的机会不足,不易形成群体意见;最低层次与最高层次间难以直接交流,不利于培养集体凝聚力。从信息方面说,信息经过层层筛选,容易出现失真的现象,使上级不能直接了解下级的真实情况;各个信息传递者接受的信息差异很大,平均满意程度有很大的差距。

（2）环式沟通模式(如图 6-2①)

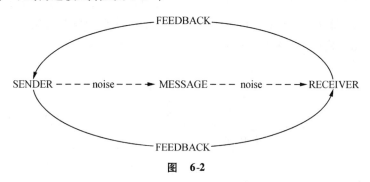

图 6-2

环式沟通网络可以被看成是一个封闭式控制结构。它表示组织内各个部分之间依次联络和沟通,其中任何一部分都可与其他相连部分进行双向的沟通交流。在行政组织中,决策机构、咨询机构、研发机构等往往需要形成一种高昂的士气,以实现组织目标。搞好创新与协作,就比较适合采用环式沟通方式。

环式沟通模式的优点是组织内的沟通比较充分,民主气氛比较高,组织成员之间关系较为融洽,团体的凝聚力较强。它的缺点表现为:组织的集中化程度较低,信息流通速度较慢,信息由于沟通的渠道增多而易于分散化,往往难以形成沟通中心。

（3）螺旋式沟通模式(如图 6-3②)

螺旋式沟通是一种半封闭的沟通方式。它的特点在于一端的发讯者在传达信息后,由接收者经过反馈传达给另一个成员或部门,并且由该成员或部门担当

---

① Gillies, D. A. (1989). Nursing Management: A Systems Approach. Philadelphia: W. B. Saunders.
② Ibid.

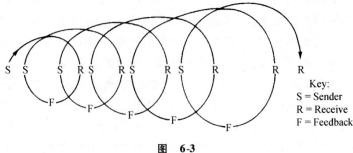

图 6-3

第二个发讯者把接收的反馈讯息传递给下一接收者,以此类推。这种沟通模式比较适合任务导向型组织。在完成由很多部门承担的彼此联系的众多任务时,这种沟通会是一种行之有效的方式。

螺旋式沟通的优点在于注重及时的信息反馈,发现问题、纠正偏差,并且把最新的发展变化传递给下一位沟通对象。它的不足之处在于缺少跨级别的交流,可能会遗漏有用信息;沟通环节过多,也会造成信息的偏差与失真。

(4) 轮式沟通模式(如图6-4)

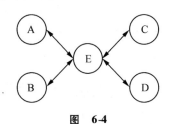

图 6-4

轮式沟通模式把领导者作为所有群体沟通的中心,属于控制型结构。轮式沟通是通过一个中心部门或人物进行的,其中该中心可以与其他任何一个方面进行交流,是所有信息的汇集处与传递中心,起着一种领导、支配和协调的作用,处于异乎寻常的位置。在这种情况下,只有处于中心地位的部门或人员(往往是上级领导)了解沟通的全面情况,下级之间并无沟通联系。

轮式沟通的优点是:集中化程度较高,解决问题的效率较高;有利于处于中心地位的上级领导了解、掌握、汇总全面的情况,以便迅速地把意见反馈下去。它的缺点表现在:沟通渠道单一,下属成员之间无法互相沟通、了解彼此的状况,日益产生隔阂与误会;组织成员缺乏满足感,影响组织的工作效率,容易助长行政组织中的专制作风。

(5) Y式沟通模式(如图6-5)

Y式沟通模式属于纵向性质的沟通,从图中可以看到,它是一个信息在上下层级间依次传递的过程。但这种沟通模式不同于纯粹的纵向沟通,它的特质在

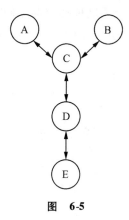

图 6-5

于中间级别(如图中C)分别与两个(如图中A、B)或两个以上的上级进行沟通,同时又与下级存在纵向逐级联系。所以,中间层级就处于沟通的中心,成为沟通的中间桥梁。

Y式沟通的优点是集中化程度比较高,较有组织性,信息传递和解决问题的速度较快,组织内部控制比较严格。它的缺点在于除了沟通中心(C)以外,全体成员的沟通满意度较低,组织气氛可能会不太和谐,而且信息都汇总于中间环节,可能导致信息被沟通中心操作、控制的危险,影响组织的正常运作。

(6) 倒Y式沟通模式(如图6-6)

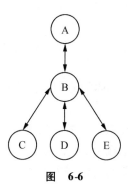

图 6-6

单单从形式上看,倒Y式沟通模式与Y式沟通非常相似,只是后者的倒置罢了。然而实质上,两者除了具有一些相同点外,倒Y式沟通模式有其自身的特点,它表示第一层级(如图中A)通过第二层级(如图中B)与三个(如图中C、D、E)或多个第三层级进行沟通。在这中间,第二层级是关键,起着上传下达的作用。

倒Y式沟通的长处在于它比较适合部属比较多的组织,上级领导因为事务繁忙,分身乏术,通过一个中间层级(类似秘书、助理等职)代为联系、沟通下属,了解情况。它的缺点表现为:处于这种地位的中间层级能够获得最多的信息资源,因而往往会掌握实权、控制组织,而第一级别的管理者反而会被架空,甚至丧失实权。

(7) 全通道式沟通模式(如图6-7)

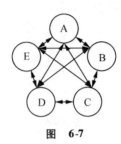

图 6-7

全通道式沟通是指所有组织成员相互之间都可以进行双向的沟通,每一位成员的沟通机会都是均等的。这种沟通方式不存在某个沟通中心,在组织内部呈现开放式状态,通常是通过共同协商解决问题,相对而言表现出较为浓厚的民主气氛。

全通道式沟通的优点表现为:组织成员可以与任何人进行直接交流,沟通比较充分;所有成员都是平等的,能够较为自由地发表意见,信息比较全面;组织内具有民主合作的气氛,容易激发成员的积极性;沟通的渠道比一般的沟通模式更为开阔畅通。它的缺点也非常明显,主要是:由于沟通渠道太多,容易造成信息混乱杂多,也容易形成小道消息和各种流言蜚语,混淆视听、动摇人心;如果行政组织规模比较大,人数众多,则不太适用;由于信息传递的多头化、多重化,导致比较费时费力,工作效率较低。

4. 按沟通的线路划分,有单向沟通和双向沟通

(1) 单向沟通

单向沟通主要是指沟通按照一定的方向进行,不可逆转。比如,以纵向沟通为标准就是从上而下或者自下而上,不能同时进行;再或者以平行沟通为标准就是从左而右或者从右到左。单向沟通的特点在于沟通线路比较简单明了,传递速度较快。它的缺点是沟通比较单一,不利于信息的交流与反馈,存在一定的专制作风。

(2) 双向沟通

所谓双向沟通,是指组织各部门或各成员间同时存在由此及彼和由彼及此的双向交流,沟通双方是彼此互动的。这种沟通方式的优点在于能够交流双方的意见、看法,易于消除工作中存在的误会、矛盾等,沟通效果比较好。它的缺点是沟通速度较慢、耗时较多,不太适合在一些突发事件和紧急情况下使用,容易贻误时机,影响全局。

5. 按沟通媒介划分，有口头沟通、书面沟通、体态沟通和多媒体沟通

(1) 口头沟通

按沟通所借助的媒介来看，口头沟通以口头形式来表现，是最主要的一种沟通方式。在直接接触的沟通方式中，它是最快、最理想的信息传递方式。口头沟通的优点是有助于提高组织成员的参与感，迅速快捷、反馈及时；语言讯息的发出和反馈几乎同时发生，如果接收者存在疑问，可以及时向发讯者求证，有利于问题的解决。它的缺点在于，由于信息通过人来传播，必然存在人的主观认识、理解、语言等方面的差异，所以信息传递经过的人越多，被曲解的可能性就越大。每个人都会通过自己的理解和语言来表达、传递信息，当信息通过层层环节最终被接收者获得时，也许信息的内容与它最初的本意已经大相径庭了。

(2) 书面沟通

书面沟通是指在行政组织中以文字形式进行的沟通，包括文件、告示、通知、组织的刊物或者其他通过文字或符号传达信息的形式。书面沟通的优势在于，它具体而又直观，能够被复制和永久保存，能够很容易地随时反复查阅，那些复杂而重要的信息特别适合采用这种沟通方式。通常，书面沟通都是经过一定的思考修改后形成的，因而表达的内容较之口头沟通更为清晰、准确，富有逻辑。它的不足之处在于较为耗时，制作形成的时间量较大；另一方面，书面沟通缺乏及时的反馈，各人的理解反应会有偏差，可能造成对信息的错误理解和执行。

(3) 体态沟通

体态沟通是指通过非语言、非书面的方式传递信息、进行沟通，主要包括身体动作、面部表情、语音语调等。它比口头、书面沟通更为复杂微妙，有时往往依靠接收者的个人直觉和理解，因此也相对难以把握一些。这种沟通方式的优点在于比较委婉含蓄，在一些比较敏感、棘手或者不适合直接表态的事件上适当地运用，可以起到画龙点睛的作用；也可以通过适当的肢体语言（例如挥手、微笑、重音等）起到强调、安抚等作用。它的缺点在于使用不当会让接收者产生误会，曲解发讯者的真实意图；当与口头沟通同时运用时，过多的体态表达有时还会弄巧成拙，削弱语言本身的力量。

(4) 多媒体沟通

所谓多媒体沟通，是指信息通过数码符号的形式进行传递沟通，主要包括电视、广播、电报、电话、网络、无线通讯等。随着现代计算机与信息数码技术的不断提高，行政组织的沟通也越来越接近自动化、数字化和网络化。这种沟通形式的优点是速度远远高于其他各种媒介沟通，信息的存储量也大大增加，有助于公共行政管理效能的提高。但是，由于多媒体沟通对技术条件的要求比较高，成本也比较高，在一些经济落后地区的应用极其有限；此外，网络黑客、病毒等也是困扰多媒体沟通的一系列问题。

行政组织采取上述何种沟通方式,要视实际情况来定。但无论哪一类型的沟通,也不管什么样的沟通关系模式,其目的都是追求无误、高效和满意的最佳效果。

第二节　行政组织沟通的过程

沟通的过程,就是信息传送者将信息传送给信息接收者的过程。行政组织沟通发生前,必须有一个由发送者表达并传递的目的,它在发送者与接收者之间传递。信息首先被转化为信号形式进行编码,然后通过媒介物(沟通渠道)传递给接收者,接收者再将接收到的信号进行解码。这样一个过程被称为"沟通过程"(如图6-8所示)。

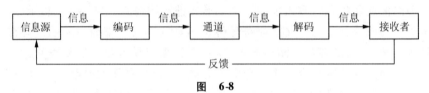

图　6-8

还有一些组织学家认为,沟通的过程包括下述六个步骤:

步骤一:意念的产生;

步骤二:信息的编辑;

步骤三:信息的传送;

步骤四:信息的接收;

步骤五:信息的解读;

步骤六:信息的执行。

以上两种认识大同小异,可以说,组织沟通过程的实体包括了信息的产生、编码、传递、接收、解读等步骤。发送者把头脑中的想法进行编码而形成信息,信息实际上是人们把抽象思维进行编码后的实体产品(语言、文字、符号等)。所以,当我们进行交谈时,表达的就是信息;当我们书写的时候,表达的也是信息;甚至当我们做手势、面部出现某些表情时,传达的还是信息。沟通渠道是指用以传递信息的媒介物,它取决于发送者。发送者必须决定采用哪种通道,可以是正式渠道也可以是非正式渠道,可以是口头的也可以是书面的。一般而言,应选择一种最合适的渠道进行沟通。接收者是信息指向的客体。在信息被接收前,接收者必须先将通道中加载的信息翻译成自己能理解的形式,这就是对所接收信息进行解码的过程。沟通过程的最后一个环节是反馈,反馈的作用是检验是否准确传达了信息以及是否被接收者有效理解了,即使发生信息失真或被曲解的情况,也能及时加以纠正。

在沟通的过程中,以上各个环节都可能造成信息沟通歪曲或失真,从而影响组织沟通的效果。

1. 信息转换为编码阶段

在这一最初的阶段,影响有效沟通的主要因素首先是语言和非语言性沟通手段的使用。语言是对客观事物的抽象概括,是信息的载体。因为自身的抽象性,语言很容易被歪曲和误解。其次,发送者表达能力的强弱、好坏是能否实现有效沟通的关键要素之一;沟通双方环境和知识背景的状况也会制约沟通的效果,古语"秀才遇到兵,有理讲不清"说的就是这个道理;另外,发送者与接收者在知觉、信仰、价值观等方面的差异,会导致双方对信息的不同选择、组织和翻译。因此,良好的沟通需要考虑上述各方面的情况,只有做好了充分的准备工作,才会有一个好的开始。

2. 信息传递阶段

在信息由发送者传递到接收者的过程中,选择何种传播渠道(媒介)非常重要。在组织沟通中可以选择的渠道很多,如面谈、电话、信函、传真等等。除此之外,信息量的多少也会影响沟通的质量和效果。信息量负载过多或过少都不利于沟通,只有在考量了一系列媒介的负载能力、组织性和个人因素的基础上才能确定一个适当的信息量。在信息的传递中,还应该注意避免信息内容的漏失和错传,排除不正当的干扰,保证信息传递的准确性和安全性。

3. 信息转译(解码)阶段

在接收者把接获的信息转变为自己所能理解的形式的时候,首先要注意的是倾听的有效性。从一定程度上说,倾听的有效性决定了解码的质量,应该加强主动性倾听,抓住问题的核心和本质。在信息的解码阶段,接收不会、也不可能对所有的信息刺激作出反应。由于个人所处的社会环境、生活背景、思维习惯等的不同以及个人性格、情绪的影响,会对不同的信息作出不同的反应。人们往往习惯于接收某些自己认为重要的信息而忽略其他不重要的信息,即接收者具有知觉上的选择性。

4. 信息反馈阶段

沟通过程中的反馈环节主要是接收者把信息经过自己的理解、表达和处理再传递给原先发送者的过程。对整个组织沟通而言,反馈可以起到拾遗补缺、纠正偏差、消除障碍的作用。其中,沟通双方的态度是决定反馈效果的关键。如果双方能本着解决问题、工作为重的态度,则接收者可以在反馈阶段说明情况和存在的问题,大家平等协商,进行充分的探讨与沟通,那么就能够进一步提升组织沟通的质量。

第三节 行政组织沟通的障碍

行政组织沟通中存在很多影响沟通效果的障碍，这些障碍存在于沟通过程的各个环节。对此，我们应该有一个全面的了解，这样才能在此基础上研究解决之道，提升组织沟通的有效性。

从传播学角度讲，组织沟通追求的是信息传递的准确率和满意率。但是，在行政沟通中也往往会出现沟通效果不佳的情况，其中主要的障碍是沟通的中断或失真。沟通中断主要表现为信息的停滞或残缺，失真是信息的扭曲、错误或虚假。沟通中断主要是因沟通网络不健全或运转不灵而发生的现象，克服的办法是从组织体系上解决问题。信息失真导致沟通不良的原因就比较复杂，按照西蒙等人的总结，主要有以下七个方面：(1) 语言上的讹误；(2) 理解上的偏差；(3) 传递途中的增损；(4) 地理距离造成的障碍；(5) 因个人利害关系所作的夸大或缩小；(6) 由于工作重担的压力而忽视了重要情况；(7) 信息审查制度的障碍使信息得不到如实传递。[①]

结合行政组织沟通的实际情况，通常可以把沟通的障碍区分为过程性障碍（见本章第二节）和要素性障碍。以下着重对要素性障碍进行说明分析：

1. 组织障碍

组织自身固有的一些因素会首先成为阻碍有效沟通的樊篱，主要表现为结构障碍和地位上的障碍。

(1) 结构障碍。即因组织结构不合理而引起沟通的障碍。政府的组织体制主要还是以有严密等级结构、严格规范约束的官僚制为主的组织形式。而在这种层级体制中，沟通分为纵横两个方向，纵向如省—市—县、部—司—处—科结构，横向包括平级间的互动。信息在这两条传播路径中，不断出现流失、失真现象，影响信息的真实性。中间层次会删减对其不利的资料，代之以虚假信息，从而造成决策失误。同时，随着社会的进步，信息量前所未有地剧增，过多层级削弱了信息的流量与时效性。

(2) 地位上的障碍。工作人员在机关组织中的地位不一样，因此对问题的看法不一样，心态也不一样，所以容易在沟通作法与沟通信息方面产生障碍，大致表现为：上级领导由于不了解沟通的重要性，认为只要由上面直接下命令，部属照章行事即可，因此不愿推动沟通工作；上级或多或少存有自是、自傲的心理，认为他的看法和作法一定比部属强，因此表现出不屑听取部属意见的态度；上级常存有"民可使由之，不可使知之"的观念，认为部属只要听命令行事就好，

[①] 参见张国庆主编：《行政管理学概论》，北京大学出版社2000年版，第311页。

不必多问,带有"愚民政策"性质;部属常存有自卑、自保的心理,在"多说多错,不说不错"观念下,不愿表示意见;部属对上司常常只报喜不报忧,歪曲事实,蒙蔽真相。主管与部属可能因需要不一致、观念不同、利害不一、地位有别等,而造成隔阂,难以坦诚沟通。上述种种情况都是因为地位差距而造成的,对此,参与沟通的当事人应该有一个清楚的认识,尤其是上级领导更应主动打破这些地位上的距离,与下属之间保持良好关系,确保沟通的质量。

2. 心理因素障碍

根据心理学家的分析,很多心理因素也会影响沟通的顺利进行。其中,主要包括三个方面的问题:

(1) 人格结构分析。参与沟通的人员有着不同的类型,具体可以分为父母型,此型又可分为慈爱父母、批判父母;成人型,可以细分为"德性成人"、"理性成人"、"感性成人";儿童型,又可分为自然儿童、适应儿童。沟通者属于何种类型的人格,是成熟理性还是感性敏感都会对沟通产生作用。可以想像,与一个敏感脆弱而多疑的人进行沟通是比较有难度的,而一个良好的沟通者也能促使沟通更富有成效。

(2) 交流分析。从交流的内在心理进行分析,可以把它分为三种类型:互补交流,这是一种单纯、直接的沟通方式,愉快、双向,具有鼓励性质;交叉交流,主要指发出去的信息得不到预期的响应,沟通可能中断;暧昧交流,发送者送出去的刺激表面上是一回事,内心实际却是另一回事,而得到反应也是如此,彼此心照不宣。

(3) 人性态度。心理学家认为,在人际关系中存在四种最基本的心态,即我不好—你好、我不好—你不好、我好—你不好、我好—你好。沟通者持何种人性态度对沟通的效果不无影响。可以预测,在其他因素不变的情况下,持第四种态度的沟通效果会最好,第一、三种次之,第二种为末。

由于在沟通者方面存在以上这些人格心理方面的差异,要达到有效沟通的目的自然也是比较有难度的,它们也构成了沟通障碍的一个方面。

3. 知觉感官上的障碍

所谓知觉,是指人对于现实事物所具有的认识。由于沟通者在感受、知觉事物方面和感官功能方面存在差距,所以常会造成沟通上的障碍。一般来说,接收者在接收信息时,会按照自己的需要对信息进行"过滤"。这有时候是一种下意识的行为,无关伦理道德、价值偏好,通常就连接收者本人都还没有意识到自己在知觉方面有这种"偏好"时,它就已经发生了。所以,像知觉、感观这样的障碍有时是很难避免的,它是人们与生俱来的一种特性,是人们先天能力上的局限。

4. 语义上的障碍

沟通最常使用的工具是语言与文字,而这两者在本质上就不容易被妥善地

使用,因为它们对不同的人可能具有不同的意义。语言与文字造成沟通障碍的主要原因是:

(1) 在语言方面:从大的方面来说,不同的语系(如印欧语系、汉藏语系等)或者同一语系内的不同语族(如汉藏语系内的汉语和藏语语族等)的语言存在着比较大的差异,因而不同国家、民族间的交流会因为语系、语族的不同而存在沟通上的障碍。

即使在同一语族内,由于历史的原因形成了不同的地方方言(如我国境内的闽南话、广东话、客家话等),这些不同的方言也会造成沟通的障碍。所以,现在国家大力推广普通话,其中的一个主要原因就是为了避免沟通上的困难。就细节而言,沟通者个人的口齿不清、用词不当、语言的理解能力较弱、所处的语境不同等因素也会成为有效沟通的障碍。

(2) 在文字方面:书面沟通和其他现代化沟通方式往往借助于文字作为其信息的载体。然而,文字有时也会成为有效沟通的绊脚石,原因在于:当要表达一些比较复杂或微妙的信息时,有限的文字往往难以表达无限的意思,古人所说的"词穷"即是此意。

文字通常具有多重意义,汉字中的多义词、通假字等多会包含多个不同的含义,在不同的语境中表达不同的意思。这就增加了信息接收者正确理解的难度,容易产生误会。除此之外,有些文字方面的沟通者喜欢使用一些生僻晦涩的词语,以显示自己的水平,这也并非不可,但应把握一个合适的度。接收对象的文化知识水平、理解能力、人文素养等也都是需要考量的因素,不分场合地使用生字、怪字,只会造成沟通不良。一般而言,书面沟通的文字还是力求以清楚准确、容易理解、不带歧义为主要标准。

5. 地理位置上的障碍

地理上的障碍在一些幅员比较辽阔的国家可能表现得更为明显些。由于行政组织极为庞大,层级相当多,分布的地域也较为广阔,地理空间距离较大,所以在行政组织间的沟通容易因为地理位置的阻隔而遭到延误。另一方面,如果行政组织的附属机关或单位相当分散,距离遥远,彼此间不易进行面对面的沟通,也会影响沟通的有效性和时效性。一般而言,位置越偏僻、离信息传递中心距离越远,沟通效果越不理想。所谓"近水楼台先得月",指的就是距离的远近决定了获得资源的多少。此外,处于不同地理位置的机关组织或工作单位容易产生各自为政、小团体主义的倾向,本位主义浓厚,在互相进行沟通的过程中往往会导致利益之争、部门之争,成为有效沟通的障碍。

6. 个性心理的障碍

个性因素是一个比较复杂的概念,它包括人的气质、性格、需要动机、兴趣、信念、好恶等,这些共同决定了人对待事物的态度和选择,决定了人的行为方式。

因为个人之好恶不同,沟通者对沟通内容可能任意加以歪曲或增减,往往会依据个人的价值判断作解释;沟通者可能会依个人的推测而将沟通内容当成事实;沟通者常在未完全了解沟通内容前,便太早下结论;由于人类具有抗拒改革的惰性,以致对新事物、新观念和新做法产生抗拒心理,难免造成沟通障碍;沟通者在情绪、态度、个性等方面的个别差异,也会使沟通发生困难。个性不同,个人的信仰、喜好不同,对信息的观感自也不相同。所以,如果沟通双方个性差异较大,则较难达到比较理想的沟通效果。

7. 性别障碍

性别的差异也是导致沟通不良的障碍之一。男性和女性往往出于不同的原因使用口头沟通。研究表明,男人用谈话强调态度,女性通过谈话建立联系。因此,对于许多男性来说,谈话主要是在等级社会保持独立和地位的一种方法;而对女性而言,谈话是获得支持和肯定的一种谈判方式。例如,当男性听到一个问题时,通常在确定提供的答案后,坚持其独立和控制的欲望;而女性把有关问题的提出看做是促进彼此关系的方法,她们提出问题是期望获得支持和联系。因此,性别的差异是男女之间有效沟通的障碍。

8. 文化障碍

正如爱德华·霍尔所说:"文化是人的生存环境。人类生活的任何一方面无不受着文化的影响,并随着文化的变化而变化。就是说,文化决定了人的存在、表达自我的方式、思维方式和希望方式。"[①]可见,文化因素深刻地影响着人们的沟通行为。如果沟通双方来自不同的民族,在彼此交流方面要比来自同一种文化背景的难度要大。相同的文化孕育出相同或类似的行为习惯、伦理道德、思维方式等,因此在沟通中更容易找到"共同语言",彼此的交流也会显得较为顺利。比如:同处于儒家文化圈的华人奉行相同的处世原则,在沟通过程中大家易于达成共识;而东西方文化有着很大的差异,在基本的价值观、世界观、人生观方面存在着截然不同的理解和认识,所以跨文化的沟通常常会显得困难些,需要克服各自的文化偏见。

文化方面的障碍还表现为由于年龄的差距而造成的沟通困难。在我们的生活中,父母子女之间、上下级之间都可能存在年龄的差距。当这种距离达到一定程度时,就会产生沟通方面的屏障。不同年龄阶段的人生活在不同的社会背景下,接受的教育、经历的磨炼不尽相同,因而会对事物产生不同的认识与判断。相对来说,年轻人对新事物的接受度较高、宽容度也比较大,容易随大流;而年长者考虑问题会比较周全,对新事物会持保守、观察的态度,会坚持长期以来形成的原则,不太容易被新的潮流影响。

---

① 转引自余凯成主编:《组织行为学》,大连理工大学出版社2001年版,第314页。

除了以上列举几方面,妨碍有效沟通的还有很多其他因素,如沟通方法上的障碍、沟通时间上的障碍、突发灾害方面的障碍等,层出不穷。关键在于具体问题具体分析,当影响组织沟通的障碍发生时,抓住矛盾的本质,冷静对待,有效排除障碍才是明智之举。

第四节　有效的行政组织沟通及其对策

一般而言,有效沟通主要具有以下一些特征:

(1) 及时性。及时的组织沟通是指在组织内沟通双方要在尽可能短的时间内进行沟通,并保证信息的及时有效、发生作用,为此,还要做到及时传达、及时反馈和及时使用。

(2) 充分性。信息充分要求发讯者在发出信息时务必做到全面、适度,既不能以偏概全,也不能泛滥过量,给信息接收者的接收、消化带来过重的负担,所以应该充分而适量。

(3) 准确性。只有准确而不失真的信息才能真实地反映发讯者的意愿,接收者才能准确理解信息,从而作出正确的判断和决策,而错误、失真的信息往往会对接收者产生误导,造成不必要的损失。

在这一方面,企业可能走在更前面。我们可以把一些比较成功的企业沟通模式作为借鉴,从中发掘更适合政府机构及其人员的沟通方式。在此特以IBM公司的沟通方式为例,加以说明:

IBM公司的沟通方式:沟通无极限。

(1) 借助"与高层管理人员面谈"制度与高层经理进行正式谈话。这是一种"一对一"的沟通方式。高层经理将了解员工对工作是否满意,聆听他们对上司、对职业发展的想法。这种谈话制度是一层层进行的,普及到公司的所有员工。通过这种渠道,公司能及时了解员工的想法,帮助员工解决问题,让每一名员工感受到来自公司的关心。

(2) Round Table。即召集不同部门的若干员工与总经理座谈。

(3) Speak Up。IBM在全球的每个办公室里都设有一个"Speak Up"的箱子,它其实是只意见箱,能够开启箱锁的是人力资源部门的高级经理,信件则呈交各地区的总经理,甚至更高层。也就是说,IBM各分公司的员工都能把自己的想法直接交给"Speak Up",意见与建议将直接反馈到公司的高级管理层。公司会派高层人员及时、妥善处理相关问题。

(4) 直言不讳。在IBM,一个普通员工的意见完全有可能到达全球总裁的信箱里,这可以使员工在毫不牵涉其直属经理的情况下直接获得高层领导的答复。在中国,大中华区总裁周伟设有一个专门的电子信箱,只有他本人才能收读邮件,员工都可以给他写信。

(5) 员工意见调查。IBM 同样不会放弃通过这一常规的手段来了解员工的意见。

(6) Open-door。这是 IBM"门户开放"的政策。员工可以通过 Open-door 向各部门主管、公司的人事经理、总经理或任何总部代表申诉,员工的申诉会得到上级的充分重视,上级会进行细致的调查,并实施解决问题之策。

(7) 信息公示。人力资源部门主动通过电子邮件等方式向每一位员工发布信息,内容涉及公司发展动态、重大事件以及与员工工作和生活密切相关的信息。

(8) 自上而下的沟通。

从 IBM 的案例中可以看到,企业良好、有效的沟通方式和途径对政府组织对内对外的交流沟通的加强、改进有着较好的学习借鉴作用。其中的前六条强调的是下层与上层之间积极而密切的交流互动、切磋反馈,对组织团体内部统一认识、消除隔阂、拉近距离、增强团结、群策群力、培育组织认同感(意识)、形成组织文化都大有裨益。这是一种建立在更为强调平等、尊重个体前提下的对话,也是一种更为灵活能动、成效显著的沟通。

美国管理协会曾经提出"良好沟通的十诫",值得我们学习借鉴,其主要内容如下:

(1) 沟通之前澄清概念。
(2) 确定沟通真正目的。
(3) 考虑内外沟通环境。
(4) 沟通内容广征意见。
(5) 谨慎运用沟通技巧。
(6) 从接收者立场着眼。
(7) 实施跟催加强效果。
(8) 应兼顾现在与未来。
(9) 沟通者应言行一致。
(10) 发动者应做倾听者。

组织起有效沟通,需要从多方面入手。所以,在总结国内外理论与管理实践的基础上可归纳出以下一些促进行政组织有效沟通的对策,主要包括:

1. 应做好沟通的准备工作

发布信息的人在沟通前应澄清概念、认清事实,沟通内容必须事先妥善计划,并明确沟通的目的。沟通双方应该选择合适的时机和适当的信息沟通量。在计划沟通内容时,还应该尽可能地广泛听取他人的意见。与他人商议不仅可以获得更多的意见、建议,还能够获得他人的支持与谅解。

2. 及时反馈与跟踪

沟通双方要及时了解对方对信息、沟通内容是否有一个准确的理解,是否愿意按照沟通的状况执行,跟踪执行的结果。特别是对于行政组织中的领导来说,更应该善于听取下层传达的信息内容,加强与下层、基层人员的联系,鼓励、引导从下而上的信息情况的反馈。

3. 改善行政组织的结构

为了改善组织沟通的效果,在不影响组织总体构架和主要目标的前提下,组织应尽量减少结构层次,撤除不必要的岗位和管理层,同时还应该避免机构的重叠,增加沟通渠道,加强部门间的联系,以加快信息的交流速度,保证沟通的准确和充分。

4. 健全组织沟通的机制

尽量减少机关组织的层级,减少沟通内容被过滤、曲解和延误的机会。建立良好的沟通系统,尤其是事前的沟通,任何措施实施前预先告知所有人员,使其充分了解,以获取他们的支持与合作;定期或适时举办业务讨论会;消除本位主义;健全机关组织的组织结构,划清各单位和个人的权责;利用项目评核术等管理方法,使机关组织中的工作人员对某件事的进行具有共同的了解与遵循的依据,以减少不必要的沟通活动。

5. 创造良好的沟通氛围

在沟通中如若能够做到坦诚相待,认同对方的问题和处境,保持灵活和实事求是的态度,较少使用评价性、判断性语言,多多运用描述性语言,耐心听取对方的说明和解释,就会创造一种比较良好的建设性的气氛,也有益于沟通的深入展开。沟通往往采用问题导向性的方式,主要在于在自愿的基础上双方共同找出问题,一起寻找解决方案,而决不是企图改造和控制对方。

6. 改进沟通技巧,充分利用主动倾听

合理运用必要的沟通技巧可以起到事半功倍的效果。沟通技巧大体可以分为两类:一类是建设性的沟通技巧。培养倾听技巧、适时的响应、问题理清技巧,掌握沟通过程的技巧,重视人际关系的技巧,使用正确的沟通管道与双赢的沟通技巧;另一类是会议的沟通技巧。它包括会场环境的准备、会员的准备、主席的准备、掌握会议全程成功的原则等。

落实到沟通者本身,参与人员的表情、手势、眼神等肢体语言以及沟通所隐含的意义,沟通所采用的方式、时机、对象等非语言性因素都会影响沟通的成效。在沟通中还应注意多使用主动倾听的方式,保持对所获信息的敏感度,主动作出反馈和提问将大大提高沟通的有效性。

7. 建立必要的反馈机制

在行政组织沟通中有一个容易被忽视但却异常重要的环节:反馈。所谓反馈,是指接收者在获得信息后把自身对该信息状况的理解、处理情况反过来告知信息发送者的过程。如果是比较复杂的沟通,那么反馈可能要反复多次,即接收者反馈给信息发送者,信息发送者再把接收的信息反馈回去……,如此往复循环。反馈的目的是为了检验信息传递的准确性、双方沟通的有效性。所以,在一个信息传递—接收过程完成的基础上辅之以必要的反馈是十分必要的,它就如同给沟通买了一份保险,虽然不能完全规避风险,但最起码把因为一些人为因素而造成的沟通损失减小到最轻程度。因此,建立必要的反馈机制,根据实际情况的需要制定反馈计划对一次成功的沟通而言是必不可少的,它还是检查行政实施情况、评估政策后果的主要依据。反馈的方法主要表现为向信息发送者重复接收的信息、向信息发送者表述自己的理解、用表情或肢体语言来反馈等。

8. 考虑文化、环境等外在因素对沟通的影响

组织沟通的环境不外乎外部的自然环境、社会环境和内部环境。无论哪一种环境发生变化,都会对组织的正常沟通产生影响,通常与组织关系越紧密的环境对组织沟通的影响力越大。同时,组织内沟通对象本身的文化背景、价值倾向、组织内部形成的文化以及社会大环境的文化模式都会对组织沟通的方式、水平等发生作用。只有充分考虑和了解彼此的文化差异,理解沟通双方对事物可能存在的不同理解,才能降低和消除沟通中的文化障碍。

9. 秉持一定的沟通处理原则

在组织沟通过程中,会出现这样那样的冲突,小的比如个人内在冲突、人际冲突等,严重些的还会导致团体间、组织间冲突。当出现这些问题的时候,应确认"谁是此事件最合适的协商者",决定"什么时候去执行仲裁",协商的时间和地点须慎重选择。管理者可延缓协商计划,以达到缩小冲突规模的效果。同时,应有详细的处理计划和合理的步骤。冲突造成比较严重的后果时,管理者应运用权威来干预,分析冲突的成因,是因为价值观不同、对沟通角色期望不同、对事物领悟认知不同还是因为沟通不足等情况引起的。

在与部属的协商过程中,应保持一致的态度。可以与当事人单独协商,也可以召开协商会议来缓解因沟通引起的冲突。应采取客观、正向、不批评的态度,以作为沟通的回馈。在进行有效表达时,应避免抽象推论,尽量具体化,提出建议和解决的办法。要追踪并确定协商的结果或决议是否有成效。必要时将争执双方加以隔离,可以造就高品质的沟通效率。

以上这些建议主要是从信息发送者与接收者、周围环境、文化等多方面出发考虑达成良性沟通的要求,目的还在于通过这些对策增强行政组织沟通的效果,改善行政组织中经常存在的沟通不良的状况。

第七章　行政组织激励

行政组织激励问题是行政组织研究的核心问题之一，它贯穿行政组织研究的整个过程。行政组织激励是行政组织管理成功的关键因素之一。行政组织激励的过程，就是激发公务员动机、诱导公务员行为、发挥公务员内在潜力、促使公务员为实现行政组织所追求的目标而努力的过程。本章将讨论的主要问题包括行政组织激励的一般性质、行政组织激励的理论与发展、行政组织激励的应用。

第一节　行政组织激励概述

一、行政组织激励的含义与基础

（一）行政组织激励的含义

"激励"一词译自英文单词"motivation"，作为一个心理学的术语指的是心理上的驱动力，含有"激发动机、鼓励行为、形成动力"的意思。也就是说，通过某些内部或外部的刺激使人奋发起来，驱使人去实现目标。就其本质而言，激励是表示这种动机产生的原因，即发生某种行为的动机是如何产生的以及在什么样的环境下产生的。自从"激励"这个概念引入行政组织学后，它的意义得到进一步的拓宽和广泛的应用。

行政组织激励指的是行政组织采取某种有计划、有目的的措施，激发和鼓动公务员的动机，有效实现组织目标的活动。简单地说，行政组织激励就是行政组织调动公务员积极性的活动过程。[①]

（二）行政组织激励的基础

人类任何一项制度安排，要想产生高绩效，就必须符合人类本性。每个人作为行为主体，都是在一定的人性观支配下、一定制度条件的约束下，选择他将追求的目标和为实现目标可能采取的行为。因此，人性观是行政组织激励的逻辑前提和基础。正确地认识人是有效开展激励工作的基础，人性分析对确定行政组织激励理论和激励机制有着极其重大的意义。

1. 马克思主义人性观

马克思主义人性观是辩证和唯物的人性观，其主要观点有：

---

① 参见彭国甫：《行政组织学》，湖南师范大学出版社1990年版，第192页。

（1）人当然存在一些饮食男女一类的自然属性,但这并不是人的本质,人的本质回答的问题是要同其他动物区别开来,人的本质只能是人的社会性。

（2）规定人的本质的社会关系,不是单一的而是多而复杂关系的总和,"人的本质不是单个人所固有的抽象物,在其现实性上,它是一切社会关系的总和"①。

（3）生产关系是其他一切社会关系的基础,只有"把人放在以生产关系为基础的各种社会关系中去进行综合考察,才能全面地把握人的本质","个人是什么样的,这取决于他们进行生产的物质条件"②,"每个个人和每一代所遇到的现成的东西:生产力、资金和社会交往形式的总和,是哲学家们想像为'实体'和'人的本质'的东西的现实基础"③。

（4）社会关系是不断变化发展的,因此,人的本性也不是凝固不变的抽象物,而是具体的、历史的。

（5）在阶级社会中,社会关系主要表现为阶级关系,因而人的社会性主要(不是全部)表现为人的阶级性。

（6）人的需要分为三个层次,即生存需要、享受需要和发展需要。生存需要是最基本的需要,"人们首先必须吃、喝、住、穿,然后才能从事政治、科学、艺术、宗教等等"④。需要是不断发展的,只有当需要得到相对的满足后,才能产生新的、高层次的需要,其中发展需要是人的最高层次的需要,"已经得到满足的第一个需要本身、满足需要的活动和已经获得的为满足需要而用的工具又引起新的需要"⑤。

2. 西方学者的人性观

西方人性观的发展主要经历了经济人、社会人、自我实现人、复杂人、文化人、决策人六种不同的人性观,并随之相应产生了激励理论和激励模式。

（1）经济人(rational-economic man)

经济人又称"理性—经济人",也称"实利人"。这种人性观最早起源于英国。经济学家亚当·斯密在他的《国富论》中写道:"我们每天所需要的食物和饮料,不是出自屠户与酒家的恩赐,而是出于他们的自利心的打算,我们不说唤起他们利他心的话,而说唤起他们利己心的话。"⑥这种人性观深受享乐主义影响,再经19世纪合理主义影响而成。该假设主要来自于美国管理学家道格拉

---

① 《马克思恩格斯选集》第1卷,人民出版社1995年版,第56页。
② 同上书,第68页。
③ 同上书,第92—93页。
④ 《马克思恩格斯选集》第3卷,人民出版社1995年版,第776页。
⑤ 《马克思恩格斯选集》第1卷,人民出版社1995年版,第79页。
⑥ 〔英〕亚当·斯密:《国民财富的性质和原因的研究》,郭大力、王亚南译,商务印书馆1981年版,第14页。

斯·麦格雷戈,他在1957年11月的美国《管理评论》杂志上发表"企业的人性方面"一文,提出了著名的X理论和Y理论,该文于1960年以专著的形式出版。

麦格雷戈认为,有关人的性质和人的行为的假设对于决定管理人员的工作方式来说是极为重要的,管理人员以他们对人的性质的假设为依据,用不同的方式来组织、控制和激励。因而,他提出了X理论和Y理论。

X理论就是对"经济人"假设的概括,其主要观点有:

① 大多数人天生是自私自利且厌恶工作、逃避责任的,他们工作的动机和目的是获取报酬与享受。

② 大多数人都没有雄心壮志,也不喜欢负责,宁可让别人领导。

③ 大多数人的个人目标与组织目标存在冲突,为了实现组织目标,需用外力进行严厉控制。

④ 大多数人都缺乏理性,不能克制自己,很容易受他人影响。

⑤ 大多数人都是为了满足基本的生理需要和安全需要,所以他们将选择那些在经济上获利最大的事去做。

⑥ 人群大致可分为两类,多数人符合以上假设,少数人能克制自己,这部分人应当负起管理的责任。

与这种人性观相对应,就必然产生"恐吓惩罚型"激励模式。这种激励模式要求实行细致分工、责任到人,用严密的控制、监督和惩罚迫使其为组织目标而努力,而另一方面又靠金钱的收买与激励,这实质上是以"胡萝卜加大棒"的激励方式。

一般认为,X理论已经过时,在人们生活还不够丰富的情况下,"胡萝卜加大棒"的管理方法是有效的,但是当人们达到丰裕的生活水平时,这种管理方法就无效了。

(2) 社会人(social man)

20世纪二三十年代的"霍桑试验"为行为科学奠定了理论基础。梅奥在1933年出版的《工业文明中的人的问题》一书中,提出人是"社会人",而非单纯追求金钱收入的"经济人"。这种人性观的基本假设有:

① 从根本上说,人不仅仅是为了生活而工作,人由社会需求而引起工作的动机并通过与同事的关系获得认同感。

② 员工的工作效率随着可能满足他们需求的程度而改变。

③ 员工对同事们的社会影响力,要比对管理者们给予的经济诱惑和控制更为重要。

该假设得出的管理方式与根据"经济人"假设得出的管理方式完全不同,它产生以奖赏为主的激励思想。在这一激励思想的影响下,上级必须认识到公务员社会交往的需要,在工作之外,应通过创造人际交往机会来弥补惩罚型激励的不足。

（3）自我实现的人（self-actualizing man）

这是由美国管理学家、心理学家马斯洛提出的。所谓"自我实现的人"，是指"人都需要发挥潜力，表现自己的才能，只有人的潜力充分发挥出来，人的才能充分表现出来，人才会感到最大的满足"。麦格雷戈总结并归纳了马斯洛及其他类似的观点，相对于他的 X 理论，他又提出了 Y 理论。这一人性观的基本假设如下：

① 一般人并不是天性就不喜欢工作，工作中体力和脑力的消耗就像游戏和休息一样自然。工作可以是一种满足，也可以是一种处罚，到底怎样，要视环境而定。

② 外来的控制和惩罚，并不是促使人们为实现组织目标而努力的惟一方法。

③ 人的自我实现的要求和组织要求的行为没有必然的矛盾，如果给人提供适当的机会，就能将个人目标和组织目标统一起来。

④ 逃避责任、缺乏抱负、强调安全感，通常是实验的结果而不是人的本性。

⑤ 在现代工业生活条件下，一般人的智慧潜能只是部分地得到发挥。

这种人性观所要求的是"激励特性"型的激励机制，主要包括设计特定的、具有激励特性的工作，创造一种有利于员工发挥主观互动性和创造性的组织氛围，以及设计一种更具激励特性的扁平型组织。

（4）复杂人（complex man）

这是 20 世纪 60 年代末 70 年代初提出的人性假设。薛恩提出了超 Y 理论，并批判了前三种人性观，认为前三种人性观虽各有一定的合理性，但不能适用于一切人，因为人是复杂的，不是单纯的，人不是单纯的"经济人"，也不会是"社会人"，更不可能是"自我实现的人"，而应该是因时、因地、因不同情况采取不同反应的"复杂人"。这种人性假设的观点如下：

① 人的需要是多种多样的，这些需要随着人的发展和生活条件的变化而变化，每个人的需要都各不相同，需要的层次也因人而异。

② 人在同一时间内有各种需要和动机，这些需要和动机相互作用并结合成一个统一的整体，形成错综复杂的动机模式。

③ 一个人在不同单位或同一单位的不同部门工作，会产生不同的需求。

④ 由于人的需要不同、能力各异，对不同的管理方式会有不同的反应，因此没有适合于任何组织、任何时间、任何人的统一的管理方式。

这一理论要求采取一种"权变型"的激励模式，以调动不同个性和需求的员工的积极性，使个人目标与组织目标协调一致。

(5) 文化人(cultural-man)

这是美国管理学家大内在 Z 理论中提出的。这种人性观有如下假设:

① 不否认人是靠一定物质条件生存的"经济人",也不否认人是处在一定社会关系中的"社会人",但是人更是由一定价值观、道德观支配的"文化人"。

② 各种不同文化都赋予人不同的特殊环境,从而形成不同的行为模式。组织文化是社会的亚文化,它对组织成员有一定的激励作用。

这种人性观强调对组织成员进行社会责任感、职业道德和价值观念的培养与塑造,认为这才是组织成功的法宝,每个管理者都要着力塑造自己的组织文化,并把这种无形的组织文化潜移默化地融入到成员中去。组织成员在这种组织文化的激励下,必会尽责作出最大贡献。

时间	理论	代表人物	对人的基本法	激励检型
↓	X 理论	泰罗	经济人	恐吓惩罚型
	行为科学理论	梅奥	社会人	奖励型
	Y 理论	麦格雷戈	自我实现人	激励特性型
	超 Y 理论	薛恩	复杂人	权变型
	Z 理论	大内	文化人	文化型

图 7-1 各种理论对照表

二、行政组织激励的类型与特征[①]

(一) 行政组织激励的类型

1. 按激励的内容可分为物质激励与精神激励。物质激励从满足公务员的物质需要出发,对物质利益关系进行调节,从而激发公务员的工作积极性。精神激励从满足公务员的精神需要出发,通过对公务员心理状态的影响来达到激励的目的。精神激励多以授予称号、颁发奖状、开会表彰和宣传事迹等形式出现。

2. 按激励的性质可分为正激励和负激励。正激励是指当公务员的行为表现符合社会需要或组织目标时,给予奖赏或表彰来巩固和保持这种行为,使这种行为持续出现。负激励是指当公务员的行为表现不符合社会需要或组织目标时,给予惩罚或批评,使之弱化或消退,从而抑制这种行为。正激励和负激励结合使用,可以使公务员的良好行为持续下去,使不良行为逐渐消退,从而实现组织目标。

3. 按激励的形式可分为内激励和外激励。内激励是指通过启发诱导的方式激发公务员的主动精神,使他们的工作热情建立在高度自觉的基础上,充分发

---

① 参见边一民等:《组织行为学》,浙江大学出版社 2001 年版,第 157 页。

挥其内在潜能。外激励是指运用环境条件进行控制,以此强化或抑制公务员的各种行为。外激励多以行为规范形式出现,通过建立一定的制度,采取一定的措施,鼓励和限制某些行为的产生。内激励带有自觉性特征,外激励表现了某种程度的强制性。无数事实表明,内激励效果往往比较好,持续时间更长。在实践工作中,行政组织应把两者结合起来,更多运用内激励,从不同角度加强激励的效果。

(二)行政组织激励的特征

行政组织激励的推动、引导和维持功能是建立在公务员的心理活动之上的,而公务员的心理活动有其自身特点,因而行政组织激励表现出一些自身的特点。

(1)激励以公务员的心理作为出发点。激励起作用的过程是不可能感知的,只能通过在其作用下的行为表现加以判断。

(2)同一激励产生的行为表现在某一个公务员身上不是固定不变的,它受多种主客观因素影响,在不同的时间、不同的场合,表现也有所不同。

(3)同一激励导致的行为表现在不同的公务员上有不同的反映,在不同的公务员身上诱导出的行为表现则可能需要不同的激励。因为人与人是有差异的,他们的需要是不同的、多方面的。

(4)激励的目的是调动公务员的工作积极性,使公务员的潜能得到充分发挥。但这种调动和发挥不是无限的,它受公务员的主客观条件如知识能力、体力、年龄等的限制。

(5)激励是要计算投入产出比率的。激励归根到底是为组织实现某种目标而采取的手段,它不能凌驾于目标之上,当激励需要支付的代价大于它所能产生的效益时,它就是不切实际的。

三、行政组织激励过程的基本模式与意义

(一)行政组织激励的模式①

行政组织激励过程主要有三种基本模式,如图 7-2、图 7-3、图 7-4 所示。

第一种模式,如图 7-2 所示:

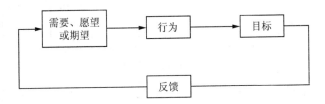

图 7-2 激励过程和基本模式之一

---

① 参见彭国甫:《行政组织学》,湖南师范大学出版社 1990 年版,第 197—200 页。

公务员总是具有不同强度的多种需要、愿望和期望,如果这些需要、愿望和期望没有得到满足,就会使他们紧张和不舒服,确定能减轻和缓解这种感受的目标,采取相应的行为,并将行为实现目标的情况反馈到下一过程的需要、愿望和期望中去。若目标尚未实现,则可能强化或修正原来的行为动机;若目标已经实现,则可能产生新的需要和行为动机。

把第一种模式展开,可以转化为第二种模式,如图7-3所示:

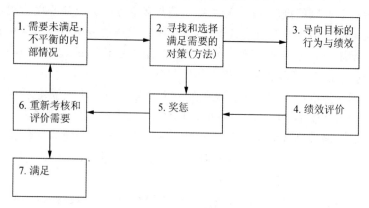

图7-3 激励过程模式之二

值得注意的是,这种激励模式中的行为目标有可能导致需要的满足和挫折心理两种结果,产生积极行为和消极行为。

第三种模式,如图7-4所示:

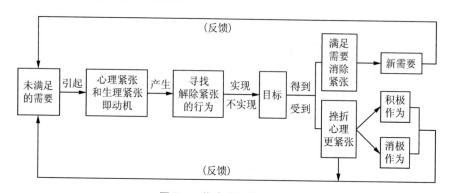

图7-4 激励过程模式之三

这个模式是把需要、动机、目标和报酬观念结合起来的多阶段的激励模式。整个激励过程可分为七个阶段:

第一阶段:产生需要,引起个人的紧张心理;

第二阶段:为解除紧张心理,恢复心理、生理平衡,个人寻求和选择满足这些需要的对策和方法;

第三阶段：在动机的驱使下，发生解除紧张心理的行为；
第四阶段：评价个人在满足需要方面的绩效；
第五阶段：根据对绩效评价的结果，给予适当的奖励或惩罚；
第六阶段：根据奖惩重新考核和评价需要；
第七阶段：在这个激励过程中，如果需要得到满足，就会产生平衡感或满足感；如果需要未得到满足，就要重复激励过程，还可能选择一个不同的行为。

上述三个激励过程模式，虽然各有所不同，但激励过程的组成部分是基本相同的。激励过程是从人的需要开始，到需要的满足而告终。当然，在现实生活中，激励过程决不会像上述模式那样清晰简单，而是比较模糊、复杂的，其原因在行政组织激励的特征中已有阐述。

(二) 行政组织激励的意义

行政组织激励是行政组织管理的核心因素之一，其重要作用主要体现在以下几个方面：

(1) 激励是行政组织广罗人才的需要。通过激励，相对满足公务员的合理需要，可以把有才能的、组织所需要的人吸引过来，提高公务员队伍的素质。

(2) 激励是提高公务员工作绩效的需要。组织行为学研究表明，每个人工作绩效的大小取决于他的能力和激励这两个因素，用公式来表示就是：

$$工作绩效 = 能力 \times 激励$$

能力与激励的关系，实质上就是能与干的关系。"能"，是指公务员是否具有做好某项工作的能力和资格条件；"干"，是指公务员有没有干劲，或者说有没有主动性、创造性、负责精神，即积极性。光有干劲没有能力是办不成事的；同样，光有能力没有干劲也是办不好事的。在能力相同的情况下，干劲越大，热情越高，工作绩效越高，反之亦然。因此，行政领导者如果善于激励下属工作人员，每个工作人员就会成为行政组织的一份极为宝贵的人力资源；相反，即使是好的人力资源也会成为行政组织的一个难以推卸的包袱。能否有效地激励，充分调动公务员的工作积极性，是现代行政组织提高工作绩效的关键。

(3) 激励是充分挖掘公务员的潜力、开发人力资源的需要。有效地组织并充分利用人力、物力和财力资源是组织管理的重要职能。其中，人力资源的管理最为重要的是充分发挥人的潜能。心理学研究表明，人具有极大的潜力，但潜力能否挖掘出来，取决于激励是否有效。美国哈佛大学的心理学家威廉·詹姆斯经过调查研究发现，按时间计酬的职工仅能发挥其能力的 20% ~ 30%，而受到充分激励的职工可发挥其能力的 80% ~ 90%。其中，有 60% 的潜力是通过激励挖掘出来的。相反，如果领导者不善于运用有效的激励手段，就会使职工的积极性日益下降，其能力的发挥就会从 80% 降到 50%。通过有效的激励来挖掘潜力、开发人力资源，是我党的光荣传统，在过去为国家建设作出了重大的贡献，在全面建设小康社会的今天,激发广大公务员的社会主义建设热情,充分调动他们全心全意为人民服务的积极性,最大限度地发挥他们的聪明才智,显得尤其重要。

(4)激励是进一步激发公务员创造性和革新精神的需要。列宁指出,不吸引新的人民阶层参加社会建设,不激发到现在为止还没有觉醒的广大群众的积极性,就谈不上什么改革。激励是激发公务员创造性和革新精神的重要途径。我国社会主义行政管理是一项前所未有的事业,不仅任务繁重,而且还有许多新问题有待进一步探索,更需要通过激励进一步激发广大公务员的创造性和革新精神,深化改革,不断开拓前进。

第二节 行政组织激励理论

行为科学家从不同的角度研究行政组织激励,提出了许多不同的激励理论和相应的研究成果,大致可以归纳为以下三类:

(1)内容型激励理论:着重对引发动机的因素,即激励的内容进行研究,主要包括马斯洛的需要层次理论、赫兹伯格的双因素理论。

(2)过程型激励理论:着重对行为目标的选择,即动机形成过程进行研究,主要包括佛隆的期望理论、亚当斯的公平理论。

(3)行为改造型激励理论:着重对达到激励的目的,即调整和改造人的行为进行研究,主要包括斯金纳的强化理论、挫折理论。

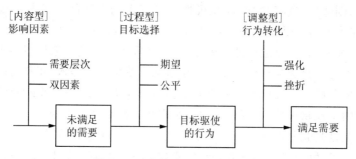

图7-5 三类激励理论与激励过程

一、内容型激励理论[①]

(一)需要层次理论

需要层次理论是一种研究人的需要结构的理论,是美国人本主义心理学家

---

① 参见余凯成主编:《组织行为学》,大连理工大学出版社2001年版,第140页。

马斯洛提出的一种理论。这一理论最初产生于1943年他发表的"人类动机的理论"一文,后来在他1954年的《激励与个性》一书中得到全面的阐述。

马斯洛按照需要的重要性和发生的前后顺序,将人的需要分为五个层次,如图7-6所示:

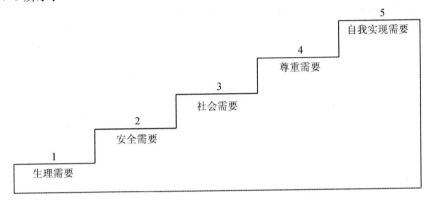

图7-6 马斯洛需要层次理论

(1) 生理需要。这是个人生存的基本需要,如食品、衣服、饮水、住房、配偶、医疗等。如果这些需要得不到满足,就会威胁到生存,因而它低于其他任何需要,是最基本的需要。

(2) 安全需要。它包括心理上与物质上的安全保障需要,如职业安全和稳定、有社会保险和退休基金、不受盗窃和威胁等。

(3) 社交需要。它包括归属、感情、友谊、爱情、被同伴接受以及给予和接受友谊的需要。

(4) 尊重需要。它分为两种不同的需要,一种是与人的自尊有关的需要,即对自信、成就、胜任、知识的需要;二是与人的名誉有关的需要,即对地位、别人的重视、赞赏以及对同等地位的人给予应有的尊重的需要。

(5) 自我实现需要。这种需要即自我成就需要,它是指一个人希望最充分地发挥个人的潜力,实现个人理想、抱负的需要。这是一种最高级的需要,包括胜任感和成就感。

马斯洛在1970年提出:

(1) 五种需要由低到高排列,较高的需要在进化上发展较慢。

(2) 较高的需要在主观上很少是急需的,需要的满足是相对的;较低层次的需要,相对满足后就必然会向较高层次的需要发展,层次越高,满足的可能性越低,但产生的激励力量越大。

(3) 满足了的需要很难产生大的激励作用。

(4) 这几种需要是同时并有的,在某一时间,只有一种需要占主导地位,对人的行为起主导、支配作用,同时任何一种需要也不会因为其他某种需要的发展而消失,各个层次的需要是相互依赖、辩证统一的。

马斯洛的主要理论贡献就在于他以结构的观念和方法论,将人的千差万别的需要归结为五种需要,并且这些需要又有内在联系和独立性。值得注意的是,他的这一理论与"人性假设"理论是密切相关的,如图7-7所示:

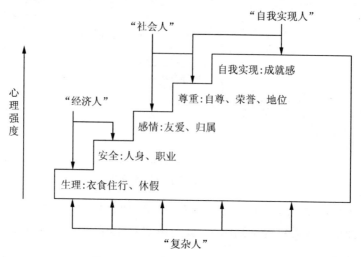

图7-7 需要层次与人性假设所示

马斯洛的需要层次理论由于其直观的感染力而被人们广泛接受。同时,这一理论也存在若干不足[①]:

(1)他认为需要层次机械地由低到高运动,忽视人的主观能动性的力量,难以解释越级上升呈由高到低的现象。

(2)满足的含义不够明确,一种需要得到满足后,很难预测哪一种需要会成为下一个必须满足的需要。

(3)这一理论的经验和实践研究还很少,基本上是一个未被验证的理论。

虽然如此,马斯洛为行政组织学所作的贡献是不容置疑的,该理论作为一种重要的理论,对行政组织管理工作具有重要的指导意义。

(二)双因素理论

双因素理论是由美国心理学家赫兹伯格提出的,这一理论不像马斯洛的需要层次理论那样从纯理论性的研究中导出,而是从调查研究中得出来的。他和同事于20世纪50年代末期,在匹兹堡地区对9个工业企业中的203名工程师和会计师进行了大规模的访问谈话。根据对调查所获得的大量资料的分析,他

---

① 参见余凯成主编:《组织行为学》,大连理工大学出版社2001年版,第142页。

们发现职工感到不满意的因素和使职工感到满意的因素并不相同,前者往往是由外界的工作环境引起的,而后者通常是由工作本身产生的。赫兹伯格对传统的满意—不满意观点提出质疑,认为传统的这种观点是不正确的,满意的对立面应该是没有满意,不满意的对立面应该是没有不满意。在此基础上,他提出了著名的双因素理论,如图 7-8 所示:

图 7-8 两种观点的对比

赫兹伯格归纳出职工感到非常不满意的因素有:
(1) 公司的政策和制度
(2) 技术监督
(3) 与上级之间的人事关系
(4) 与同级之间的人事关系
(5) 与下级之间的人事关系
(6) 工资
(7) 职务保障
(8) 个人生活
(9) 工作条件
(10) 职务地位。

赫兹伯格归纳出职工感到十分满意的因素有:
(1) 工作的成就感
(2) 工作中得到认同和赞赏
(3) 工作本身的挑战和兴趣
(4) 工作职务上的责任感
(5) 工作的发展前途
(6) 个人成长发展的机会。

综合两类因素及其正面和负面的作用,制图如 7-9[①]:

---

① 参见孙非:《组织行为学》,东北财经大学出版社 2003 年版,第 119 页。

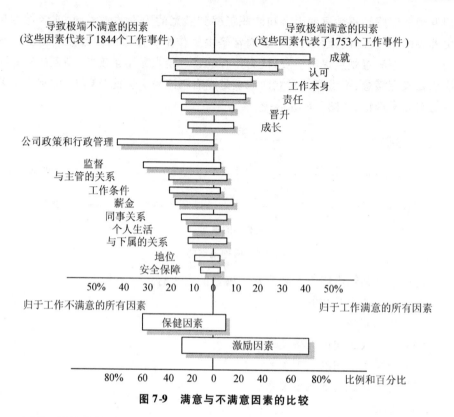

图 7-9 满意与不满意因素的比较

因此,赫兹伯格认为并不是所有的需要得到满足都能激起人们的积极性,只有激励因素才能调动职工的工作积极性,才能提高生产率;至于保健因素所起的作用则是维持现状,处理得当可以消除不满。激励因素与保健因素的比较参见图 7-10①。

事实上,赫兹伯格的双因素理论与马斯洛的需要层次理论是一致的,是对马斯洛需要层次理论的继承和发展。需要层次理论研究人类的需要及其结构层次,双因素理论研究在工作环境内满足这些需要的手段、工作中的成就感、工作本身的挑战性与满足感以及个人在职业上的成功,这些都属于激励因素。福利、工作条件、劳动保护、管理措施等等,则属于保健因素。两种理论的关系如图 7-11②。

---

① 参见余凯成主编:《组织行为学》,大连理工大学出版社 2001 年版,第 147 页。
② 参见彭国甫:《行政组织学》,湖南师范大学出版社 1990 年版,第 197—200 页。

项目	激励因素	保健因素
起源	人类形成的趋向	动物生存的趋向
特征	性质上属于心理方面的长期满足 满足/没有满足 重视目标	性质上属于生理方面的短暂满足 不满足/没有不满足 重视任务
满足和不满足的源泉	工作性质:对个人来说主要是内部的 工作本身 个人标准	工作条件:对个人来说主要是外部的 工作环境 非个人标准
显示出来的需要	成就 成长 责任 赏识	物质的 社交的 身份地位 方向、安全 经济的

图 7-10 激励因素与保健因素的比较

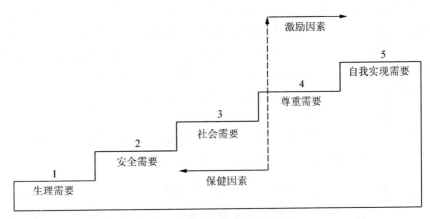

图 7-11 两种理论的关系

尽管赫兹伯格的双因素理论的每一条主要原则和马斯洛的需要层次理论一样,都未得到证实,但这一理论在两个相关的重要领域起了极大的作用:第一,这一理论使许多行政领导者致力于工作内容的研究,指导他们去设计更有吸引力的工作。第二,该理论更为重要的一点是启发人们认识到从公务员心理上培养和产生内激力的意义,引起人们对所谓内在动机的兴趣,为人们认识到工作本身的特点提供一种环境。个体能从工作中得到满足感,而无须接受任何外部的认同,也就是激励个体做某种工作由工作本身的特性决定,从而使管理工作发生很大的变化。

二、过程激励理论

内容型激励理论如马斯洛的需要层次理论、赫兹伯格的双因素理论,因其概念易为人们所接受且比较实用,这些理论都深受人们欢迎。但是,有些激励内容并不如人们所预期的那么有效,有时很高的激励力量也会逐渐低落和消失,这是内容型激励所无法解释的。因此,人们在内容型激励理论的基础上,进一步研究动机的形成和行为目标的选择,形成了激励过程理论。这一理论从激励的起点未满足的需要到需要满足这样的过程来探讨和分析人的行为是如何被推动、引导、维持和最后终止等问题。它着眼于找出那些对行为起决定性作用的关键因素,弄清它们之间的相互关系,并在此基础上预测和控制人的行为。这种理论一般使用动态方法来研究分析激励问题,其中最有影响力的是美国心理学家弗鲁姆的期望理论和亚当斯的公平理论。

(一)期望理论

期望理论是美国心理学家弗鲁姆于 1964 年在《工作和激励》一书中提出的,这一理论是研究需要与目标相互作用的规律,是以理性—经济人的观点为基础的一种认知理论。他认为,人人都是决策者,他们要选择一种当时看起来对自身最有利的行为。这一理论通过对人们的努力行为与其所获得奖励之间的关系来说明激励过程,并选择合适的行为目标以实现激励。

这一理论的基本内容:

(1)人之所以能够从事某项工作并达到组织目标,是因为这些目标和工作可以帮助他人实现自己的目标,满足自己某方面的需要。

个人努力 → 个人成绩 → 组织奖励 → 个人

(2)这一目标所产生的激励力量取决于这一目标对他的价值(效价)和他采取行动可能导致这一预期结果的可能性(期望值)。

用公式来表示就是:

$$M(Motivation) = V(Valence) \times E(Expectancy)$$

公式中:

M→激励力量,调动一个人的积极性,激发人潜力的大小。

V→目标效价,实现目标后满足个人需要的价值的大小。

E→期望值,实现这一目标的可能性的主观估计,取值范围为 0~1。

这一公式表明,若要提高激励水平,就要相应地提高效价和期望水平,效价越高、期望值越大,产生的激励力量就越大;相反,如果效价越低或期望值越低,公务员所产生的激励力量就越小,其具体表现形式有以下几种:

（1）期望值高 × 效价高 = 激励力量高
（2）期望值中 × 效价中 = 激励力量中
（3）期望值低 × 效价低 = 激励力量低
（4）期望值高 × 效价低 = 激励力量低
（5）期望值低 × 效价高 = 激励力量低

根据期望理论，要想有效地调动公务员的积极性，行政领导者就应正确处理努力与绩效、工作绩效与报酬、报酬与满足需要的关系。

（1）努力与绩效的关系。在行政组织中，公务员总想做出一定的工作成绩以换取所向往的报酬。如果公务员自身诊断通过努力获得好成绩的可能较大，他就会有信心、有决心，就会积极主动，努力去做这项工作；如果工作太难，可望而不可即，公务员就会丧失信心和勇气，没干劲。由此可见，努力与成绩之间的关系，主要取决于个体对目标的期望值。因此，行政领导者应根据人的能力、特长分配工作，通过指导和培训来提高工作能力，使公务员胜任工作，同时也要制定切实可行的计划，排除那些干扰公务员完成任务的不利因素。

（2）绩效与奖励的关系。公务员总是期望取得成绩后能得到适当的奖励，做好工作并不是他们的最终目的。如果只要求公务员为实现组织目标作出贡献，不给予适当奖励，被激发起来的积极性就会消退。公务员积极性的高低，一定程度上取决于绩效与奖励之间的关系。在行政组织中，最具体的就是分配制度，行政领导者要制定按劳分配的工资和奖励制度，并坚决执行这一制度。

（3）奖励和满足需要的关系。只有公务员所需要的奖励，才能产生激励。如果公务员所获的奖励，不是他们最需要的，甚至是他们根本就不需要，那么这些奖励将不可能产生动力，公务员的积极性也会受到伤害。这里的问题在于，公务员由于本身的年龄、性别、职位、家庭等不同，所需要的奖励也会不同。所以，行政领导者应根据公务员的需要，采取相应的奖励方式，这样才能提高奖励效益和效率，最大限度地挖掘公务员的潜力。

期望理论在取得巨大成功的同时也引起了激烈的争论。对这一理论的批评集中在它的理论假设上。批评者认为，该理论假设人们基本上是享受主义者（理性经济人），他们都在寻求日益快乐的条件而避免危险痛苦的条件，这是与现实不符的。此外，批评者认为，人们在实际决策过程中根本不能，也不会使用如此复杂的程序。由于人们的认识能力有限，他们很难去正确评估效价和期望值。不管怎样，弗鲁姆的这一理论对于我们理解公务员在组织中如何选择工作行为上是很有帮助的，这一点连批评者也不怀疑。

（二）公平理论

公平理论是美国心理学家亚当斯于1967年在《奖酬不公平时对工作质量的影响》一书中提出的，这一理论也称社会比较理论，它实质上是期望理论的发展和延伸。在期望理论中,从行政领导者的角度来看,激励可使公务员增加努力,努力会提高绩效,这就应该给予奖酬,适当的奖酬就使公务员的需要得到满足,满足后公务员将更加努力上进。但这种良性循环很大程度上在实践中是不可能的。研究表明,在这一循环中,还有许多起了决定性作用的因素,如下图所示:

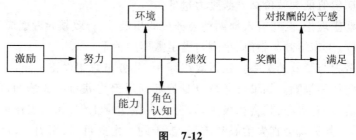

图 7-12

从图中我们可以看出,在努力与绩效之间,有三个方面的影响因素:一是能力,公务员能力不够,无论怎么激励也无法实现组织目标。二是环境,环境的好坏直接影响到公务员能力的发挥、绩效的获得。三是角色认识,如果公务员对自身定位不准确,该做的没做,不该做的做了,这样越激励,问题越大,实现组织目标的可能性越小。

在薪酬与需求满足之间,也有一个影响因素,那就是对"薪酬"的"公平感"。如果公务员觉得所得的薪酬与其他人相比或与以前相比有所下降,他就会感到不满足。尽管这些薪酬可以满足他们的需要,但还是会导致许多消极的行为,从而影响激励的效益和效率,影响组织目标的每次实现。

亚当斯的公平理论重点研究工资报酬的合理性,以及公平对公务员积极性的影响,这一理论研究实质上是奖励与需求满足之间的关系问题对期望理论在分配上进一步深入探讨和发展的结果。

在介绍亚当斯的公平理论前,首先应该指出"公平"与"公平感"这两个内涵截然不同的概念。公平、不公平是一种客观现象,可以运用许多公认的准则或法规来判断和研究。公平感、不公平感则属于一种主观现象,是公务员通过自身与他人或同自己过去奖酬的比较而产生的感觉和认同,是公务员的一种心理状况。

这一理论的主要观点是公务员对于自己是否受到公平、合理的待遇非常在意,这些感觉将直接影响到他们激励力量的产生和积极性的发挥。他们所受公平待遇的标准,不仅受所得薪酬绝对值的影响,更受其相对值的影响。相对值是指个体成员对其工作的付出和所得与过去的付出和所得进行比较的结果,如果这两种比值相符,就会产生公平感,反之则会产生不公平感。可用下列公式来表示:

$\dfrac{O_A}{I_A} = \dfrac{O_B}{I_B}$ 薪酬相当、比值一样、感到公平

$\dfrac{O_A}{I_A} < \dfrac{O_B}{I_B}$ 　薪酬不足、比值过低、感到不公平,有吃亏感

$\dfrac{O_A}{I_A} > \dfrac{O_B}{I_B}$ 　薪酬过高、比值过高、感到不公平,有负疚感

在这些公式中:

O 代表公务员工作所得的奖酬,这些奖励包括工资、地位、荣誉、福利、待遇、晋升与进修机会、工作的意义等。例如,O_A 是公务员 A 的所得奖酬,O_B 是公务员 B 的所得奖酬。

I 代表公务员自己或他人对某项工作的投入,包括努力、资历、知识、能力、经验、贡献等作出努力的程度以及对过去和现在的工作绩效的主观估计。例如,I_A 是公务员 A 的投入,I_B 是公务员 B 的投入。

A 代表进行比较的主体或当事人。

B 代表被比较的对象、客体或参照物。

在这个公式中,B 既可以是被比较的对象,也可以是进行比较的主体本身,不过此时的 B 应是主体过去的经历。O_B 即为过去的所得奖酬,I_B 为过去的投入,其他的公式推理相同。

当公务员的比较结果显示自己的收支比例与别人的收支比例相等,或现在的收支比例与过去的收支比例相等时,就会感到所得的待遇是公平的,因而会认同组织的奖酬和激励,从而充分调动起积极性,努力工作以争取每一次奖酬。

当公务员发现自己的收支比例小于参照物的收支比例时,就会感觉到不公平,从而使积极性受挫,对组织激励不认同,同时会想方设法以尽快消除这种不公平感:

(1)采取某些对策,如减少工作投入,降低工作的质量与数量,要求提高自己的奖酬所得来改变收支比例以实现平衡;

(2)更换参照物以获得主观上的公平感;

(3)采取行动,改变参照物的收支比例,如向上级领导汇报参照物的不合理情况;

(4)发泄对组织的不满,制造人际冲突,改变就业单位或环境;

(5)通过自我解释,曲解自己与参照物的收支状况以造成各种主观上的公平现象,从而消除不公平感。这些措施在实际中经常被混合使用。

当公务员发现自己的收支比例大于参照物的收支比例,也就是占了便宜时,也会感到不公平,内心不安,有一种负疚感。此时,他可能有以下几种反应:

(1)感到激励和鼓舞,增加了对组织的忠诚度,增加自己的投入以减少负疚感;

(2)通过歪曲或重新估计自己的投入、收益因素或参照物的投入、所得因

素,或把多得归于运气等以达到心理平衡;

(3) 将多得视为理所当然以回避心理不安;

(4) 改变参照物;

(5) 将情况告知参照物,建议通过某些措施以改变收支比例。

公平理论的提出和发展,取得了极大的成功,引起了人们的浓厚兴趣。这一理论阐明了奖酬合理性、公平性对公务员积极性以及组织的影响,它在一定程度上对加强社会主义行政组织管理,提高行政领导者的管理水平,充分发挥公务员的积极性有着很强的实用性和意义。

但是,这一理论也有一些不足之处,国内学者余凯成总结了亚当斯公平理论尚需深入研究的几点问题[①]:

(1) 不公平感的产生,并不是亚当斯这一公式略显不等时便能立即显现和感知的。

(2) 亚当斯这一公式的建立,应以比较双方机会均等为前提,即双方要有平等的竞争机会。

(3) 在实践工作中,变量 O(个人所得的奖酬)不一定只是正值,成员在工作中所获得的结果不一定只是有利的,有时也会导致不利、消极的结果。变量 I(工作投入)分为积极的和消极、帮倒忙的两种。这样一来,个人所得和工作投入都可能出现负的情况,这是亚当斯公式无法解决的。

(4) 在研究分配公平感时,并未提及分配标准的选择与分配程度的公正性与合理性,标准不当、程序不合理、领导不公正,这些都会影响分配结果的公平性和成员的公平感。

(5) 在分配的公平性分析中,人们常常作归因推断,感到公平时,多归于内因,归于具体的内源性个人因素(如勤奋、能力强等)多于抽象的个人因素(如运气好);感到不公平时,则多归于外因,其中归于具体因素(如领导无能、不公平)多于抽象因素(如制度不合理)。

(6) 资源分配时,在分配前是否给分配接受者作出某些承诺,不管是明确的许愿,还是暗示性的默契,不管是实际上存在,还是接受者误会而自认为有,这些都会影响公务员对结果的判断。

因此,要克服以上几种影响因素,行政领导者应采取的对策包括:

(1) 自身要公平,体现科学分配原则,一视同仁,平等对待。

(2) 改变不合理的分配制度。

(3) 建立科学的绩效评估制度,将各种因素综合考虑,条件应科学合理。

(4) 进行必要的思想教育,正确诱导,全面客观地比较和对待他人,改变各

---

① 参见余凯成主编:《组织行为学》,大连理工大学出版社 2001 年版,第 158 页。

种不良认识,培养以大局为重,多作贡献,少讲报酬,反对绝对公平、斤斤计较的思想。

(5) 创造一个公平、民主的组织气氛,及时疏导不满情绪,引导公务员保持激情。

三、行为改造激励理论

内容型与过程型理论都侧重于人的需要、理解和认识等心理因素,这两种理论虽然很好地描述了认知的心理过程,但对行为结果与反作用说明不够,在研究如何激励员工方面也有所欠缺,如没有将研究人内涵的心理活动与研究人外显的行为表现有机地结合起来。行为改造激励理论就是研究如何巩固和发展人的积极行为,如何改造和转变人的消极行为的理论。因此,这一理论与上述两种激励理论的区别在于,它将结果(奖酬)看成决定行为的刺激物,而传统的激励理论则把个人的需要、动机看成决定行为的刺激物,如图 7-13 所示:

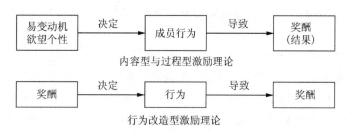

图 7-13 内容型、过程型与行为改造型激励理论比较

行为改造激励理论重视研究对公务员行为的改造、修正,其中最有影响力、应用最广的是强化理论和挫折理论。

(一) 强化理论

强化理论是美国哈佛大学心理学教授斯金纳提出的一种重要的行为改造激励理论。他认为,人就像一个"黑箱",内在的心理状态犹如黑箱里的东西是不可知的。因此他提出,控制和预测人的行为无需了解人的内在状态和心理过程,只需研究和解释人的行为的形成机制,通过控制强化物来控制行为,使所需要的行为重复出现并得到加强,使不重要的行为得到削弱或消失。

斯金纳将强化看成是增强某种反应、某种行为概率的手段,是保持行为和塑造行为必不可少的关键因素。利用强化手段来改造行为,一般可分为以下四种方式:

1. 正强化,是指在行为发生后,运用刺激因素肯定这一行为,使公务员感到满足了他的某种需要,从而使这种行为得到巩固和加强,使之再发生、增大的一种行为改造方式。正强化又叫积极强化,刺激因素则包括表扬、赞赏、认可、晋升、加薪、分配更有义的工作。应用正强化时,要注意以下几点:(1)所选强化物要恰当,要对被强化对象有吸引力和激励效果。(2)强化要有明确的目的性和针对性,要让被强化者知道被鼓励和希望的行为。

2. 负强化,是指某一不良组织要求和组织目标的行为发生后,运用某种刺激因素,立即消除某种令人不愉快、烦恼的事件或环境,预先告知某种不符合要求的行为或不良绩效可能产生的后果,要求公务员按允许的方式行事,以避免产生不良的后果,既减少或消除了不良行为后果的产生,也增加了符合要求的行为重复出现的可能性。因此,负强化和正强化是一致的,它不是惩罚,如某个公务员如果上班迟到,就受批评;如果按时上班,就不受批评。应用负强化,通过去除不利影响来鼓励某一行为时,要待这一行为出现时再去除方能奏效,以使被强化者明白行为和后者的联系。

3. 惩罚,是指在某一行为发生后,用某些刺激因素使行为者感到痛苦或不快,以表示对这类行为的反对和否定,从而减少和消除这些行为发生的可能性的一种行为改造方式。刺激因素包括批评、降薪、罚款、降职等有强制性和威胁性的结果。

4. 自然消退,是指撤销对成员某些行为的强化,或在行为发生后不加理睬,不闻不问,既不给予正强化,也不给予负强化,使其感到自己的行为得不到承认或认同,从而使这一行为慢慢地自然消失的行为改造方式。如下级奉承上级,如果上级不理他,时间长了,下级自觉没趣就不再奉承上级了;又如公务员做了一件好事,如果上级和同事不加赞赏,做好事的行为自然就会消失。

以上四种强化方法被广泛使用,但在实践中,它们既可单独使用,也可综合使用。

除了上述的几种强化方式可以影响公务员行为外,强化的时间安排也可以产生相似的效果。每次行为发生后都得到强化的叫做"连续强化",而不是每次行为发生都能得到强化的叫做"间断强化"。间断强化可分为定向、固定比率、可变向和可变比率四种强化形式。

固定间隔是指经过固定的一段时间后给予强化,如按月支付工资。可变间隔是指以时间为基础安排强化,强化时间是不固定、可以变动的,如会议表扬。固定比率是指不考虑时间问题,在行为达到一定程度或实现一定目标后给予强化。变动比率是指行政领导在公务员某些行为多次发生后给予一次性强化。

以上四种间接强化的激励力量按顺序依次增强,具体参见图7-14。

行政领导者在应用强化理论满足公务员需要时,应注意以下几个问题:

(1)采取强化物要因人制宜,强化物要满足成员需要,分步实现目标,不断强化行为。

(2) 奖惩结合,以奖为主。

(3) 奖励、激励、强化要及时,方法要创新。

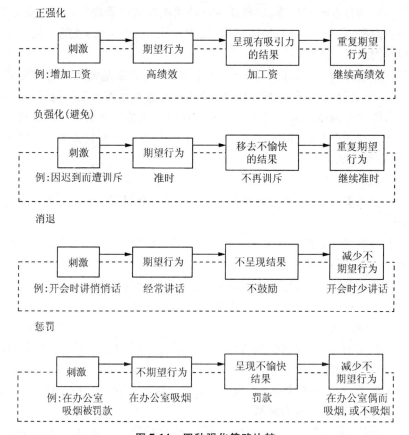

图7-14 四种强化策略比较

（二）挫折理论

挫折理论最早可追溯到20世纪初奥地利心理学家弗洛伊德创立的精神分析学说。这一理论与前面提到过的各种激励理论的不同之处在于,它并不研究如何激发人的动机、调动人的积极性,而是研究那些阻碍人们发挥积极性的各种因素,分析使个人产生挫折感的原因、个人的表现和应对措施。

挫折理论认为:

1. 公务员在行政组织中的任何行为都是为实现某一目标、满足某种需要而引发的,然而这些行为导致的结果有两种:一种是没有遇到什么困难或克服困难后实现目标、满足需要;另一种则是由于某些主观成分的原因遇到难以克服的困难,使目标无法实现、需要不能得到满足,这种目标无法实现、需要得不到满足的紧张状态就叫"挫折"。

2. 挫折是普遍存在的,引起挫折的原因是多种多样的,主要包括:

(1) 客观环境。客观环境是指好坏不受公务员的主观能动性影响。客观存在的因素包括自然环境因素,如地震使行政组织的某些管理职能不能有效履行;社会环境因素,如政治体制、经济结构、法律规范、经济道德、思想文化与文化风俗习惯等因素。

(2) 主观因素。主观因素可分为两个方面,一方面是公务员有能力实现某一目标,但因资源有限,使目标之间产生冲突,无法取舍而产生的挫折;另一方面则是个人能力有限或个人资源不足等原因使目标无法实现而产生的挫折。

挫折是客观存在的,但挫折感是主观的,这种挫折及其对人的行为的影响是因人、因事而异的。

1. 积极的反应

(1) 加倍努力:公务员受到挫折后,仍坚持原有目标,通过其他方法和途径实现目标。

(2) 目标调整:在目标无法实现后,分析目标情况,调整目标实现期限,或修改无法实现的目标内容。

(3) 目标替换:在目标无法实现后,放弃追求目标,用另一个可以实现的目标来补偿或取代原有目标,以新的需要代替原来的目标。

2. 消极的反应

(1) 病态的固执:强制性地重复无效的动作,在受到挫折或惩罚后,不仅不改变,反而更加强烈。

(2) 忧虑:经过连续挫折后,失去自信心,不知所措,产生一种紧张不安、焦急、恐惧感相互交织的复杂情绪。

(3) 推诿:受到挫折后,不再面对现实,想出种种理由来说服自己,将所有过失推给他人。

(4) 逃避:在受到挫折后,不思进取,逃避现实。

(5) 妥协:在受到挫折后,接受不能达到目标这个现实,顺应现状。如折衷、调和或压制自己的方式和感情,做自己原本没有计划去执行的事情。

(6) 放弃:长期受挫折,极度消极,自暴自弃,对任何事情都不再抱有信心,对一切漠然视之。

(7) 攻击:个体在遭到挫折后采取的一种极不现实的、带有破坏性的行为,这种攻击行为可针对他所认为的挫折源,也可针对其他无辜的人或自己,如无理取闹、暴力行为或自杀。这类攻击行为的产生受到以下几个因素的影响:挫折带来的影响力、挫折的频率、受挫折者个人的承受能力、攻击所导致惩罚的程度等。

挫折理论研究挫折的表现与原因,是为了激励公务员减轻挫折感,采取正确的方法来处理挫折感。根据这一理论,可以用以下几种方法来应对挫折:

（1）树立正确的挫折观。挫折是不可避免的,问题的关键在于个人如何面对。作为受挫折者,应该冷静分析情况,探求问题的真正原因在哪里、如何应对;作为行政领导者,对受挫折者要采取宽容的态度,要给予理解和体谅,不可采取粗暴的方法处理。

（2）改变环境或目标。应付挫折的有效方法就是积极改变引起挫折的情境。作为受挫折者,可以放弃现在的环境,选择新的职位和机构;行政领导则要建立良好的组织氛围、融洽的组织环境,给受挫折者以温暖和爱护。

（3）心理咨询。随着当代行政组织资源的日益复杂和困难,公务员的挫折感随之迅速增大,在组织内成立专门帮助公务员治疗心理疾病的专门机构、专业人员越来越多地被行政领导者提到议事日程上,而这些专门机构、专业人员可以通过有效的磋商与沟通,疏导受挫折的公务员的紧张、不满情绪,并帮助他们分析产生挫折的原因,提高他们的认识水平,改进他们的思想观念,正确引导他们的行为。

（4）精神发泄法。精神发泄法最早起源于日本企业管理模式,是指行政组织创造一种环境,公务员在遭到挫折后心情、精神处于紧张和不满的情况下会产生一种攻击和发泄的欲望,这时行政组织可以建立一些模拟对象,使受挫折者将攻击欲望转移到这一模拟对象上。在紧张情绪发泄后,受挫折者就会达到一定的平衡,需要就会得到一定的满足。

第三节　行政组织激励的应用

一、影响行政组织激励的因素[①]

要科学地把握行政组织激励的原则与方法,首先必须科学地分析影响和制约行政组织激励的因素。行政组织激励受一系列因素的影响和制约,概括起来可分为客观因素和主观因素两大类。

1. 客观因素

客观因素主要包括目标、结果、政策、组织状况和团体气氛等。

（1）目标。合适的目标能诱发公务员的动机,引导其行为方向,既是行动的指南,又是行动的旗帜。公务员对目标的价值看得越大,估计实现的概率越高,这个目标对公务员激发的力量也就越大。

（2）结果。结果是行动改造或改变客观事物而达成的一种状态。结果的好坏对人的激励具有很大的作用。如果结果是好的,能满足公务员的某种需要,就

---

① 参见彭国甫:《行政组织学》,湖南师范大学出版社1990年版,第287页。

会强化引起这种结果的行为,使这种行为重复出现;相反,如果这种结果是坏的,不能满足公务员的任何需要,这种行为就会逐渐消失。

(3) 政策。政策是行为的准绳,如果政策公平合理,贯彻按劳分配原则,能把公务员的职、责、权、利有机地统一起来,克服用人上的不正之风,做到任人惟贤,惟才是举,不拘一格,就能深得人心,充分调动公务员的积极性;如果分配不公,职、责、权、利不统一,任人惟亲,就会丧失人心,不能调动公务员的积极性。

(4) 组织状况。行政组织结构是否合理,权责关系是否明确,职务分工是否科学,规章制度是否健全,领导方式是否妥当等,对调动公务员的积极性有直接的影响。

(5) 团体气氛。公务员总是处于团体之中,团体成员之间是否具有强烈的认同感与归属感,彼此是否团结、友好和亲密合作,每个成员与领导者之间是否彼此信任、相互支持,团体成员是否心情舒畅、是否具有强烈的工作动机,非正式团体与正式团体的目标是否一致等等,都直接影响公务员积极性的发挥。

2. 主观因素

主观因素主要包括公务员的需要、性格、情绪、成熟程度和思想准则体系等。

(1) 需要。公务员的内在需要是行政组织激励的基础。没有需要,就不可能引起动机,也就没有激励。公务员的需要愈能得到顺利满足,就愈能调动其积极性。

(2) 性格。性格是一个人对现实的一种稳固的态度以及与之相适应的习惯了的行为方式,是个性心理特征的一个突出表现。如遇到困难时,有的人经常表现为勇敢、顽强,而另外一些人则表现为软弱、退缩,这就是一个人性格特征的表现。这些性格特征,既表明了个体对现实的态度,又表现了他在现实生活中习惯了的行为方式。公务员的性格反映了他在社会集体中的生活方式,并首先表现在他对别人以及委托给他的工作的态度上。在对社会集体和他人的态度方面,主要表现在对社会主义事业充满信心,生活目标明确或缺乏理想,关心集体或自私自利,热爱人民、关心同志或冷淡、冷酷无情,诚实或虚伪等方面;在对工作、劳动的态度方面,主要表现在勤奋或懒惰,工作负责或不负责,首创精神或保守,节俭或奢侈,自尊、自信或自卑,严于律己或放任自己等方面。可见,性格对人的行为具有很大的制约作用。

(3) 情绪。情绪对公务员的积极性有激发或压抑作用。人的情绪是由需要引起的,如果需要得到满足,就会产生积极的情绪体验;相反,如果需求遇到某种阻碍或意识到不能满足时,就会产生消极的情绪体验。积极的情绪激励公务员勇于探索、大胆创新、开拓前进;消极的情绪容易使公务丧失信心、衰退意志、涣散精神。

（4）成熟程度。成熟程度是指人们认识客观环境、解决矛盾的水平和能力。一个人的成熟程度与他自己的年龄、经历、教育、家庭、工龄等因素紧密相关。公务员的成熟程度不同,其思想行为就会有很大的差别,所以应采取相应的激励方式和方法。一般说来,对不成熟的公务员,应通过改变环境,满足生理、安全、社会需要来激励;对成熟的公务员,应通过丰富工作本身的挑战性,尊重成就、自我实现、理想等需要来激励。

成熟程度 思想行为	不成熟	成熟
需要重点	生理、安全、社会	成就、自我实现、理想
独立自主程度	比较低,依赖性大	比较高,不愿依赖
兴趣	比较浅,容易变化	比较深,不易变化
工作主动性	比较被动,主动性差	比较主动,主动性强
自我控制	不易做到	能够做到
地位	服从	成熟
自我意识	缺乏	强烈
处事办法	办法少,无经验	办法多,可选择,经验多

图 7-15　成熟程度的特征

（5）思想准则体系。这是一个与个人社会职责密切相关,赖以制定目标、作出决策、指导行动的思想判断标准体系。一个行政组织如果没有为其公务员接受的正确思想准则,这个行政组织就会成为一盘散沙;一个公务员如果不以正确的思想准则作指导,就不能保证其行为方向、目的和手段的正确性。从内容上来说,思想准则体系是由社会观、历史观、人生观、道德观、价值观以及由此形成的世界观和方法论构成的有机体系。无产阶级的思想准则体系主要包括社会历史观、人生道德观和价值观。具有无产阶级性质的社会主义公务员,懂得人类社会的发展是一个自然的历史过程,共产主义是历史发展的必然;懂得人民群众是历史的创造者,是社会的主人,能尊重、相信、依靠人民群众,做人民的公仆;按照无产阶级和广大人民群众的意志和愿望改造他人、改造自己,并乐意把一切贡献给人类的解放事业。具有无产阶级人生道德观的社会主义公务员,会自觉地摒弃"双重人格",认真履行自己的义务和职责,虽身处逆境却不气馁,即使身残而志不残,朝着既定的正确方向,注重工作成就,但不仅仅注重金钱、权力和地位,更主要的是注重为社会、为人民多作贡献,把自己的光和热全部奉献给全心全意为人民服务的事业。

影响行政组织激励的主观因素和客观因素是一个相互联系的整体。其中,主观因素是内在因素,是影响行政组织激励的根本因素;客观因素是外在因素,外在因素通过内在因素而起作用。

二、行政组织激励的原则

为保证激励的有效性,行政组织激励应遵循下列基本原则:

1. 按需激励原则

要激发动机,就必须满足公务员的需要,而公务员的需要是多种多样的,行政组织的任务就在于找出相应的激励因素,采取相应的组织措施,满足公务员的各种不同需要,以调动他们的积极性,有效地实现组织目标。为此,必须注意如下三点:

(1) 满足不同层次的需要。公务员的需要是可以分层次的,应找出各层次的一般激励因素,并采取相应的组织措施(如图7-16所示),做到对症下药、有的放矢。

一般激励因素	需要层次	组织措施
1. 成长 2. 成就 3. 提升	自我实现（复杂的）	1. 有挑战性工作 2. 创造性 3. 在组织中提升 4. 工作的成就
1. 承认 2. 地位 3. 自尊 4. 自重	自我、地位、尊重（上升的顺序）	1. 工作职称 2. 奖励增加 3. 同事和上级 4. 工作本身 5. 责任
1. 志同道合 2. 爱 3. 友谊	归属与友爱	1. 管理的质量 2. 和谐的工作小组 3. 同事的友谊
1. 安全 2. 保障 3. 胜任 4. 稳定	安全与保障	1. 安全的工作条件 2. 外加的福利 3. 普遍加薪水 4. 职业安全
1. 空气 2. 食物 3. 住处 4. 性生活	生理	1. 暖气和空调 2. 自助食堂 3. 基本工资 4. 工作条件

图7-16 需要与其相应的激励因素和组织措施的关系

(2) 满足不同人的需要。每个公务员的需要层次顺序与主导性需要并不是千篇一律的。有些人的生理需要比完全需要更为重要,有些人的自我实现需要比生理需要更为重要,有些人的需要则恰好相反。行政组织应根据公务员各个不同时期需要的特点,采取相应的组织措施,调动他们的工作积极性。

(3) 调整需要层次结构。需要层次结构与个人的思想觉悟密切相关。一般说来,公务员的思想觉悟越高,其需要层次结构就越以自我实现需要为主;相反,则越以生理与安全需要为主。在社会主义初级阶段,应不断提高公务员的思想觉悟,强化他们的自我实现需要,使他们在共产主义思想、信念的支配下,克服私心杂念,消除干扰,把自己的聪明才智贡献给人民,特别是当党和人民需要的时候,能够毫不犹豫地献出自己的一切,乃至宝贵的生命。

值得指出的是,满足公务员的需要,只限于满足他们正当的、合理的需要。对那些不正当的、不合理的需要,不仅不能满足,而且还要通过细致的思想政治工作尽快消除。

2. 集体主义原则

以生产资料公有制为基础的社会主义社会,个人利益与集体利益在根本上是一致的,但它们之间还存在着非对抗性的矛盾。当个人利益与集体利益发生矛盾时,个人利益必须服从集体利益,做到先公后私,甚至公而忘私,这是集体主义原则的内在要求,是社会主义行政组织激励的根本原则。

3. 物质激励与精神激励相结合的原则

物质激励是指根据工作表现和贡献大小,适当满足公务员正当的物质需要,以调动其积极性的方法;精神激励则是指根据工作表现和贡献大小,适当满足公务员正当的精神需要,以调动其积极性的方法。物质激励和精神激励是行政组织激励不可分割的两个方面。精神激励归根结底是与公务员的物质利益联系在一起的。没有适当的物质激励,精神激励就没有基础,公务员的积极性就难以长期保持;没有精神激励,就不能激发公务员的革命精神,就不能使物质激励得到升华和发展,就不可能真正调动公务员的积极性。因此,行政组织激励必须把物质激励与精神激励有机地结合起来,使它们相互补充、相互渗透。

4. 奖惩结合原则

奖是指行政领导者通过认可、赞赏、增加工资、提升或创造一种令人满足的环境来表示对公务员行为的奖励和肯定。罚则是指对不良的行为或业绩采取像批评、扣发或少发工资、降级、处分等来表示对公务员的惩罚或批评。通过对公务员好的工作成绩和行为及时表扬和激励,使他得到大家的认可,从而继续下去;对不利于行政组织发展的行为进行严格管理,按制度坚决处理,以避免其再次发生。奖惩结合从正反两个角度同时对公务员的工作和行为进行评价和反馈,可以调动他们的积极性,促使他们不断提高自己,实现组织目标。

三、行政组织激励方法

1. 加强思想政治工作

思想政治工作是行政组织激励的基本方法之一。通过思想政治工作,用共产主义思想、马克思主义基本理论教育广大公务员,使他们树立正确的立场、观点、方法,不断提高公务员的思想政治觉悟以及认识和改造世界的能力,自觉为行政组织目标努力奋斗。

发挥思想政治工作激励职能的关键在于,用科学的世界观和人生观武装公务员的大脑,调整他们的需要层次结构,适当满足他们的某些基本需要,改变他们的一些错误思想和认识,及时有效地解决他们的思想问题。

要做好思想政治工作,行政领导者需坚持以下几个原则:

(1) 与物质激励相结合

思想政治工作的实质是一项精神激励工作,而要从根本上满足公务员的需要,调动公务员的积极性,就必须坚持将物质激励与精神激励相结合的原则。思想政治工作没有物质激励作为保障,就不可能产生预期效果。在建国后的一段时间内,特别是"文革"十年动乱时期,在"突出政治"的口号下,否认物质激励原则,搞"精神万能"、"平均主义",严重挫伤了公务员的工作积极性。

(2) 与解决实际问题相结合

思想政治工作所要解决的问题主要是思想问题,而公务员各种思想问题的产生除了一部分是纯思想认识和思想意识外,有相当一部分是由现实生活中的实际问题所引起的,是生活中实际问题的直接或间接反映。在解决人的思想问题时,如果只讲大道理,不注意解决公务员的实际困难和实际问题,是很难满足公务员的实际需要、调动公务员的积极性的。因此,在激励过程中,一方面要教育公务员正确对待难以解决的实际问题,同时也要实际调查研究,找出产生问题的现实根源,并想方设法予以解决。

(3) 与法规控制相结合

思想政治工作是一种软的管理手段,要想使思想政治工作更有成效,还必须与行政组织法律法规、组织纪律控制相结合,两手抓,两手都硬,才会相得益彰,才能获得应有的成效。在行政组织激励中,建立和健全公平、公正、透明的规章制度是思想政治工作的保证。只有这样,行政组织激励才会有章可循、行之有据,才不会在组织中产生不满情绪;同时,也使各种思想问题的产生控制在最低程度,保证了公务员思想行为的正确性。如果制度不公、不健全,执行不严格,必将各行其是、思想混乱、正不压邪。在这种情况下进行的激励可能会产生更大的反作用,给行政组织带来更大的矛盾和混乱。公务员的需要是多种多样的,行政组织本身的资源极其有限,只可能满足一部分公务员的需要,因此,也必然会使一些公务员产生不满情绪,积极性受挫,影响组织的正常工作,有的在经过反复思想工作后,仍然不听劝告,不接受帮助,越走越远,甚至违反法律,走向党和人民的对立面,在这样的情况下,就必须给予相应的法律处分。

(4) 与满足公务员不同需要相结合

几乎所有的现代激励理论都认为,每个个体都是一个独特的、不同于他人的个体,他们的需要、态度、个性以及其他重要的个体变量各不相同,即使同一个体,不同时期、不同环境下,需要也各不相同。在思想政治工作中,行政领导要根据公务员各个不同时期或每个个体需要的特点采取相应的组织措施,满足他们的需要,调动他们的积极性。

2. 合理设置组织目标

合理设置组织目标的实质就是实行目标管理。目标管理是一种由激励理论发展出来的激励技术、管理制度,也是一种制定计划、进行控制、进行人事评价和对组织整体绩效作出评价的方法。1954年,著名管理学家德鲁克在《管理实践》一书中首次全面阐述了这一管理制度。

目标管理是指一个组织中的上下级共同制定组织的目标和任务,并由此确定各自的分目标和任务,使大家通过完成各自的目标和任务,为完成组织总目标和任务作贡献的一种管理方法。目标管理的吸引力在于它强调将组织的整体目标转化为组织单位和个人的具体目标,通过设计一种使目标根据组织层次相衔接的程序,使目标的概念具有可操作性。目标管理以合理设置目标来激发公务员的自我管理意识,以目标来指导行为,以合适的目标来激励动机,充分调动公务员的积极性。在目标管理中,行政组织的上下级人员确定了共同的目标,并规定了各成员为达到组织目标而应承担的职责范围,同时也可据此来评估每一单位和成员的绩效,并据此给予奖励或惩罚。

在目标设定中,组织设立总目标后,每个部门根据总目标设立本部门的行政目标,个人则根据本部门的目标和个人情况制定个人目标,从而形成一个自上而下的目标管理系统和自下而上的措施保证系统。

在目标设定时,需要注意以下几点:

(1) 制定行政组织目标时,应将组织目标与公务员的需要相结合,使公务员从组织目标中找到自己的利益,提高目标效价。

(2) 制定行政组织目标时,目标应当是具体的,目标的具体性本身就是一种内部激励因素,目标提示公务员需要做什么以及应该怎样做。

(3) 目标实现的可能性要高。目标的设置应根据公务员的能力而定,让公务员看到目标实现的可能性很大,他们的积极性就会更高。

(4) 必须对达到目标的进程有及时、客观的反馈信息。在组织努力实现目标的进程中,必须有及时、客观的反馈信息,这些信息会使公务员认识到自己做的和还要做什么之间的差距,及时调整行为。

(5) 下级的目标方案应由下级自己制定,上级只是起协调组织作用,不要实行强制性分配。

(6) 目标设定过程中,行政领导者协调各种目标,确保其与总目标的一致性和可行性。

3. 科学设计组织结构

科学设计组织结构,应注意以下几点:

(1) 制定明确的权责结构。明确各单位和个人的责、权、利,并使一定的责任具有相应的权力和利益。公务员在自己的职责范围内,根据相关法律法规以及组织和个人情况,独立自主地处理事务,提高公务员的责任感和荣誉感,极大地调动其积极性,满足其自我实现的需要。

(2) 设计合理的用人制度。人员任用得当能为公务员提供最直接的满足,使其处于激发状态。用人制度是组织激励的关键和最基本的方法,一个合理的用人制度,包括职能相称、量才使用、用人所长、避人所短、用人不疑、大公无私、惟贤是举等。

(3) 妥善进行职务分工。职务分工合理能直接满足公务员的某些需要,使他们的积极性得到激发,个人能力和潜力得到发挥。在进行职务分工时,一方面一定要确保责任到人;另一方面,分派的工作要有一定的难度,具有适当的挑战性。如果工作没有难度,公务员工作负荷不重,很难激发公务员的积极性和成就感,不利于公务员的发展和组织绩效的提高;如果工作难度过大、压力过高,公务员很难完成,也会大大降低其积极性。因此,分派的工作需在充分考虑个人能力的基础上,在数量和质量上有一定的难度。另外,分派的工作也需与公务员的专业、兴趣对口,符合他们的志愿和特长,将组织需要和个人需要有机地结合起来。

4. 及时改进薪酬、奖励制度

当我们专心考虑目标设定、创造工作的趣味性、提高参与机会等时,很容易忘记生理需要和安全需要是公务员的基本需要,很容易忘记大多数人从事工作的主要原因是获得确保生存的金钱。因此,加薪、奖励和其他物质刺激,在满足公务员需要、调动他们的积极性上有着很重要的作用。薪酬、奖励制度是满足公务员生理需要、安全需要以及其他一些物质需要的经济来源,而且也是他们的成绩、责任、地位与资历的象征,因而是一个很重要的激励因素。这一激励因素能否充分发挥作用,取决于以下几个因素:

(1) 薪酬、奖励制度要贯彻按劳分配、责酬相符原则。薪酬应与地位相适应,奖励须与绩效相统一。只有奖励能干者,才会对其他人起到强化作用,奖励和晋升应给予那些为组织作出杰出贡献的公务员。

(2) 国家公务员的薪酬水平与社会其他阶层的薪酬水平应相对平衡,差距不能过大。

(3) 薪酬增长率应与物价贸易膨胀率相一致,保证公务员的实质待遇不因物质上涨而降低,应随着国民经济的发展有计划、分步骤地提高公务员的实质待遇。

(4) 除国家法律、政策规定和自愿外,任何单位和个人不得以任何形式擅自增加或减少公务员的薪酬。

(5) 在确保公平的条件下实行个别化奖励。公务员的需要是多种多样的,对某一个体有效的强化措施并不适合他人。行政领导者应根据不同的情况对公务员进行个别化奖励,如加薪、晋升、授权、提供参与目标决策的机会等。

(6) 任何薪酬和奖励制度都应公开、透明。薪酬和奖励制度的公开、透明会使薪酬和奖励更加和更能有效地激励员工,同时也是打击腐败现象、消除部分公务员隐性收入的重要途径。现在实行的公务员财产公开制度在这一方面作出了重大的突破和进步。

(7) 奖励的方式应不断创新。对公务员进行奖励时,可以通过一定的形式,使其家属分享荣誉。在奖励的同时,还要采取各种惩罚手段予以辅助,教育那些与组织目标背道而驰的个别人员。

5. 高度重视公务员参与管理

公务员参与管理就是让公务员参与组织管理,分享上级决策权,对与公务员利益有重大关系的事件进行民主决策,参与决策执行和评估。参与管理与马斯洛的需要层次理论、赫兹伯格的双因素理论、佛隆的期望理论有着重要的联系:

(1) 让公务员参与管理,不断扩大公务员参与权,会使他们感受到上级领导的信任,加强他们的主人翁责任感和事业心,满足他们信任、自尊和自我实现的需要,充分调动他们的积极性。

(2) 当组织工作比较复杂时,管理人员无法了解每个公务员的所有情况和各个工作细节,而通过公务员参与管理,可以了解更多情况,同时在参与中可以进行有效的、协调一致的管理。

(3) 公务员参与管理后,会对作出的决策有认同感,认识到自己的利益和组织的利益、组织的发展密切相关,因此产生的满足感和责任感有利于决策的执行和目标的实现。

参与管理的主要部分是参与决策和参与评估。

参与决策是公务员参与作出与他自身工作有关的决策。参与决策可分为参与决策的程度、内容和范围。参与决策的程度主要由那些高层行政领导者决定。参与内容包括以下几个方面:

（1）日常的人事职能，如培训、报酬等；

（2）工作本身，如任务分配、工作方法、工作速度等；

（3）工作条件和环境，如设施等；

（4）组织的政策和战略等。参与的范围从低度参与决策的只限于特定的个人工作领域方面到高度参与决策，如参与组织的重大决策。

参与评估是参与管理的最终阶段。通过参与评估，可以确认组织目标实现的程度，考核各单位和个人的绩效。参与评估实行上级、下级、自己评估三者相结合，共同协商，确认成果，一方面能确保绩效评估的客观性和真实性，另一方面也能有效激发公务员的责任感和认同感，满足其自我实现需要，充分调动其积极性。

6. 培养良好组织氛围

公务员是行政组织的主体，组织的生存和发展离不开公务员的创造性工作，组织的一切活动和工作都有赖于公务员的积极参与。但是，人的积极性是不会自然而然产生的，必然受到外界推动力和吸引力的影响，这些影响力作为激励因素影响公务员本身，通过他自身的吸收、消化，产生一种自动力，激发其热情和干劲。行政组织激励的进行需要培养一种良好的组织氛围。这种良好的组织氛围包括：

（1）组织内部存在共同目标的单位之间有真正的协调工作。

（2）公务员可以自由发表自己的议论与他们对某一问题的感觉，不用担心受到讥笑或产生其他消极后果。

（3）人们都真正关心彼此的工作、福利、成长和成功。一个人在完成单位目标的过程中，不必浪费时间、精力去保护自己不受别人的干扰。

（4）个人工作成绩出色时，会感受到单位其他成员的赞赏，当工作不顺利时，人们会互相帮助。

（5）人们不需要提防或担心把信息传递给单位其他成员后，会出现问题，彼此真诚以待。

（6）当意见不统一时，意见不一致的个人能交流相互的观点，达成一个大家都认可的协议。

（7）尊重个人差异，不强迫小组成员保持不必要的一致性。

第八章　行政组织文化

第一节　行政组织文化概述

一、行政组织文化的内涵

行政组织文化是由组织文化演变而来的。"组织文化"一词最早出现于 20 世纪 60 年代的英文文献之中,它是作为"气氛"(climate)这一术语的同义词使用的;到 20 世纪 70 年代,又出现了"公司文化"(corporate culture)一词;到 20 世纪 80 年代,"组织文化"一词得到了比较广泛的应用,并迅速扩大到其他语种。但究竟什么是组织文化,学术界尚无统一的、固定的、权威的解释。有人从大文化的角度,把组织文化理解为组织的物质文化、制度文化和精神文化;有人从文化心理学的角度,把组织文化仅理解为一种组织心理;还有人从狭义的文化角度,把组织文化理解为思想性的组织文化、制度性的组织文化和心理性的组织文化。我们主张从狭义的文化角度来分析和把握组织文化。

行政组织文化作为组织文化的一种具体表现形态,是指在一定历史条件下逐步形成的、持久影响行政组织主体的行政心理、行政行为和行政倾向的总和,包括三个方面的内容,即行政组织思想、行政组织制度和行政组织心理,是行政组织体系和行政组织行为的深层结构,是行政组织管理之魂。具体来说,它包含以下几个内容:

(1) 行政组织文化既不是文化与行政组织活动的简单结合,也不是社会文化在行政领域中的机械表现和作用,而是在这样一种社会文化的基础上,在行政组织及其成员的具体活动中逐步形成的。

(2) 行政组织文化是时代的产物,具有鲜明的历史性和时代性,不同的时代具有不同的行政组织文化。

(3) 行政组织文化对行政主体的行政行为和行政态度具有持久、顽固的影响,最终使人们形成总体的行政倾向。

(4) 行政组织文化是一个系统,由行政组织思想、行政组织制度和行政组织心理构成。

行政组织文化从不同角度可以划分为不同的类型[①]:

[①] 参见刘歌宁等:《行政文化学》,湖南地图出版社 1992 年版,第 21—22 页。

（1）根据产生的时间，行政组织文化可分为传统行政组织文化和当代行政组织文化。传统行政组织文化是指从历史上继承下来的行政组织文化；当代行政组织文化是指适应当前时代发展与要求而产生的新的行政组织文化。一定的历史时代都产生自己时代的行政组织文化，每一时代的行政组织文化既是已有行政组织文化的传承和延续，又是已有行政组织文化的创新和发展。因此，当代行政组织文化是传统行政组织文化经过扬弃以后的延伸和发展。在一个社会中，传统行政组织文化以其固有的文化特性起着一定的影响作用，但起主导作用的应该是当代行政组织文化。

（2）根据作用的领域，行政组织文化可分为总体行政组织文化和区域行政组织文化。总体行政组织文化是指存在并作用于全社会各种行政活动的行政组织文化，也称主行政组织文化。它往往影响和制约整个社会行政系统的行政行为和行政倾向，成为一个团体或组织最基本的文化背景。区域行政组织文化是指在不同的地区，由于政治、经济、文化的差异而形成的与总体行政组织文化存在一定差异的行政组织文化。它既是在一定的社会总体和民族氛围中形成的，又带有本地区和本民族的特色，是一种特殊的组织文化，又称亚行政组织文化。只要经济和文化发展存在不平衡，它的存在就是不可避免的。区域行政组织文化与总体行政组织文化既有一致性，又有差异性，甚至还可能发生冲突、对抗。

（3）根据行政主体，行政组织文化可分为管理者行政组织文化和被管理者行政组织文化。一般说来，管理者行政组织文化是一种在行政系统中占主导地位、起决定作用的行政组织文化。它可以决定本行政系统的基本行政价值取向，其基本特征在于强烈地维护现存的行政系统，维护既得的行政权力，维持现行的政策。被管理者行政组织文化是一种不占主导地位但又不可忽视的重要的行政组织文化。在一定条件下，这种行政组织文化可以影响和制约管理者的行政行为和行政倾向，甚至转化为一种主导的行政取向。它的基本特征在于没有强烈地维护现存行政系统的取向，在行政系统的取向较为复杂时，有的支持，有的反对；有的关心，有的漠视。在管理者与被管理者发生对抗性矛盾时，被管理者的取向多为反对或倾向于反对现存的行政系统。在社会主义国家，行政机关的管理者与被管理者之间没有根本利益的冲突，他们都是人民的勤务员，都必须依法行政，全心全意为人民服务。因此，他们之间的行政组织文化在本质上是一致的，都要维护和发展现存的行政系统。

二、行政组织文化的特征

行政组织文化作为文化在行政组织活动领域的表现形式，既有文化的共同属性，也有自身独有的特征，这些特征集中体现在几对辩证统一的关系之中。

1. 共同性与差异性的统一

首先,行政组织文化是以行政组织为载体的,概括的是所有行政活动共有的一种特性。因此,不论行政组织层次高低,职能异同,国别、民族差异,只要存在行政活动,就共同具有这样一种组织文化。其次,行政组织文化构成要素上的共同性。一般来说,行政组织文化都含有某些共同的构件,如价值、信念、制度、规范、情感、态度等。第三,行政组织文化存在于行政组织当中,渗透于成员意识之中。无论它是先进的,还是落后的,都必定对组织成员的行政行为产生一定的影响,也必定对整个组织的运行产生一定的影响,其作用是不可否认的。

在行政组织文化共同性的背后,我们不难发现,由于种种因素的影响而产生了差异性。正是因为这种差异性的存在,才有了行政组织文化的五彩缤纷。首先,从纵向来看,行政系统在自己发展的各个不同时期,都有自己独特的行政组织文化。处在不同历史发展阶段的行政系统,其行政组织文化的形态必然不同。当然,这种差异性背后还隐藏着一种强烈的历史继承性,反映出历史发展的延续。

其次,从横向来看,不同的行政系统有着不同的行政组织文化。由于不同国家和民族之间的社会经济结构不同、政治体制不同、文化背景不同、民族心理和民族精神不同,它们都有与之相适应的、独特的行政组织文化。但这并不意味着不同行政系统的行政组织文化之间毫无相通之处。事实上,不同行政系统的行政组织文化,既有相异的一面,又有相同的一面。在许多方面,不同行政系统的行政组织文化之间具有同质性,可以交汇相融,尤其是处于同时代的不同行政系统,由于某种背景条件相同以及某种时代潮流的冲击,而产生某种同质性的行政组织文化。如民主取向作为一种时代潮流,在当今世界已成为众多国家行政组织文化中的共同成分。当然,行政组织文化的这种同质性并不能取代不同行政系统的行政组织文化之间的差异。同是民主取向,不同行政组织文化中的群体和个体的心理层面也有很大的差别,更何况民主取向还有阶级本质的差异,如资产阶级的民主取向与无产阶级的民主取向就有本质的区别。

除此之外,行政组织文化的差异性还存在于同一行政系统内部。在同一行政系统内部,层级不同、职能不同,其行政组织文化也有差异。例如,一个中央机关的公务员下到乡镇一级的机关去工作,可能非常不适应,基本原因就是文化反差太大;同一机关内的不同职能机构之间难以顺畅地合作,基本原因也就在于由于它们不同的专业特性和价值而形成的特定的职能文化之间存在着差异。这些都是行政组织文化差异性的生动展现。但是,这些差异并不意味着这些不同层级、不同职能行政系统的行政组织文化之间毫无相通之处。由于一个国家的行政组织所处的历史条件相同、所处的文化背景相同、所面临的经济结构相同、所熏陶的民族心理和民族精神相同,它们形成了共同或共容的行政组织文化,而这一行政组织文化就是行政秩序得以维持和发展的根本条件。

由此,我们不难看出,行政组织文化的共同性与差异性都不是绝对的,往往在共同的地方存在着一定的差异,在存在的差异中又蕴涵着某种共同的东西,它们是一种辩证统一的关系。

2. 抽象性与具体性的统一

我们所界定的行政组织文化概念属于主观意识领域,是对复杂的现实事物的高度抽象。首先,行政组织文化所包含的行政价值观、行政信念、行政道德、行政态度、行政情感都是以人的主观意识为依托,存在于人们头脑中的一种无形的、抽象的精神因素;其次,行政组织文化并不简单地等同于行政组织活动中某一具体的人、事、物、行为或观念,而是蕴涵于这一切之中的一种抽象的信息、含义或精神。

但同时也必须看到,行政组织文化并不是一种纯抽象意识领域的东西,它不能离开现实的具体事物而孤立地存在。首先,行政组织文化是在行政组织成员的具体行政活动中逐步形成的,而不是凭空产生的;其次,行政组织文化总是蕴涵于某一个别的事物之中,具体体现于行政组织成员的各种行政活动之中,并对行政人员及其行政活动产生影响和制约作用。

3. 理想性与现实性的统一

行政组织文化作为一种独特的文化形态,有它特定的理想模式,这种模式设定了行政组织及其成员应有的理想、价值观、信念、道德、情感、态度和行为方式,并以一定的制度和规范、一定的社会化模式以及经常性的社会暗示来保证行政组织文化的实行。例如,"为人民服务"是新中国政府确定的宗旨,与之相适应的是一套理想模式、价值观念、道德行为规范等,这就要求综合一种理想的行政组织和行政人格作为虚拟的楷模,对每一个行政主体进行经常性的灌输,并对违反者进行不同程度的惩戒。理想性的东西,既是一种对美好事物的期盼和信念,也是一种对现存事物的积极要求和鞭策,同时又是一种评价行政主体的参照标准。任何一种成型的政府统治,无论其性质或规模,都有由掌权者设定的理想。有些理想反映了社会的普遍愿望,也是统治者自觉或不自觉要维护的一种积极导向;而有些则纯粹是一种政治欺骗,在这种理想性行政组织文化背后,有一种与之大相径庭的现实行政组织文化。例如,在西方社会,每个党派为了取得政权,都向选民作出一个个美好的承诺,而掌权之后,他们便开始根据自己的利益与原则来运用权力。因此,我们研究一种行政组织文化,不能单看它的由政府设计出来的理想模式,不能被它主动展示的理想的东西迷惑,而要穿过这些表象去透视真正的现实,因为任何一种实际的行政,都是理想性和现实性的辩证统一。

4. 动态性与稳定性的统一

首先,行政组织文化的形成是一个长期而缓慢的过程,一旦形成,则具有相对稳定性,这种相对稳定性是行政组织文化的某些特定模式得以呈现、某些特征能被长期感受并被提炼出来的前提。但同时,行政组织文化是体现于行政主体各种行政活动之中的东西,一旦失去对行政活动的意义,也就丧失了它作为现时行政组织文化内容的资格。即使最具稳定特性的东西,也必定会有它的动态意义,而动态的东西总是由一定的稳定特征来规范和体现的。

其次,行政组织文化内在地包含一种共时性特征与历时性变化的矛盾和统一。行政组织文化是一种历史的积淀,一定时代的行政组织文化总会体现出一定的共性,一个民族的行政组织文化也总会留下历史的烙印。多种因素使得特定的行政组织文化形成一种相对不变的模式,这种模式具有一定的自我维护功能,使某些特定国家某个时期的行政组织文化得以呈现,并在一定时期内保持不变。但是,特定的行政组织文化是与特定的社会结构、社会物质状况紧密联系在一起的,是存在于社会这个大的生态环境中的,而世界是不断变化的,任何求稳、求定的倾向都抵抗不住时代潮流对它的冲击,行政组织文化的任何一种模式或结构,也都不可避免地要经受历史变化的考验与修正。

因此,行政组织文化的"变"是绝对的,"不变"是相对的,行政组织文化的发展过程也就是在保持相对稳定的同时不断变革更新的过程。

三、行政组织文化的功能

对于行政系统来说,行政组织文化是一种重要的精神资源,是一种潜在的、无形的、神奇的力量,其功能主要表现为稳定行政系统、变革行政体系和支配行政行为。

1. 稳定行政系统

行政组织文化具有一定的稳定行政系统的功能,是影响和制约行政系统稳定的一个极为重要的因素。这一功能是通过行政组织文化诸要素达成一致的行政行为来实现的。在这里,我们仅以行政组织文化中的行政组织价值观、行政团体意识和行政情感为例作些具体分析:

(1) 行政组织价值观。行政组织价值观是行政组织文化的核心部分,它以鲜明的感召力和强烈的凝聚力,有效地引导和规范行政组织及其成员的各种行政活动,调整和理顺各种行政关系,在此基础上,行政组织成员能够产生某种共同的行政认知,支持和维护行政系统;同时,行政价值观作为一种评价系统,内在地包含了一定的行政价值标准,它能使行政组织成员自觉调整自身的行为和活动方式,纠正不符合行政价值标准的行为,发扬符合行政价值标准的行为,使行政系统协调统一、稳定发展。

(2) 行政团体意识。行政系统在其运行、活动的过程中,必然会生成、发展起一种为全体行政人员所认同的团体意识。它反映了行政组织内部各主体之间有着一体化的目的、一体化的利益,并告诉他们何种行为可为、何种行为不可为,从而产生一种强而有力的凝聚力,这也就必然使全体行政人员的行为趋向同一。因此,这种行政组织文化所蕴涵的行政团体意识也就成为组织群体观念与行为凝聚化、一体化的基础。这种团体行政意识越是强化,行政组织一体化的基础就越牢固,行政系统就越稳定。

(3) 行政情感。行政情感是稳定行政系统的重要心理因素,是一种牢固的心理基础。高级的行政情感,如责任感、正义感、忠诚感、集体感、热爱感等,对稳定行政系统有着十分重要的意义。通过对组织成员责任感、正义感、忠诚感、集体感、热爱感的培养和深化,从而形成对行政系统共同的认识,可以稳固行政系统的基础,共同支撑起行政系统的大厦,使其不发生动荡和崩塌。

2. 变革行政体系

行政组织文化的变革功能与稳定功能是截然相反的。在很多情况下,行政组织文化往往是行政现实革故鼎新的重要前提。著名的组织理论家弗里蒙德·卡特斯和詹姆斯·罗森茨韦克指出,组织变革的动力来源于环境、目标与价值、技术、结构、社会心理和管理等六个方面。当这些方面的任何一方面发生变异时,组织本身就有了变革的动力。而在这六个方面中,属于文化范畴的因素占了很大的比重。可以说,社会每前进一步就会向旧的行政组织文化提出新的挑战,促使行政组织文化的革故鼎新;而行政组织文化的变革、更新又必然会对现有的行政体系产生一种不满和新的希望,从而推动行政体系的除旧布新。因此,行政组织文化是推动行政体系变革和更新的重要力量,这一功能的实现也是通过其内部诸要素来实现的。

(1) 行政组织价值观。在行政管理过程中,行政组织成员总是根据自己的价值观来评价行政系统,并采取相应的行政行为。当行政系统与组织成员的价值标准相违背时,组织成员就会对现有的行政系统产生不满,就会消极怠工,甚至反对行政系统;如果行政系统不符合大部分组织成员的价值标准,一旦这些组织成员联合起来抵制、反对行政系统,就必然促使行政系统的变革。

(2) 行政态度。行政态度是组织成员行为的预测表,决定了组织成员对行政系统采取何种行为。当各种不支持、不赞同行政系统的态度汇集到一起时,就会构成一种强烈的行为倾向,要求现有的行政系统作出一定的改变以适应新的条件。

(3) 行政情感。由于种种原因,当组织成员对行政系统产生愤怒、憎恶、蔑视、疏远、怀疑、犹豫等消极情感时,通过组织成员之间的相互感染,就可能形成对行政系统共同的轻蔑感、疏远感、怀疑感、紧张感等,从而形成一股共同的情感改变因素,促使行政系统在这种行政情感合力的推动下改变其方向或方式。

但行政组织文化推动行政体系变革和更新的力量是有限的,其大小取决于行政组织文化的量和质,即取决于行政组织文化占有社会成员的数量和它所具有的生命力。一般说来,行政组织文化占有的社会成员越多、越具有生命力,就越能影响行政体系,越能促进体系的变革,反之亦然。而行政组织文化生命力的大小又取决于它与社会、政治、经济发展相适应的程度。行政组织文化与社会、政治、经济发展越相适应,就越富有生命力,反之亦然。

3. 支配行政行为[①]

行政组织文化的功能,无论是稳定行政系统的功能,还是变革行政体系的功能,都基于行政组织文化支配行政行为的功能。如果行政组织文化对行政行为没有支配功能,其稳定和变革功能就无从谈起。

行政组织文化支配行政行为的功能主要表现为规范行政行为、引导行政行为和调整行政行为。

(1) 规范行政行为。行政组织文化对公务员的行政行为具有明显的规范功能。行政制度、行政道德、行政习俗等行政组织文化为全体行政人员提供了行为准则和原则要求,约束行政人员的行为,使他们在一定的规范内进行活动。因此,公务员的行政行为必须符合相应的行为准则和原则要求,否则,就不会为社会公众所接受,甚至遭到反对和惩罚。

(2) 引导行政行为。一定的行政价值观、行政理想、行政信念、行政意识和行政道德等行政组织文化为国家行政机关及其公务员提供一定的行为模式和价值取向,这些行政组织文化一旦为公务员所接受,就必然渗透到他们具体的行政行为中去,对其行为发挥引导的功能。

(3) 调整行政行为。公务员的行政行为处于经常的发展变化之中,这种变化往往经由行政组织文化对行政行为的调整来实现。公务员行政行为的改变有内外两方面原因,一是自身行政组织文化的改变,二是他人行政组织文化的改变。这在决策行为中表现得尤为明显。一项决策的制定和实施,既要受到决策者价值观念的影响,又要受到决策执行者价值观念的制约。如果决策者的价值观念发生了变化,决策的过程和内容也会发生相应的改变;如果决策执行者的价值观念发生了变化,为了保证决策的贯彻实施,决策者必须顺应这种变化来调整决策。同时,公务员调整行政行为的幅度受行政组织文化改变程度的制约,尤其是受公务员自身行政组织文化改变程度的影响。

第二节 行政组织文化的构成

行政组织文化作为一种具有行政特色、反映行政风格、适应行政人员身心的文化形态,是一个非常复杂的整体,要把握其本质,仅研究行政组织文化的外部

---

① 参见彭国甫主编:《现代行政管理新探》,燕山出版社 1998 年版,第 250—251 页。

结构是不够的,还必须深入研究行政组织文化的内部结构,即行政组织文化系统各组成要素之间相互联系、相互作用的方式。

前面我们在界定行政组织文化的含义时,已经指出行政组织文化是行政组织思想、行政组织制度和行政组织心理的总和。因此,行政组织文化的结构内在地包括思想性的行政组织文化、制度性的行政组织文化和心理性的行政组织文化三个层次。

一、思想性的行政组织文化

思想性的行政组织文化主要包括行政组织价值观、行政组织意识、行政组织理想、行政组织信念和行政组织道德等要素。

行政组织价值观是指行政主体对行政价值物、行政价值关系、行政价值创造活动及其结果的反映,以及由此形成的较为稳定的心理取向、评判标准和行为定势。行政组织价值观是行政组织文化的重要组成部分,是行政主体的动机、目的、需要和情感态度在一定时空中的综合体现,是行政主体对客观现实的意识。行政组织价值观的产生,是行政主体对行政价值物、行政价值关系、行政价值创造活动的实践、认知和评价的长期经验的理性凝聚,是行政价值认识和评价的结果在行政主体意识中的积淀,具有浓厚的经验色彩。行政组织价值观由行政主体的思想观念、情感态度、价值意向、行为定势等要素构成,作用于行政主体的思维和行为过程,影响和制约着行政主体的认识指向和行为定势,成为行政主体观物处事的直接前提,成为行政主体衡量行政客体、行政行为及其结果的主观标准。行政组织价值观的实质是行政主体需要和利益的内化。

行政组织意识是指行政主体对行政系统、行政活动及其规律的反映。它主要包括以下四层含义:一是行政组织意识反映的客体是行政系统、行政活动及其规律。也就是说,行政组织意识的形式是主观的,内容是客观的。二是行政组织意识对其客体的反映不是消极、简单的,而是一个能动、复杂的过程,有其自身独特的发展规律,具有相对独立性。三是行政组织意识具体表现为公务员的认知取向、情感取向和评估取向。一般说来,公务员行政组织意识的强弱,取决于这三个"取向"的强弱。认知取向是指公务员对行政系统、行政活动及其规律的了解和认识;情感取向是指公务员对行政系统、行政活动及其规律的参与感和认同感,以及对自身工作的认同与喜爱;评价取向则是指公务员基于个人或组织的信仰和价值观对行政系统、行政活动及其规律所作的评估。四是行政组织意识在一定条件下可以转化为物质力量,制约和规范公务员的行政行为。

行政组织理想是行政组织对行政体系和行政活动的希望以及对完善行政体系的设想。行政组织理想不是凭空臆想的行政幻想,而是根源于行政主体的行政实践,并在此基础上形成的一种能转化为具体目标,且具有实现可能性的设计和设想。例如,江泽民同志在党的十六大报告中指出:"深化行政管理体制改革,进一步转变政府职能,改进管理方式,推行电子政务,提高行政效率,降低行政成本,形成行为规范、运转协调、公正透明、廉洁高效的行政管理体制。"这就是我们在一定时期内经过努力能够逐步实现的行政组织理想。因此,从另一个角度来看,行政组织理想也是行政主体为之奋斗的目标,但因其长远性和普遍性而区别于具体、特殊的行政组织目标。正确的、切合实际的行政组织理想是行政人员的精神支柱,能够激励行政人员的精神,鼓舞行政人员为实现行政体系的目标而努力工作、无私奉献,同时也是行政组织不断趋向完善的重要动力。

行政组织信念是信念的一种特殊表现形式。信念是指人们对生活中所遵循的原则和理想的信仰,它与理想是密不可分的。理想反映信念,是信念本质的、有机的组成部分,是信念的核心。没有了理想,就抽掉了信念的核心。行政组织信念则是指行政主体对其所应遵循的行政原则和行政理想的信仰。它以世界观为指导,以行政理想为核心,是行政认识、行政情感、行政意志的合体,表现为行政主体对一定行政理论原理、见解和认识的深刻掌握,并对其正确性、真理性坚信不疑。它是行政主体的精神支柱,决定行政主体行政行为的方向和结果。为捍卫自己的行政信念,行政主体会不惜代价。

行政组织道德是指行政主体在行政管理过程中形成并应遵循的行政道德原则和行政道德规范的总和。行政组织道德是选择和评价行政行为的道德要求,一方面通过舆论和教育的方式,影响行政主体的心理和意识,形成行政主体的善恶观念、情感意向,并进而集中形成行政主体的内心信念,起到一种"内心立法"的作用;另一方面又通过社会舆论、传统习俗和规章制度,在行政生活中确定下来,成为约束行政主体之间相互关系和个人行为的原则和规范。

二、制度性的行政组织文化

有人认为,行政组织文化属于主观领域,而制度性的东西应属于物质领域,不属于行政组织文化之列。初看起来,这种观点似乎很有道理,但仔细推敲,就会发现其不足。因为行政组织制度既不是纯物质的,也不是纯精神的,它有两种表现形态:精神形态和物质形态。

精神形态的行政组织制度包括基础理论和规则系统。一切行政组织制度的建立或形成,都有自己的基础理论,如"三权分立"理论、"社会契约论"、"议政合一"理论、系统管理理论、行为科学理论等。一切行政组织制度都必定有一套用以确定人们之间相互关系以及他们各自行为模式的具体的规则和规定。这些规则和规定是一定行政思想文化和一定行政心理文化的凝聚和体现。物质形态的行政组织制度包括行政组织系统和行政设备系统。显然,精神形态的行政组织制度属于行政管理的主观领域,是行政组织文化的重要内容之一。将行政组织制度分为精神形态的行政组织制度和物质形态的行政组织制度,并把它们严格区分开来,既有利于全面、准确地把握行政组织文化的本质,又有利于研究行政组织文化与行政实体运行及其后果的互动关系,从而更好地指导行政实践活动。

行政组织制度是行政机关制定的规范行政主体的规程和准则。这一概念严格规定了行政组织制度的制定主体是行政机关,而不是其他国家机关、企事业单位或社会团体。行政组织制度作为一种管理制度,是由一系列原则构成的,这些原则是行政组织制度的定向因素。首先,它是对一定行政关系双方权利、义务的基本规定。行政机关关于公务员个人权利、义务的规定,与公务员个人在行政系统中的地位是一致的。公务员的行政地位不同,其权利和义务也就不一样。公务员的权利、义务是行政组织制度的基本内容之一。其次,原则是对行政关系主体行政行为的基本规定,即确定某种行政行为受倡导、容忍与禁止的界限。只有明确规定了界限,公务员才能明确哪些事情应该做、哪些事情不应该做。同时,行政组织制度也是一种奖惩手段。奖惩依据一定的原则,原则中倡导的部分是奖励的对象,禁止的部分是惩罚的对象,而倡导和禁止之间的部分是容忍的对象,容忍的度量标志着行政组织制度弹性的大小。

三、心理性的行政组织文化

心理性的行政组织文化主要包括行政动机、行政态度、行政情感和行政习俗等要素,是行政组织文化的第三层次。

行政动机是激励行政行为的原因,公务员行政行为的效果,行政行为的实现方式以及行政行为的能动性、指向性和持久性等等,都受行政动机的制约。有效的行政动机激励,对于调动公务员的积极性,发挥其能动性和创造性,实现行政目标具有极为重要的意义。那么,究竟什么是行政动机呢?行政动机是指公务员以愿望、兴趣、理想等形式表现出来,引起公务员行政行为,维持和指引这种行为去满足一定的行政需要并导向某一行政目标的心理过程。它是直接推动公务员行政行为的内部动力。根据来源,行政动机可分为内部动机和外部动机;根据刺激性质,行政动机可分为积极动机和消极动机。

行政态度是指行政主体在行政管理过程中对行政客体所持有的具有一定结构和比较稳定的评价和行为倾向。它由认知因素、情感因素和价值取向三个基本要素构成。这三个基本要素相互联系,相互制约,缺一不可。其中,认知因素是基础,情感因素是调节器,价值取向是指导。

行政情感是行政主体在行政管理过程中对行政客体的直观评价或内心体验,表现为好恶、爱憎、美丑感以及由此产生的亲疏感和信疑感等。行政情感产生于公务员的行政活动中,是行政主体和行政客体价值关系、实践关系和认识关系的产物,是行政主体意识对行政客体的一种特殊反映形式。行政情感以行政实践为基础,并随着行政实践的发展而发展。

行政习俗是指处于一定社会历史中的行政主体在长期共同的行政生活中逐步形成的具有普遍意义的习惯和风俗。行政习俗不是天生就有的,而是行政主体在长期的生活中形成的约定俗成的习惯,是一种经常性、稳固性的行政行为模式。它具有较大的传承性和稳定性,约定俗成之后,人相袭、代相传,一般的行政习俗,只要生存的条件尚在,就不会退出历史舞台。

行政心理的产生和形成,一是通过长期的行政社会化过程,行政行为作为个体自身体现出的一定的气质、能力、性格、意志品质、传统习惯等是"行政人"成熟的基本条件;二是行政行为主体所依存的现实行政环境的影响。行政心理就是在这两方面的运动中对行政生活的心理投射。因此,在大体相同的环境中成长和生活的人们,既有基本一致的行政心理,又有各自独特的行政心理,正是这种一致性与多样性的行政心理,构成了色彩斑斓的行政心理的整体画卷。

四、行政组织文化结构层次之间的关系

行政组织文化结构中的三个层次,并不是彼此孤立的,而是有其必然的内在联系,这种联系主要表现为同一性联系和差异性联系两个方面。同一性联系和差异性联系交织在一起,相互作用,成为行政组织文化结构发展的内在动力,推动行政组织文化不断发展,不断优化。

1. 同一性联系

同一性联系就是思想性的行政组织文化、制度性的行政组织文化和心理性的行政组织文化三层次相互联系,相互贯通,在一定条件下相互转化,构成了一个无穷无尽的相互作用的网络,使行政组织文化构成一个由多层次、多侧面、多方位组成的有机的整体结构。

(1) 思想性的行政组织文化是制高点

在整个行政组织文化结构中,行政思想层次居于核心地位,处于整个行政组织文化的制高点,它代表行政组织文化的属性,规定行政组织文化的性质。有什么样的行政思想,就有什么性质的行政组织文化。从根本上说,行政思想是人的行政行为和行政心理的升华,是考察、探究行政组织文化的窗口,行政制度和行政心理都将从行政思想中投射出来。离开对行政思想的研究,就无法理解全部的行政组织文化。

从行政心理到行政制度,再到行政思想,是渐次的由低向高的连续体。一种新的行政思想一旦形成,又会反作用于行政制度和行政心理,这种反作用也是从行政思想到行政制度,再到行政心理的一个渐次的由高到低的连续过程。要改变行政制度、行政心理,必须从改变行政组织文化的制高点着手,也就是说,行政思想层次居高临下是行政组织文化变革的突破口。

（2）心理性的行政组织文化是基础

行政心理是行政主体对行政生活的心理投射，是整个行政组织文化结构的基础。任何行政思想、行政制度都要求一定的行政心理结构与之相适应，并不断作用于行政心理，使之获得这一适应性。因为一种行政思想、行政制度要为社会所认同、所接受，必须有一定的心理基础。一种行政思想、行政制度被社会接受的程度，也就是这种思想、制度与行政心理相吻合的程度。行政思想、行政制度与行政心理越相吻合，就越能为社会所接受，越能得到贯彻执行。历史上一切有生命力的行政思想和行政制度，无不植根于当时行政心理的土壤并持之以恒、锲而不舍地改造、规范着行政心理，使行政心理与之相适应。一方面，行政思想、行政制度是行政心理精华部分的结晶；另一方面，行政心理又从不同的角度在行政思想和行政制度中投射出来。

（3）制度性的行政组织文化是中介

在行政组织文化结构中，行政制度是沟通行政思想和行政心理的中介环节，是行政思想和行政心理的结合部。

首先，行政制度既需要行政思想的指导，又要受行政心理的影响。任何一种行政制度都是在一定的行政思想的指导下制定出来的，是行政思想的对象化。没有一定的行政思想，行政制度只能是没有灵魂的躯壳。同时，行政制度要为社会所接受，要得到贯彻执行，还必须与一定的行政心理相适应。没有一定的心理基础，行政制度不仅得不到实施，而且还会引起人们的不满，使之产生对立情绪，影响工作的积极性。

其次，行政制度是行政思想与行政心理互动的重要桥梁。一方面，行政心理具有较大的保守性、惰性和惯性，它的改造不可一蹴而就。行政思想只有通过行政制度，对行政心理持续、稳定地施加压力，并改变行政心理产生的社会基础——行政生活，才能达到改造、规范行政心理的目的；另一方面，行政心理只有通过制约、影响行政制度的制定和实施，才能有效地达到强化、转变、规范行政思想的目的。

2. 差异性联系

行政组织文化结构的三层次之间不仅具有同一性联系，而且还存在差异性联系，这种差异性根源于三层次运动的不同步性。这种不同步性在很大程度上是由各层次自身特征和功能的差异造成的。

行政思想层次是行政组织文化结构中变动性最大、活跃性最强的层次，任何行政组织文化的变革都是从这一层次开始的。一是因为行政思想能迅速、直接地反映经济基础的运动、变化。当然，这并不意味着行政思想有可能超越或落后于社会经济运动与经济基础的发展，这是就行政组织文化自身的运动来说的。二是因为行政思想的变革是行政改革的先导。生产力与生产关系、经济基础与上层建筑的矛盾运动达到一定的程度,必然导致行政改革,这种改革不仅需要有相应的行政思想作指导,而且需要在思想领域中首当其冲地用新的行政思想对旧的行政思想进行批判、否定和清算。

行政心理层次恰恰相反,变动的过程最为缓慢,一旦形成,就具有极大的稳定性,它代表着行政组织文化的保守性与惰性,不一定随行政思想和行政制度同步运行,是行政组织文化发展变化的阻碍因素。一是因为行政心理是长期行政社会化的结果,是行政组织文化的世代积淀,其形成的过程漫长而缓慢。二是因为相对于行政思想和行政制度而言,行政心理具有相对独立性,并不一定随行政思想、行政制度的变化而变化。三是因为行政心理是行政组织文化继承、再生的遗传机制,任何行政组织文化的继承和再生,都必须借助于行政心理这一遗传机制,否则,就不能遗传下去。这种遗传机制使行政心理层次具有强大的惯性力和保守力。

行政制度层次的运动既受到行政思想和行政心理两层次的制约,又从与行政生活、经济生活、社会生活中的直接交往中获得自身的规定性,产生与行政思想、行政心理两层次不同步的运动。

当然,这三个层次的同一与差异也不是彼此孤立的,而是相互交织在一起的,都是对立中的同一和同一中的对立,正是这种同一与差异的内在矛盾性,推动着行政组织文化不断向前发展。

第三节 构建有中国特色的行政组织文化

社会的进步与发展对政府与政府管理提出了新的要求和挑战,政府自身的改革已成为一种世界性的潮流。对处于社会全面转型的我国来说,变革行政体制,优化行政组织,实现行政管理的现代化,不仅是适应外部环境的要求,也是谋求自身发展的需要。而实现这一目标的关键是要构建与之相适应的有中国特色的行政组织文化。构建有中国特色的行政组织文化,不仅是建设社会主义政治文明、塑造人民政府形象、全面提高公务员整体素质的重大实践问题,而且也是弘扬我国传统行政文化的精华、创造最新行政管理理论的重大举措,对我国行政管理具有重要的理论意义和实践意义。

一、坚持以马克思主义为指导

建设有中国特色的行政组织文化,必须坚持以马列主义、毛泽东思想、邓小平理论、"三个代表"重要思想为指导。坚持马列主义、毛泽东思想、邓小平理论和"三个代表"重要思想的指导地位,是我们立党、立国之本,也是中国特色行政组织文化的根本,决定着我国行政组织文化建设的性质和方向。历史和实践已经充分证明,马列主义、毛泽东思想、邓小平理论和"三个代表"重要思想集中体现了先进文化的前进方向。只有坚持以当代中国的马克思主义——邓小平理论为指导,我们的行政组织文化才能始终沿着正确的方向前进。因此,要把"以科学的理论武装人"作为一项战略任务,在行政组织文化建设中始终坚持以邓小平理论为指导,有效抵制各种非马克思主义、反马克思主义思潮的侵蚀。

1. 马克思主义是中国特色行政组织文化的核心和灵魂

马克思主义是从根本上揭示了自然、社会和思维发展规律的科学理论体系,是我们认识世界、改造世界的强大思想武器,是人类文化的瑰宝,也是中国特色行政组织文化的核心和灵魂。在当前非常复杂的历史条件下,要保持中国特色行政组织文化的性质和方向,马克思主义的指导地位只能加强,不能削弱,更不能搞指导思想的多元化。如果动摇了马克思主义的指导地位,就会失去整个行政体系共同的思想政治基础,导致思想上的混乱,进而引起社会、公众的质疑和不满,影响行政组织的稳定性。

2. 以马克思主义为指导分析和把握我国行政组织文化的现状

我国现代行政组织文化是在新中国成立后,以社会主义公有制为基础,与人民民主专政的政治体制相吻合的新型行政组织文化。它从根本上改变了行政本质和行政主体与人民的关系,逐步确立了以服务、廉洁为宗旨的行政组织文化,并在马列主义、毛泽东思想、邓小平理论的指导下不断朝着正确的方向发展。"三个代表"重要思想又进一步明确了行政组织文化建设的前进方向,为人民服务、为社会服务已成为我国现代行政组织文化的主旋律。

但行政组织文化是理想性与现实性的统一体,这就决定了任何一种行政组织文化都不可能是完美无缺的,它毕竟是在社会这个大环境中形成与发展的,不可避免地受到来自各方面的影响和制约,有正面的,有负面的;有积极的,有消极的。其中一些负面的、消极的影响必然会使行政组织文化存在一些缺陷和不足,使其难以顺利地向前发展。因此,在我国现代行政组织文化呈现出良好发展形势的同时,我们也要看到它本身存在的一些不足。这些不足产生的原因主要有以下几个方面:

(1) 传统行政文化的消极影响。我国古代传统行政文化,精华与糟粕并存,既有统一性、严密性和实用性等特点,又有专制性、封闭性和保守性等特点,使我国现代行政组织文化在继承古代文化优秀传统的同时,不可避免地受到封建行政文化的消极影响。这些消极影响主要表现为:封闭而不开放、排异而非兼容、神秘而缺乏透明度、重形式而轻效率、重人治而轻法治、重权威而轻民主等等。这些消极影响反映在现代行政组织文化中,常常会使行政决策迟缓、背离科学,行政体制结构不合理,行政人员缺乏责任感,行政执行推诿,官僚主义盛行,行政效率低下。

（2）价值观念混乱，信念发生危机。社会的开放与自由带来价值观念的多元化，使生活于社会之中的行政主体不能不矛盾和困惑。而伴随社会市场化而来的金钱崇拜，更以不可阻挡的凶猛势头冲击着人们的头脑。在利益、诱惑面前，往往容易滋生出拜金主义、个人主义、本位主义和享乐主义。同时，价值观念混乱必然引起信念危机，使行政人员对自己的组织不再认同，对自己的工作不再热情，从而导致其他形形色色的不良文化现象。

（3）制度规范不健全。行政制度和规范是行政合理化的保证，也是行政权力运行的约束机制。社会变革和行政改革使旧有的制度规范受到挑战，逐渐失去效力，而新的制度规范又尚不健全。新旧制度交替之际，必然造成一定的空隙和漏洞，给一些不良的行政行为创造一定的条件，为贪污腐败、行贿受贿之类的行政文化现象提供滋生的土壤。

（4）行政心理不健康。行政心理是推动公务员从事某种行为的内部动力，是推动公务员行为的直接原因。因此，当前存在的一些买官卖官、"官大一级压死人"等现象，其直接原因就是"官本位"、"从权"等不健康的行政心理在作祟。

3. 以马克思主义为指导，吸收民族文化精华

民族文化是维系民族成员的心理纽带，是民族生命的重要组成部分。一个国家要建设自己的行政组织文化，必须注意研究和继承民族文化的特点、风格与优秀遗产，使行政组织文化具有特定的民族形式和民族风格。中华民族文化是一个丰富博大的有机整体，源远流长，博大精深，影响深远，不仅给我们留下了丰富的行政文化典籍，而且铸造了人们的行政思维方式、行政文化心理和行政习俗。行政组织文化建设中提倡的种种思想，许多都可以在中国历史上找到萌芽或渊源。例如，传统文化民本主义思想十分重视人在整个社会中的作用。它认为，民生君，君为民而设，"天生民而树之君"（《左传·文公十三年》）；"君者舟也，庶人者水也，水则载舟，水则覆舟"（《荀子·王制》）；"民为贵，社稷次之，君为轻"（《孟子·尽心下》）。又如，以人为核心的思想，孔子在两千多年前就提出了"天地之性人为贵"的观点，荀子又对此进行了进一步的论证："水火有气而无生，草木有生而无知，禽兽有知而无义，人有气、有生、有知，亦且有义，故最为天下贵也。"

同时，我党在社会主义革命和建设时期创立的行政文化，也是中华民族文化的重要组成部分，是我们在新的历史时期应继承和发扬的瑰宝。早在革命战争年代，我党就塑造了艰苦奋斗、勇于牺牲、遵纪守法、廉洁奉公、尊重人民、全心全意为人民服务等一系列优良的行政文化。新中国成立后，又涌现出一大批优秀的领导干部，如焦裕禄、孔繁森、郑培民等等。以他们的精神为典范的中国行政文化建设，在培育广大行政干部艰苦奋斗、全心全意为人民服务的精神方面，积累了相当丰富的经验，使广大行政干部焕发出了巨大的工作热情和全心全意为

人民服务的高尚追求,并对我国行政文化建设的发展产生了深远的影响。

因此,建设有中国特色的行政组织文化,不能离开中华民族文化这块沃土,必须从我国国情出发,既要弘扬古代民族文化的精华,又要继承和发扬我党行政文化建设的优良传统,使行政组织文化表现出中国特色和中国风格。

4. 以马克思主义为指导,借鉴国外优秀的行政组织文化

建设有中国特色的行政组织文化,要弘扬民族文化精华,但这绝不意味着排斥外来文化。借鉴国外优秀的行政组织文化,是建设有中国特色的行政组织文化的一个重要途径。就历史的角度看,西方行政组织文化是以产业革命为标志的内源型的市场经济为基础,以个体主义为指导,以自由、正义、法制、分权为内容的行政组织文化。尽管它带有资产阶级色彩,但也包含了许多先进性的东西,如自由、平等、民主、法制、权利制衡等观点。这些观点不仅反映了资本主义国家政府的特点,而且也反映了行政组织的一些共同规律。因此,我们应有大的气魄、高的眼界,以开放的心态面向全球,分析各国、各地区的行政组织文化,借鉴和汲取其合理成分和成功经验,为我所用。当然,借鉴也不能"食洋不化"、照搬照抄,而要根据我国的国情灵活选用,防止发生组织文化"水土不服"的现象。

二、确立现代行政组织管理思想

1. 树立"顾客至上"的管理思想

"顾客至上"是企业管理的一条重要经验,将其引入政府管理,也即"服务对象至上",并由此确立一种服务价值观,是我国行政组织文化建设的本质要求。全心全意为人民服务是我们党的宗旨,也是人民政府的宗旨。邓小平同志一再强调,要把人民拥不拥护、赞不赞成、高不高兴、答不答应作为制定各项方针政策的出发点和归宿点。

在我国各级行政组织中,绝大多数领导干部自觉按照立党为公、执政为民的要求为群众解难题、办实事、办好事,"群众利益无小事"的思想观念日益深入人心,这是当前的主流。但同时也有一种不良的倾向存在,这就是在一些领导干部中,不时有人拿群众利益做幌子,借群众利益之名,行个人目的之实;口头上把群众利益抬得很高,但口惠而实不至,做的是表面文章,玩的是应景把戏,并没有在实际工作中坚持和贯彻"顾客至上"的管理思想。因此,要把"顾客至上"的管理理念落到实处,解决拿群众利益当幌子的问题,就必须进一步深入学习和贯彻"三个代表"重要思想。胡锦涛同志在"七一"讲话中阐述"三个代表"重要思想的本质时引用过一句古训:"乐民之乐者,民亦乐其乐;忧民之忧者,民亦忧其忧。"他还指出,学习"三个代表"重要思想必须以最广大人民的根本利益为根本出发点和落脚点。这就要求各级政府和广大领导干部,在行政管理工作中要牢牢坚持执政为民,切实做到权为民所用、情为民所系、利为民所谋;深怀爱民之

心,恪守为民之责,力行亲民之举,善谋富民之策;从群众最希望办的事情做起,从群众最关心的热点问题抓起,从群众最不满意的地方改起,实现好、维护好、发展好最广大人民的根本利益,让人民满意。

2. 树立民主法治的管理思想

中国特色社会主义国体和政体决定了社会主义民主政治制度是我国行政管理的基石。不论哪一层次上的行政组织,都必须按照社会主义民主的基本要求行事,体现民主精神。行政民主是公民表达利益、行使权力和保护权利的最有效的途径。大哲学家罗素曾指出,民主政府真正赖以存在的基础是民主成为人们日常行为中无意识的习惯。在行政组织文化建设中,必须培育民主观念,推动行政民主化。一是体现民意观念。体现民意是民主的基本内涵,它要求一切行政活动都必须反映公民的利益和需求。二是参与行政观念。行政参与意味着公民可以通过各种合法的方式直接或间接地参与行政生活,并影响行政体系的构成、运行规则和决策过程。三是公开行政观念。公开行政是民主的本质特征,是公民参与行政的前提条件。通过公开行政,公民可以了解国家和政府的机构设置、权力结构、职能规模、运行机制和决策过程,可以根据自身的利益、权利对政府运行进行价值评判、效果检测和权力监督。

在强调民主行政的同时,我们必须贯彻社会主义政治文明的法治精神,坚持依法行政。依法治国是现代政治文明的重要标志,是党领导人民治理国家的基本方略。行政管理工作的直接根据、评价行政管理工作的具体准绳,就是国家的一系列法律规定。我国加入世贸组织之后,对政府依法办事的要求更高了。因此,各级行政组织和公务员必须具备强烈的法治观念,一是要树立"法律至上"的观念,把法律约束变成自身行为的基本准则;二是要做到有法必依、执法必严、违法必究。

3. 树立诚信负责的管理思想

众所周知,信奉"民无信不立"的诚信原则是中华民族的传统美德。古人认为,讲诚信是"为政之道",是"执政之要",是治理国家的基本准则。历史和现实也都表明,一个政权也好,一个政党也好,其前途和命运最终取决于人心向背。因此,一个政府要在全社会树立良好的形象,赢得人民群众的拥护与支持,就必须树立诚信意识,取信于民,立信于社会。

除此之外,还必须树立责任意识。一个民主、诚信的政府必然是负责任的政府。因为按照"社会契约论",政府代表社会行使公共行政权力,即意味着政府及其公职人员符合履行社会契约规定的条件。一个政府只有在其能够保障社会利益,促进实现社会意志所提出的目的,即真正履行其责任时才是合乎理性的、道德的,才是合法的。正是从这个意义上讲,民主政府必然是责任政府。① 这种责任意识首先表现为对国家权力主体的公民或代议机构负责。从根本上说,政府的一切行政行为,都必须符合和有利于公民的意志、利益和需求,都必须对公民承担责任。其次,责任意识作为民主政治时代的一种基本价值理念,要求政府必须回应社会和公众的基本要求,并积极采取行动加以满足;必须积极履行其社会义务和职责;必须承担政治上、法律上和道义上的责任;必须接受来自内部和外部的控制,以保证责任的实现。

4. 树立廉洁高效的管理思想

社会主义国家的政府是人民自己的政府,因此,对政府的要求必然是廉洁的、高效的。目前,由于我国正处在社会转型期,存在着腐败易发、多发的现象;机构臃肿、人浮于事的状况还很严重,人民负担一直减而不轻。因此,要从根本上解决这些问题,关键是要在意识形态领域牢牢树立廉洁高效的管理理念。

树立廉洁的管理理念关键在于树立权力就是奉献的理念,正确处理好奉献与索取的关系,在行政管理活动中不贪不占,克己自律,坚持党和人民的利益高于一切,重于一切,为了党和人民的利益甘愿牺牲个人利益,清清白白做人,清正廉洁为官。

树立高效的管理理念则要求政府在运行过程中注意经济、效率和效益。经济侧重成本的节约程度;效率关注投入产出的比率;效益则着眼于行政产出所带来的社会效果,包括质量、顾客满意程度等。高效的行政既要有较高的行政效率,又要有较好的行政效果。

三、建立和健全行政组织管理制度

1. 建立和健全激励制度

激励是持续激发人的动机的心理过程,它为人的行为提供动力。激励用于组织管理,就会调动员工的积极性。美国心理学家威廉·詹姆士的研究表明,一般情况下,人们只需发挥20%~30%的能力,就足以应付自己的工作。但是,一旦当他们的动机被激发,其能力可以发挥到80%~90%。因此,在行政组织中建立和健全激励制度,是调动公务员积极性、提高组织绩效的重要途径。建立和健全激励制度,一是要适度地引入竞争机制,在组织内部营造良好的竞争氛围,激起行政人员的斗志,激发行政人员潜在的能力,使整个行政组织充满生机与活力;二是要以相应的奖惩机制作为配套,对那些符合行政组织文化的行为加以褒扬,对那些不符合行政组织文化,甚至与之相悖的行为加以惩处;三是要完善监督机制。监督机制不仅可以预先抑制某些人的恶劣动机、防止恶劣行为的出现,

---

① 参见张成福:"责任政府论",载《中国人民大学报》2000年第2期。

而且可以预先告之某种不合要求的行为或不良绩效可能引起的后果,使公务员避免作出不符合要求的行为。同时,广泛的监督会形成强大的威慑力,在这种强大威慑力的作用下,公务员会将威慑力转化为他们积极工作的动力,不敢松懈、懒惰,必须勤勤恳恳、兢兢业业,作出成绩来。

2. 建立和健全团队制度

20世纪80年代以来,世界上的大公司纷纷引入团队管理于生产过程中,这是因为不仅团队可以快速组合、重组和解散,而且还有助于在管理中增强组织的民主氛围,提高员工的积极性。在今天,团队管理已经是非常流行的一种管理方式。因此,建设有中国特色的行政组织文化,应该借鉴这一优秀的管理方式,建立和健全团队制度。建立和健全团队制度,一是要培养团队精神。团队成员在工作实践中逐渐形成对团队的归属感、一体感,把自己当成团队中的一员,并衷心地把自己的前途与团队的命运联系在一起,个人利益服从团队利益,成员之间相互协作、相互依存、彼此信任、互相帮助、和谐相处,以致整个团队极富凝聚力。二是要有高效的领导。领导者的人际关系能力和以团队利益为重、以身作则、身先士卒的品质尤为重要。领导者要能在实现团队目标和满足成员的个人需要之间取得有机的动态协调,要能积极促进团队成员的迅速成长,充分调动他们的积极性、主动性和创造性,把激情传播到整个团队中并长时间保持。三是要有有效的沟通。首先要为团队装备先进的信息技术系统和通讯网络,为有效的沟通提供物质技术条件;其次要形成全方位、各种各样、正式和非正式的沟通渠道,使信息沟通直接、高效,使沟通不仅是信息的沟通,而且是情感的沟通;最后是要形成开放、坦诚的沟通气氛,使每个成员都能够充分地了解和交流。

3. 建立和健全学习制度

不少有远见卓识的学者早有预言:21世纪的社会是一个学习型的社会。当前,世界市场经济瞬息万变,科学技术突飞猛进,世界格局多极化,人类社会日新月异,任何一个国家、任何一个组织、任何一个个人,都在遭遇前所未有的挑战。党的十六大把"形成全民学习、终身学习的学习型社会,促进人的全面发展"作为全面建设小康社会的目标之一。因此,建设有中国特色的行政组织文化,必须建立和健全学习制度,这不仅是时代的要求,也是组织不断前进和发展的动力。建立和健全学习制度,一是要重建组织使命、明确组织目标。这是组织发现自己、认识自己的需要,也是唤回组织成员激情,激起组织成员为完成组织使命、达到组织目标而不断学习的需要。二是要使工作学习化、生活学习化。学习不一定要固定于某一时间、某一形式,其实工作的过程、生活的过程也就是学习的过程,要把学习当成一种工作方式和生活方式。三是要把学习落到实处,不能只在表面上注意学习活动,讲究形式上的学习,而要把学习推广到组织的每个层次、每个角落,从根本上改变行政人员的思维方式和行为方式。最后是要对学习的效果和成效进行评估,这既是确认学习效果的手段,也是促进进一步学习的动力源。

四、培养和塑造健康的行政组织心理

由于行政心理的互动性和弥散性,在我国现阶段,行政心理呈稳定与急剧变动相结合、正面积极效应和负面消极效应同时并存的状况。行政主体会因改革触及个人利益而感到困惑,部分行政人员会因一部分先富起来的社会成员在个人财富和生活水平上远远超过了自己而产生失落感和相对剥夺感。在这样一种不健康的行政心理基础之上,必然会形成一种不良的行政组织文化。因此,建设有中国特色的行政组织文化,必须培养和塑造健康的行政组织心理。

1. 培养良好的行政动机

首先,行政动机是因行政需要而产生,公务员的内在需要是行政动机形成的最根本的原因。因此,要培养良好的行政动机,必须引导公务员正当的需要,以合情、合理、合法的需要来激发他们良好的行政动机。其次,以目标管理和目标激励激发和约束公务员的行政动机。一是使公务员的意志和行动统一到总体方针目标之下,要求公务员严格按照规范要求办事;二是实行岗位责任制,严格考核公务员,按岗位目标责任的完成情况给予奖励和惩罚。通过目标管理,迫使公务员按规范进行工作,制约公务员的行为方向,从而激发公务员实现行政目标的良好动机。第三,通过批评性的舆论监督,制约公务员的各种不良动机和行为,控制和减少公务员的违法失职行为。通过表彰性的舆论,形成良好的行为气氛,促进公务员行政动机的良性发展。

2. 培养科学的行政态度

行政态度的形成是一个复杂的心理过程,它受多种因素的影响和制约。要培养和形成科学的行政态度,主要可以从以下几个方面着手:第一,丰富行政主体的知识经验。在行政态度的三个构成要素中,知识是基础。行政主体对某一个行政客体的态度的形成,受行政主体对这个行政客体的有关知识经验的影响。只有对行政客体有了全面、深刻的了解和认识,才能形成科学的行政态度。如果对行政客体一无所知,那么自然谈不上对它还有什么态度。第二,提高行政主体的心理素质。心理素质是影响行政态度的一个重要因素。心理素质较好的公务员,能较准确地分析和判断事情,较主动地决定和改变自己的态度;心理素质较差的公务员,分析、判断能力较差,决定和改变自己的态度较被动、缓慢,依赖性强。缺乏主见的公务员,对行政客体的态度容易受他人的暗示和支配;而独立性强、有主见的公务员,对行政客体往往有独到的见解,有自己鲜明的态度。因此,提高公务员的心理素质,有利于科学行政态度的形成。第三,利用社会行为规范与准则的约束和社会舆论的监督以及宣传教育,促使公务员形成积极、正确的行

政态度。

3. 培养真挚的行政情感

高尚的行政情感是做好行政管理工作的重要条件。然而,公务员个人的行政情感是各不相同的。为此,就需要自觉、有目的地培养自己高尚的行政情感。一般可采取以下途径:第一,树立正确的人生态度。行政情感受人生态度的影响和制约,公务员的人生态度不同,表现出来的情感也就不一样。在行政生活中,公务员要确立正确的人生态度。首先,要选择正确的人生目标,明确奋斗的方向;其次,要正确处理好自我与他人、社会的关系;再次,要立足本职工作,热爱本职工作,处理好本职工作与人生目标的关系。第二,追求合理的个人需要。追求合理的个人需要,要把个人需要和他人需要、社会需要统一起来,把物质需要和精神需要统一起来,既不能为满足个人需要而损害他人需要、社会需要,也不能只为满足物质需要,而忽视对精神需要的追求。追求合理的个人需要,公务员的情感就比较稳定,就能自觉调节自己的需要同现实满足的矛盾,而不会产生失望、悲观等不良情感。第三,拓展宽广的胸怀。在日常生活中,公务员要从小事中超脱出来,把注意力更多地集中到自己为之奋斗的事业中去;要顾全大局,不斤斤计较个人得失,做到大事讲原则、小事讲风格,求大同、存小异,互谅互让;要认真听取和善于采纳不同的意见,不计个人恩怨,不从个人好恶出发,善于团结同志等等。只有做到了这些,才能体现出公务员应有的博大胸怀,才能够产生高尚的行政情感。

4. 弘扬高尚的行政习俗

凡习俗,不分良莠,总有人照着去做。但有些行政习俗显然早已不适合当前行政生活的需要,甚至是有害的,会对行政主体的行政行为产生消极影响。因此,必须引导行政人员改变那些不科学、不健康、不文明的行政习俗,即带有封建宗法等级色彩的行政习俗,如争级别,争待遇,搞独断专行、家长制、一言堂等行为方式;带有极端个人主义和无政府主义的行政习俗,如贪图享受、自私自利、目无组织纪律等行为方式。

在改变不良行政习俗的同时,我们应树立合理的行政习俗,也就是在行政人员中形成讲文明、讲礼貌、讲道德、讲民主、讲法制、讲创造、讲信誉、讲协作、讲奉献、讲效益的行为方式,形成全心全意为人民服务、艰苦奋斗、勤俭节约的行政习俗。

第九章 行政组织的发展

行政组织是一个开放的社会系统,必须与环境相适应,在适应环境变化的过程中追求动态平衡。在当今社会的急剧变革中,行政组织必须适应社会而进行不断的自我更新和完善,实现与时俱进的发展。行政组织是一个特殊的社会系统,它是为推行国家政务而依法建立的一切行政机关的综合体,必须有计划地进行全局性、长期性的规划和建设,从而增进行政组织的有效性,促进其健康发展,从而推动社会的全面发展。

第一节 行政组织发展概述

行政组织要生存和发展,保持活力和生机,就必须融入它所处的外界环境,并根据外界环境的变化不断地进行变革。同时,我们必须保证行政组织的发展符合社会发展规律,有规划、有步骤地进行调整、创新和发展。

一、行政组织发展的内涵

行政组织发展是指行政组织人员在对未来社会发展趋势进行科学预测的基础上,有规划地、长期地依法对行政组织的职能、结构、技术、管理方式、人员、文化等方面进行的重大调整和改革,以增进行政组织的绩效。

1. 行政组织发展是行政组织适应环境变化,在对社会趋势进行科学预测的基础上追求自身生存和发展的变革

行政组织上是一个开放的组织系统,它联系地、动态地存在于赖以生存的社会政治、经济、文化环境之中,不断地进行输入、转换、产出、再输入循环活动,使其与社会环境保持出入平衡,实现协调一致的发展。而社会环境始终处在不断变化和发展中,环境的变化必然要求行政组织进行变革与发展。行政组织的理念、结构、功能、工作方式和方法等的僵化不变将导致行政组织对环境的不适应性,降低组织绩效,使组织失去生机与活力。面对这种情况,行政组织要想存在下去,并且实现自己的职能,就必须满足社会发展的需求,进行变革以适应环境变化。行政组织发展不仅仅是被动的变革与调整,更是行政组织成员,特别是行政领导参与的、主动的、着眼于未来策划的、对未来社会发展趋势进行科学预测基础上的战略行为。

2. 行政组织发展是行政组织在稳定、持续过程中的一种有规划的、长期的变革

行政组织一旦产生和确立,就具有相对的稳定性和持续性。行政组织只有具有足够的稳定性,才能成为发展进行的载体和制定计划、规划的基础;只有具有足够的持续性,才能保证在组织目标、理念、方法等方面进行有秩序的变革。同时,行政组织也是具有适应性和革新性的生命体。行政组织以其稳定性、持续性为前提,并在稳定和持续的过程中,对外部的变化、机会、要求以及内部的变化作出及时的革新性、创新性的主动反应。行政组织发展对行政组织整体系统的认知、行政组织对社会发展趋势的把握、行政组织发展规则的设立和完善以及发展目标的实现,都需要一个漫长的过程,是一个复杂而艰巨的工程。行政组织发展必须科学、谨慎地进行战略规划,并在一个循序渐进的长期过程中实现发展。行政组织通过新的政治、经济、文化背景下理论和实践的共同作用,不断创新与调整,在保持原有行政组织的基础上实现重大改革,打破行政组织的自身弊端,更新行政组织的传统思想,吸收行政组织的理论精华,把握行政组织的时代脉搏,最终实现行政组织的自身升华。

3. 行政组织发展是行政组织实现动态平衡、促进全面发展的变革

行政组织建立在一定历史条件和背景之下,它的结构、功能等是根据当时的形势设置的,具有其历史性和局限性。行政组织的稳定、平衡是一种相对于历史的平衡。当历史环境发生变化,行政组织原有的稳定和平衡不适应形势变化的要求时,就需要打破原有的稳定和平衡,建立适应新形势的稳定和平衡,从而在一个动态过程中实现行政组织的动态平衡。行政组织发展是行政组织主动变革,使其不断调适自我完善的动态平衡手段。而且,行政组织发展具有全面性和广泛性的特点,整个行政体系的各层次、各部门都必须参与其发展,这将弥补行政组织在建立和成长过程中体制、职能、结构、技术、方式等方面的缺陷和不足,实现行政组织日常工作运转机制的完备化,推动行政组织系统全面调整结构、完善功能和制度,从而战略性、全局性、整体性地实现行政组织全面健康地发展。

4. 行政组织发展是行政组织依法提升绩效的变革

任何一种组织及其制度一旦存在时间过长,就会产生某些弊端。行政组织中经常存在的诸如官僚主义、形式主义、机构臃肿、人浮于事、效率低下、腐败现象等弊端,严重损害了行政组织的形象,破坏了行政组织的权威性,影响了行政组织的工作绩效。要克服行政组织中的弊端,必须通过行政组织变革与发展,但行政组织变革与发展不能是盲目的。行政组织发展必须在遵循社会发展规律的前提下,遵循法定原则、程序,做到有法可依、有法必依、执法必严、违法必究,这样才能保证行政组织发展的合理性和合法性,提高行政组织的科学性和有效性。行政组织发展的目的是提升行政组织绩效,使行政组织更好地服务社会,能够代

表最广大人民的根本利益。在依法指导的原则下,行政组织的发展要以提升行政组织绩效为出发点和归宿点,始终以提升绩效这一中心为线索。

行政组织发展是一项极为复杂的系统工程,要有效地推动发展,必须防止和克服非理性的态度、违背发展规律的保守或盲目行为,科学分析行政组织发展的动力因素与原因。

二、行政组织发展的动力因素

行政组织发展是行政组织以改善和提高组织绩效为根本目的的活动。行政组织发展受多种动力因素的影响,所以我们要充分认识到行政组织内外环境发生的变化,以及行政组织在组织运行过程中出现和存在的问题,并找到行政组织发展的原因,这将有效地减弱行政组织发展的阻力。

行政组织发展动力是指促使组织由低级向高级发展、由无序向有序进化的各相关因素在交互作用中产生的力量总和。行政组织中各种动力因素的交互作用形成行政组织发展动力。行政组织发展的动力因素可以分为外部因素和内部因素。

1. 外部因素

外部因素主要是指行政组织发展所处的外部环境。行政组织发展常常受到环境的影响,包括行政组织发展所处的政治、经济、文化、社会、法制、科学技术、人口、资源环境等。这些因素一般间接而长远地影响行政组织发展,当它们发生剧烈变化时,将导致行政组织的重大变革。外部环境对行政组织发展有很明显的制约作用,行政组织发展必须与社会环境相适应。

2. 内部因素

内部因素主要包括行政组织目标和价值取向、行政组织文化、行政组织管理、行政组织技术、行政组织结构。

(1) 行政组织目标和价值取向。行政组织目标是指行政组织预期努力争取获得的组织成果。行政组织目标是行政组织存在和发展的基础,每一个行政组织都必须有一个明确的目标,并且在不同的历史时期都有自己的目标。行政组织目标是行政组织机构设置的前提、行政组织活动的方向、行政组织工作任务确立的基础。目标的修正和变动,意味着行政组织的工作任务、组织结构、人员素质、工作方式、管理方法等的变动,对行政组织发展产生强大的推动力。行政组织价值取向是行政组织在活动中所拥有的价值理念和遵循的行动思维方向,行政组织人员价值取向的改变、思想觉悟和工作态度的变化,对行政组织发展有较大的影响。例如,随着对专制与民主、管制与服务、公平与效率、权力与责任、政府与民众等问题的价值取向的变化,将会出现一个明显不同的行政组织,使行政组织体制、管理方式等发生变革与发展。

(2) 行政组织文化。行政组织文化是行政组织管理之魂,它在行政活动中的巨大渗透力和影响力使行政组织的活动、组织体制、组织管理处在一种特定的文化氛围之中。行政组织文化是在一定的历史条件下,在人们的行政组织实践中产生的反映行政实践的观念意识,并通过行政社会化形成的行政思想、行政制度和行政心理的总和。行政组织文化随着时代的发展而发展,同时,行政组织发展也随之进行。例如,行政组织中存在的学习型文化,大力推进了行政组织向学习型组织的发展。

(3) 行政组织管理。行政组织管理是推动行政组织发展的重要因素。如行政领导者的变动,常常是影响行政组织发展的一个直接因素。行政领导者的思想水平、工作能力、人际关系、领导风格等都各有所不同,当变换行政领导者时,新的行政领导者往往从新的角度来审视原来的组织,找出其中存在的问题,并针对这些问题采取变革与发展的措施。一般来说,行政工作人员的素质也是不断变化的,当他们的士气由低落转为高涨时,当他们之间的关系由紧张转为融洽时,都将引起行政组织活动的明显变化。而且,具有先进管理理念和管理技能的行政组织成员也将大力推动行政组织的发展。同时,管理方法的变化也是引起行政组织发展的一个直接因素。如当行政组织由采用经验管理的方法转变为采用科学管理的方法时,或由采用原来某一种管理方法改变为采用另一种管理方法时,会在一定程度上推动行政组织的发展。

(4) 行政组织技术。行政组织活动渗透了现代科学技术,当科技渗透到组织的过程中,通过对管理方法的改进、管理手段和装备的更新,改变了管理行为。它不但通过行政组织活动对象对管理产生影响,而且对管理内部产生影响,从而推动管理者由意图观念到现实的变化。机械化、自动化、信息化、网络化等新的科学技术对行政组织发展产生了广泛的影响,从而推动了包括公务员劳动形式的变化、组织机制的转换,这些变化对行政组织在结构、心理等方面有相当大的发展作用。

(5) 行政组织结构。行政组织结构是组织内各组成要素之间相互联系、相互作用的方式。行政组织目标和价值取向、组织文化、组织管理、技术等的变化将使行政组织结构进行相应的调整,进而引起整个组织联系、作用方式的改变,从而使整个组织系统的效能和作用发生变化。行政组织结构的改变使行政组织有机地整合起来,并发挥其整体效用。如行政组织部门设置的精简、部门层次的调整,将有利于整个行政组织的协调运转,推动行政组织的发展。

总之,推动行政组织发展的动力因素是众多的,这些动力因素并不是彼此孤立、互不相干的,也不是单个地对行政组织发展产生影响,而往往是几个方面的动力因素同时发生不同程度的影响,产生一个合力,推动行政组织的发展。

三、行政组织发展的内容

美国管理学家哈罗德·利维特提出,一个单位的组织发展一般都从三个方面着手:组织结构、技术和人事。行政组织发展涉及行政组织系统的方方面面,它的内容包括行政组织职能的发展、行政组织结构的发展、行政组织管理技术的发展和行政组织人事管理的发展。

1. 行政组织职能的发展

行政组织职能是国家行政组织在一定的社会发展时期,依法对国家社会生活各领域进行管理所具有的职责与功能。行政组织职能充分体现了行政组织所代表的统治阶级意志,反映出行政组织活动的内容、实质和基本方向。行政组织职能取决于特定历史阶段的社会政治、经济、文化生活的需要。就具体情况而言,某个特定行政组织的职能在不同的社会时期和不同的环境下会有所不同。行政组织职能是行政组织机构设置、职位编制、管理方向、管理内容、管理范围、管理方式等的决定性因素,所以,要探讨行政组织的发展问题,首先应该探讨行政组织职能的发展。

(1) 行政组织职能内容重点的变动。行政组织的基本职能可分为政治职能、经济职能、文化职能和社会职能。行政组织处于不同时期,它的职能内容重点是不同的。早期的行政组织主要承担维护和实现阶级统治、保卫国家利益和社会安定的职能,其军事保卫职能、镇压和治安职能、政治统治职能都具有很强的政治性。在当代社会化大生产条件下,行政组织加强了经济管理职能。尤其是在经济体制转轨的国家中,行政组织的经济职能问题成为最突出的和亟需解决的问题。社会稳定时期与社会动荡时期相比,行政组织的政治职能相对弱化,而其经济职能大大超越了政治职能的范围,渗透和扩展到社会生活的各个领域。由此可见,行政组织最早是以承担国家政治事务为职能重心的,之后,为了适应社会、经济发展的要求,以及促进行政组织合法性基础的发展,逐渐承担起对经济、社会、科教文化等社会公共事务的管理,并且把职能重心从政治事务调整到社会公共事务上来。

(2) 行政组织职能发展的战略思维。行政组织职能转变主要包括以下四个方面的含义:一是行政组织经济化管理职能的转变;二是行政管理权限的转变;三是行政组织职能实现方式与途径的转变;四是行政能力的转换与提高。行政组织职能的变革必须着眼战略,充分考虑并正确处理行政组织与企业和社会、计划与市场等一系列重要关系,切实把行政组织职能转到经济调节、市场监管、社会管理和公共服务上来;要按照政企分开原则,理清行政组织与企业的关系;根据两权分离原则,转变行政组织所有者职能;把计划与市场结合起来,构筑全新的以经济手段、法律手段、教育手段为主,行政手段为辅的宏观调控体系;大力发展和完善市场中介组织,转变行政组织职能,充分发挥其监督、服务、沟通、协调的作用;用企业精神改革行政组织,实行行政组织公共服务社会化、市场化和企业化,从而实现行政组织由"全能组织"向"有限组织"的转变,由微观管理向宏观调整的转变,提高行政组织绩效水平。

2. 行政组织结构的发展

行政组织结构是行政组织内部各组成要素相互联系、相互作用的方式,是行政组织内各要素排列组合的方式,包括组织的纵向管理层次和横向管理幅度,以及整个行政组织内部的纵横结构和部门之间的关系。行政组织结构是否合理,直接关系到行政组织系统正常运转的好坏和效率的高低,因此,根据环境的变化对行政组织结构进行适时、适度的调整是非常必要的。行政组织结构的发展主要是指通过行政组织机构进行调整,以改变行政组织系统内部的构成方式,进而提高行政组织适应性和绩效的过程。在行政组织结构发展过程中,必须正确处理管理幅度与管理层次的关系。就二者的内在联系而言,应从扩大管理幅度入手,通过扩大管理幅度来减少管理层次,再通过减少管理层次来扩大管理幅度,使二者相互促进、相得益彰,渐次达到行政组织结构的科学化。需要注意的是,管理幅度的扩大应以领导机关和领导者所能有效管理的最多下属的人数为限度。如果违反了这项规律,不仅难以真正达到减少管理层次、提高组织效益的目的,而且可能适得其反,导致管理效率低下,甚至局部管理失控。要建立科学、高效的行政组织结构,必须综合考虑并恰当平衡各种相关因素,因时、因地、因人、因事制宜,科学处理管理幅度与管理层次的相互关系。行政组织结构发展的内容主要包括:一是合理调整控制幅度,即或者减少横向职能部门的数量,或者增加横向职能部门的数量;二是合理调整组织结构形式,即行政组织中职权的职责范围的确定、直线部门与职能部门关系的确定等;三是合理调整权力结构,重点是对中央与地方的权力进行合理配置,使行政组织的建构更好地适应外界环境和组织成员的合理要求。

3. 行政组织管理技术的发展

行政组织管理技术包括工作操作技术和管理技术两方面。改良工作技术主要包括革新技术流程、工作设备,引进新技术、新工艺、新设备以及合理安排工作任务等。改良管理技术主要包括革新行政信息的收集、处理技术,行政工作的监控技术和管理工具等。要搞好技术改良工作,必须注意做好基础工作和组织配套工作,充分发挥新技术的效能。

行政组织管理活动是一项综合性很强的复杂的社会活动,涉及范围广泛,作用因素较多,必须借助一定的技术手段才能完成。随着信息经济时代的来临,行政组织在管理手段方面面临新的机遇,这种机遇推动了行政组织管理手段的发展。随着现代科技特别是电子信息技术的发展,为行政组织管理手段的现代化提供了有力的支持。以电子计算机技术为基础构建起来的庞大的信息系统,高度集中和整合了信息收集、信息分析处理、信息存储环节,使行政管理决策、行政政策执行、行政权力运行质量等大幅度提高。在当代,把数学管理方法引入行政管理活动、行政组织中现代管理信息系统的出现以及办公自动化的推行等,悄悄地改变着行政组织的结构、运行程序和管理方式。

4. 行政组织人事管理的发展

行政人员是行政组织活动的主体,他们的素质、积极性和工作作风直接关系到行政组织活动的效率和成效。科学的人事管理制度为行政组织活动提供有力的人才保障。因此,行政组织都致力于建设与政治制度、经济制度和行政体制相适应的科学的人事管理制度,以便建立一支优化、精干、高效、廉洁的行政人员队伍。

行政组织人事管理的发展要把握以下几点:

(1) 人事管理调控。包括政府机关编制、职位的规范、工作人员总量和工资总额的调控等。

(2) 要进行有效的人事配置。人事配置是人事管理中经常性的工作,它涉及录用、任免、调任、轮换、挂职锻炼、回避、辞职、退休、开除等工作。充分发挥人事管理的配置功能,就是要合理配置人事关系,使人员与职位、职责、职权和谐统一,促进行政组织中行政人员的合理流动,给行政组织带来新的朝气和活力。

(3) 充分开发和利用行政组织人员。开发是指对行政组织人才资源的开拓与发掘,即将行政组织工作人员的智慧、知识、经验、技能、创造性等当做资源,予以发掘、培养使用的一系列活动。

行政组织要通过激励充分调动行政人员的积极性。通过改进激励方式,如改进报酬制度、考核制度和奖惩制度,影响行政组织人员。要按照行政组织发展的需要提高公务员的素质,公务员的素质包括政治思想素质和技术素质两项。提高公务员的思想政治素质,主要通过思想政治教育工作;提高公务员的技术素质,主要通过继续教育、技术培养、培训、知识更新、技术演练、总结推广新的工作方法等途径。

四、行政组织发展的程序

行政组织发展是一项复杂而系统的工程,为了科学有效地进行发展,需要遵循一定的合理程序。关于行政组织发展的程序,不同的学者从不同的角度提出了各自的看法。

心理学家凯利认为,组织发展的程序包括诊断、执行和评估三个阶段,如图9-1 所示:

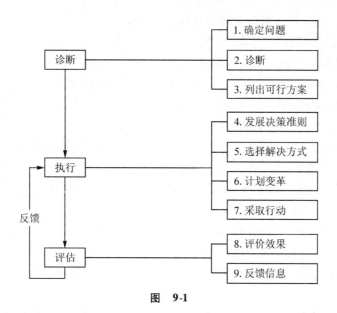

图 9-1

美国管理学者卡斯特从探讨解决问题的角度出发,将组织发展的过程归纳为六个步骤:

(1)回顾与反省。对组织的历史情况进行回顾和反省,对当前内外环境的状况进行调查研究。

(2)觉察问题。通过回顾、反省、调查研究,发现组织内外存在的问题,并认识到组织变革的必要性。

(3)分析问题。实际上是发现现状与目的情景之间的差距,这个目的情景既可能是先前定下的,也可能是当前设计的;同时还要找出问题的证据,包括问题的起因、特征、与环境的关联性以及影响。

(4)找出解决问题的方案。从多个角度设计解决问题的方案,并对各个方案进行评估、选优,确定最佳的执行方案。

(5)实行变革。调动各种资源,包括人力、物力、财力,将变革方案一步步推行下去。

(6)评估变革效果并作出反馈。在完成变革计划之后或者在进行变革中间,分阶段地进行效果评估,找出成效,发现问题,及时反馈给计划制定部门,并帮助执行部门方案,改进策略。

行政组织发展在遵循系统、预测、可行、民主和科学等原则的基础上,按程序发展。总的说来,行政组织发展的程度要视各行政组织所处的具体环境而定,并无固定不变的框架。根据我国实际情况,综合各学者的研究成果,我国行政组织发展的程度大致包括行政组织的问题诊断、行政组织发展的方案规划、行政组织发展的方案实施、行政组织发展的评估四个步骤。

1. 行政组织的问题诊断

行政组织是否需要发展与变革,以及变革什么样的内容,必须以确切的事务为依据;必须对行政组织进行全面的诊断,确定需要变革的问题;要找准问题,主要是弄清楚:问题是什么?问题出在哪里?它是什么时候发生的?是由谁引起的?原因何在?情况怎么样?

问题诊断的进行,首先要根据行政组织出现的征兆,调查行政组织现状,收集相关资料和信息;然后系统分析调查材料,进行综合分析和研究,认清行政组织现实状况与理想状况的差距;最后分清主要问题和次要问题,抓住关键问题。

2. 行政组织发展的方案规划

行政组织发展方案的确定是极为重要的环节。根据收集的信息和对问题分析研究的结果,规划发展的指导原则、方式、策略、步骤等。因为行政组织发展的因素多,涉及面广,极为复杂,所以应该制定多个可行的备选计划方案,以供领导者选择。

行政组织发展方案的拟订过程,一般要经过轮廓设想和具体设计两个阶段。轮廓设想主要包括两方面的内容:一是为实现既定的行政组织发展目标,大致可能提出多少个方案;二是将各方案的轮廓勾画出来。具体设计阶段的主要工作有两个:一是把每个备选方案尽可能细化;二是对方案进行评估。与前一阶段相比,具体设计阶段要求设计者保持冷静的头脑和求实的精神,仔细推敲,周密论证,最后要经过分析对比、权衡利弊,选择或综合一个最佳方案。

3. 行政组织发展的方案实施

行政组织发展方案确立以后,首先要做好发展的准备工作,包括对组织发展的必要性、改革方式进行思想动员和宣传;在行政组织内部形成变革气候,引发变革动机,创造变革需要;建构和确定组织发展的领导机构和实施机构;进行人、财、物的准备工作,对投入的人力、物力、财力作科学预算和控制,保证发展取得良好的效果。其次要做好发展计划实施过程中的指挥、沟通、控制、协调等工作,使组织改革始终按照既定方案有序地推进。在实施过程中,要特别注意发展方案的执行情况,及时纠正、完善发展方案,把发展与变革有计划、有步骤地坚持下去,直至实现预期目标。

4. 行政组织发展的评估

对行政组织发展的情况进行检查、分析和评估,要确定评估主体,选择好评估的手段,明确评估标准,构建评估指标体系,衡量改革的实际成果与计划方案之间的差距。评估的结果要返回到第二个步骤,以修正执行计划,继续进行组织变革发展,直至达到组织设计标准为止。此外,还要采取种种手段,不断强化新的心理状态、行为规范和行为方式。这里,特别需要引起注意的是,要把发展与立法有机地结合起来,把发展的成果用法律形式巩固起来,指导今后进一步的发展,防止和克服事过境迁、前功尽弃的现象。

第二节 西方行政组织发展

早在20世纪60年代中期,美国哈佛大学教授丹尼尔·贝尔出版了《后工业社会的来临》,随后,阿尔文·托夫勒、约翰·奈斯比特等相继预告了后资主义时代、信息时代、知识经济时代的到来,说明新的时代正在取代旧的时代。时代的变化对行政组织提出了新的要求,行政组织必须更加灵活,更加高效,具有更强的创造力和影响力,更广泛地扩大公众参与管理。而与工业社会相适应的西方官僚制行政组织日益暴露出僵化、迟钝的问题,难以适应新时代的需要。西方行政组织变革与发展势在必行。

一、西方行政组织发展的背景

1. 新自由主义经济运动兴起

二战后,凯恩斯主义成为西方主流经济理论。以该理论为基础,行政组织以积极的干预措施,全面介入经济生活,帮助企业摆脱危机,提供给人们就业、医疗等广泛的社会福利,在一定时期内促进了经济的发展。然而,自20世纪70年代以来,西方普遍陷入了经济滞胀的泥潭。社会福利政策的实施,不仅严重损害社会效率,而且成为政府财政沉重的包袱。不仅如此,政府宏观调控政策往往陷入两难境地,政府干预难以奏效。面对长期不景气的现象,以哈耶克为主的新自由主义者们开始质疑政府作用的有效性,出现了"政府失灵说",即政府的作用并不能保证把资源配置为最佳状态。重新恢复市场在资源配置中的主导性地位,缩小行政组织的职能范围,减轻赋税,刺激民间组织和私人企业的积极性,建立精干高效的政府体系,成为公众的普遍要求和呼声。

2. 信息时代的来临

早在20世纪60年代,人们就隐约听到信息时代的呼唤。进入20世纪90年代,以信息技术、新材料技术、新能源技术和生物工程等兴起为标志的第三次技术革命取得初步成就,世界正式迈入信息化时代。信息化是指社会经济结构从以物质与能量为重心向以信息与知识为重心转变的过程。它有三个相互联系的主要方面:一是信息技术本身的发展及其产业化;二是基于信息技术的信息产业的发展;三是信息技术手段在经济和社会领域中的广泛应用。在西方,电脑科技、新信息通讯技术和以全球互联网为代表的新兴媒体的应用,扩大了行政的民主化,增强了行政的透明度,扩大了公民言论、出版自由的范围和空间,大大改善了行政组织人力资源管理工作,大幅度改善了决策支持系统等。面对信息时代的来临,西方各国产生了强烈的危机感,纷纷制定了应对策略,惟恐在激烈的国际竞争中被淘汰。

3. 官僚制陷入严重困境

官僚制(科层制)是传统的行政组织模式。它的主要特点是权力集中,层次分明;照章办事,循规而行;行政人员行为标准化、非人格化;行政程序相对周全。官僚制是一种十分符合工业社会需要的行政组织形式,它意味着组织方式的理性和效率,是指挥和控制现代社会最有效、最标准的方式。然而进入20世纪70年代以来,社会经济、政治所引起的变化,给传统的官僚制当头一棒,使它在先天设计上的局限性、应对时代发展的不适应性日益暴露出来。例如在美国,政府的有关规章制度之多几乎达到了泛滥的程度,仅美国政府制度的工商规制条例的篇幅在1970年至1979年就增加了两倍。不仅企业受到政府过多的投资约束和钳制,政府行政机构内部管理所依据的规章制度也是浩繁而细密,有些规定琐碎到令人瞠目结舌的地步。官僚制对法律法规、规范的过度推崇已难以适应政治、经济、社会乃至个人的发展要求。其次,官僚制强烈的专业技术崇拜和固定的专业化分工使政府的功能日益衰退,使得责任保障机制日渐丧失,这种体制最终造就出来的各级、各类官员大部分是不求有功、但求无过的。正是由于这种认识,在英国,人们对公共部门和公共部门的"官僚"抱有普遍的怀疑与不信任态度。

4. 其他促进行政组织发展的动力

经济形势的剧变迫使行政组织不得不作出反应,这是有关行政组织发展最明显、也是最关键的背景之一。然而仅仅从经济的角度来分析行政组织改革发展的动力显然过于简单化,即使再考虑官僚制本身的弊端以及新时期的特征,仍然不能完全说明行政组织变革和发展的背景。至少还有两点是西方行政组织发展不可忽略的背景:

一是西方各国人口的变化。几乎所有西方工业化民主国家的人口都在迅速老龄化,因此,政府津贴计划、福利政策的开支额迅速增加,而这些开支都不得不由数量日益减少的工作人口来负担。对行政组织进行改革不可能解决这些问题,但可能减少总体开支,有助于增强政府应付未来庞大开支的能力;而且,管理得当、运行高效的政府在进行福利政府改革时会更有说服力。人口变化的另一特征是移民人口的急剧上升。尽管近年来西方各国普遍加强了对移民的限制,但大量涌入的移民仍然深刻地改变了各国原有的人口结构,并带来了族群和种族异质性的扩大,造成了许多社会问题,引发了社会关系的紧张。

二是政府与利益集团的结盟关系开始变得不稳定。在战后相当长的一段时间内,处理经济问题最有效的方法之一是利用利益集团。利益集团以各种不同的形式存在于西方的主要国家里,它既是政府干预经济的焦点,也是政府治理投资的来源。当政府试图应付许多经济需求和经济改革时,就会出现一群稳定、结构完善的利益集团,通过与它们的谈判、协商、博弈,政府便能就这些问题与这些集团达成协议。通过这些集团,政府能更好地处理经济、社会问题。然而20世纪70年代后,这些集团与政府间的信任度大幅下降,达成有约束力的协定日益显得不可能,政府从此面临着更艰难的时刻。

二、西方行政组织发展的趋势

1. 行政组织市场化趋势

当前几乎所有有关行政组织改革的时代思潮都认定私人部门的管理方法是与生俱来的优越于传统行政部门的管理方法,人们普遍认为提高行政组织效率的最佳甚至惟一的方法是用某种建立在市场基础上的机制代替传统的官僚体制。市场模式不是统一的、惟一的理论,它只是一种肯定自由竞争优越性以及对一个理想化的交换与激励模式的基本方法。它包括四个基本要点:一是肯定市场作为社会资源分配机制的效率。因此,要利用市场经济体制代替原有的机制。二是通过对官僚体制缺点的分析,作出了官僚利己行为的判断。因此,要在政府内部引入竞争机制。三是认为不论管理在哪里发生,管理就是管理。因此,组织和激励人员的机制不仅可以用于私人部门,也可以用于公共部门。四是政府组织规模的庞大和复杂性以及所提供的商品与服务成本过高,是政府缺乏效率和效能的根源。因此,改革的原则就是要分散决策和决策执行的权力,最基本的方法是利用私人组织或半私人组织来提供公共服务,或通过将大型的部门分解成若干的机构,或通过将职权下放到低层的政府机关等方法来实现。

在上述理论的推动下,西方各国对行政组织市场化进行了深入的研究。美国的"格雷斯委员会"和加拿大的"尼尔森委员会"对将私人部门的管理方法引入行政部门这一思想作了最明确的阐述。根据这两个委员会所制定的方案,许多私人部门的管理者被派到这两个国家的首都,并负责探究政府管理不善的原因。在实践方面,一是在行政部门建立内部市场。例如,英国的国家医疗卫生服务系统正用半市场化的结构取代原有的一元化结构,根据这种半市场化的结构,购买者可以从提供者那里得到需要的服务。这种将提供者、购买者区分开来的管理体制是为了降低成本、提高效率。新西兰政府也进行了类似的改革,而且改革的步伐更大一些,即将全部政府机关区分为购买者与提供者。甚至像瑞典这样的长期实行福利国家模式并对市场持怀疑态度的政府,也已开始考虑将市场模式引入政府改革。二是分散权力。以新西兰为例,从20世纪50年代后期开始,新西兰对以前的部委进行公司化改造,即将这些部委分解成许多拥有自主权或半自主权的组织,以从事提供公共服务的工作。英国也进行了类似的结构变革,大约设立了100个行政机关,这些机关规模大小不一、目标单一,因而比以前的部委机关更能够对社会压力以及其他直接评估工作成绩的方法作出反应。它们的领导成员可以从公务员内部选拔产生,也可以从私人部门中延揽,而且对他们可以采取私人部门的方式,至少是半私人部门的方式进行管理。荷兰、加拿大等国在这些方面也有不少实践。三是部门政府职能由市场承包。也就是通过投资的形式,让私人部门也有机会参与公共物品的管理,以便更好、成本更低地完成这些工作。以美国为例,20世纪70年代,管理与预算局就要求一个机关至少要有10%的工作允许来自机关外部的承包和竞标。在澳大利亚和新西兰,允许外部单位参与竞标政府工作的做法也已经实行多年。

当然,行政组织市场化趋势也存在一些问题。首先,市场机制比政府机制有效率的假定并不是完全适用的,在许多情况下,政府机制在资源配置中还是有优势的;其次,市场化带来的权力分散,会出现难以协调的控制问题;再次,市场模式倾向于将政府计划方案的受益者以及更多的公众更名为"消费者"或"顾客",这种界定似乎降低了公民作为与国家相对的权利和合法地位拥有者的作用。

2. 行政组织弹性化趋势

行政组织弹性化是目前备受关注的政府改革方案。弹性化的准确含义不是十分明确,但大部分学者肯定,弹性化是指政府和机构有能力根据环境的变化制定相应的政策,而不是以固定的方式回应不断涌现的新的挑战。弹性化趋势针对的是公务员的终身任用制度和行政组织中存在的传统部门和机构。因此,在政府内部采取可选择的结构机制,以取代那些拥有政府领域永久权的传统部门和机构。该方法强调不断撤销现有组织,这样可以避免因组织僵化而造成的困扰,使政府拥有较大的弹性,能够快速对不断变化的社会和经济情况作出反应,利用兼职和临时工作人员取代终身制的公务员,减少工资支出,延揽各方面人才。弹性化的另一种基本含义是减少行政组织内部的规制,放松管理,释放公务员的创新活力,这是针对传统的科层制行政组织发展趋向,强调解除内部繁节的限制,释放公共部门蕴藏的能量,以提高政府活动的水平。相比较而言,美国的弹性化组织实践经验比较丰富。

第一,削减陈旧的规制。通过实施严格的法律审查制度,规定每项规章的生效期,到了规定的日期,须对其进行审查,除非得到再次批准,否则宣布此项规章失效。另外,建立审查委员会,检查政府组织的规章或活动,剔除过时的内容。

第二,改革预算制度。一是在改革年度预算的基础上,鼓励各组织部门以最小的成本办最多的事,节约的成本可以保留50%自用。二是将过去的以控制审批项目为主,转为以注重结果为主的预算管理办法。三是制定预算时综合考虑其他部门的财政收支情况,实行跨部门预算。

第三,简化政府采购方式。1993年,《戈尔报告》为此提出六条建议:重新起草采购条例,简化采购过程,通过"电子市场"简化采购程序,小额采购由部门自主决策,更多地依赖商业市场,制定新的联邦采购法。财政部门不去干预具体的采购方式、采购的品种与品牌,只从采购资金方面予以控制。

第四,改革人事制度。减轻对公务员的过分规制,简化职位分类规制,简化公务员辞退制度,废除一万余页的"联邦人事手册"。分权给下级行政组织和部门主管人员,使其有聘雇人员、核定薪资的权力。

然而,弹性化组织在利于协调、激发创新的同时,也不可避免地存在一定的局限性。首先,那些永久性程度较低、缺乏正式结构、没有固定集会和办公场所的行政组织对于共同目标的承担缺乏应有的使命感和责任感;其次,临时公务员的增加可能削弱员工的工作责任心,从而威胁到公共服务的价值和特质;再次,由于弹性化引起的短期化,往往不尽恰当,很可能失之偏颇,所以在实施了弹性化改革的国家里,往往又出现对永久性规章制度的重新追求。

3. 行政组织参与管理趋势

参与,从某种角度说,是致力于寻求一个政治性更强、更民主、更集体性的机制来向政府传达信号,它是20世纪70年代以来行政组织发展的主要议题之一。参与模式的倡导者认为,是层级节制限制了公务员,尤其是基层公务员对组织工作的参与,减少了他们对组织的责任心。参与模式假设大量有能力、有才华的低级员工不能得到很好的使用,但因员工和顾客与行政部门所提供的产品和服务关系最为密切,对于相关的信息他们认识较深、掌握较多,因此,只要基层员工得到充分的参与、才能得到适度的发挥,政府就会表现得更好。所以,应鼓励那些一向被排除在政府决策范围外的人员,使他们有更大的个人和集体参与空间。

参与管理有三个层次:第一,在政府组织内部强调员工对有关工作、生活以及某些层级节制方面的组织决策的介入,也就是强调授权。这一理念被普遍应用于全面质量管理(TQM)之中。根据这一理念,生产高质量的产品有一定的条件要求,其一是所有组织成员必须对产品质量负责,其二是组织成员要像一个团队一样工作。老布什当政时期,曾在华盛顿设立了联邦质量协会,负责推广有关"TQM"与"质量"的概念。之后,国家绩效评估仍以相似主题出现在加拿大的公共服务中,授权、参与更深入人心,可以与许多年前就已实行的市场改革互相对照,它进一步强化了公共服务的集体一致性。第二,参与理论也认为,政府体制内的专家无法获得制定政府所需要的全部信息,因此,如果排除公众的决策参与,可能会造成政府失误。所以,除了说明并改善政府组织本身的管理之外,参与模式也关心公民的参与和国家与社会之间的关系。参与式行政组织最简单的形式是公民投票,就是让公众通过直接投票的方式来决定政府议题所要采用的方法。美国大部分地方政府采用了这种方法,欧洲国家也已在逐步推行公民投票的方式。克林顿通过到镇公所与公众会面和乘车至全国各地访谈,获得了相当多的政治支持;加拿大政府将协商和公民参与决策作为政府的中心工作等等。这些例子都清楚地说明,在当代,必须得到公众的积极参与,政府行为才能获得合法化。第三,参与管理强调公民自身投入政府选择与提供服务的过程。在这方面,参与式与市场式有异曲同工之处,不同之处在于在市场式下公民选择私人部门提供产品和服务,在参与式下公民选择第三部门、非营利组织等提供公共服务。这种共同提供公共服务以及利用志愿活动来补充或代替政府活动的方式,反映了西方社会团体参与提供服务的传统。近年来,这种形式反映了政府发展的一种趋势。

4. 行政组织数字化趋势

信息化浪潮的冲击,为行政组织制定了新的行为准则。1993年,美国政府正式提出建立国家信息基础设施(NII)行动计划,即通常所说的"信息高速公路建设计划"。由此,建设信息高速公路浪潮波及全球,形成新一轮全球信息化的热潮。基于对信息化美好发展前景的深刻理解,很多国家在规划其信息高速公路发展计划时,对公共部门的信息化建设给予了特别的关注和重视,提出了要把公共部门建设成为数字化组织的设想。

数字政府的重要内涵是运用信息与通信技术打破行政机关的组织界限,建构一个电子化的虚拟机关,使得人们可以从不同的渠道取用政府的信息与服务,不是传统的要经过层层关卡的方式,而是经由各种电子化渠道进行相互沟通,并依据人们的需求、人们可以使用的形式、人们需求的时间与地点,提供人们各种不同的服务选择。

信息化浪潮带来的行政组织数字化趋势将集中体现在以下三个方面:

第一,政府管理过程日益集成化。行政管理活动中,除人员流、物质流、资金流的管理以外,还有一项越来越重要的内容——信息流管理。随着信息技术的不断发展,政府的管理信息系统逐渐完成了由初级向高级的演进,行政管理过程日益趋向集成化。

第二,行政组织的等级结构趋向扁平化。信息技术的改进,使组织中的中层管理人员具有上通下达高层领导意图的"放大器"功能和收集、加工大量底层信息的"过滤器"功能,在很大程度上可以被现代信息技术提供的大容量通讯技术替代。因此,组织的等级层次数量减少了,上层和下层之间的通讯结点和环节削减了,但每一通讯渠道的信息传递量却增加了,每一中层管理结点对下层的监控范围扩大了,组织高层领导与下层负责人之间的合作与协调关系得到了加强。信息技术正神奇地影响着组织结构本身,难怪许多管理大师惊呼:半个世纪以来,组织理论和实践中所遵循的著名的管理幅度原则,正在为新的信息沟通幅度原则所取代。

第三,行政组织的分权趋向更加明显。从理论上讲,现代信息技术的应用会导致分权程度的扩大,因为:(1)如不赋予下层管理人员和员工更大的独立自主权,他们就无法充分利用信息技术的柔性功能去有效地应付快速变化中的环境,这种"柔性"就会变成传统科层制模式的"僵硬性"，行政组织就无法从信息技术的柔性功能中获得应有的效益。(2) 由于员工文化、技能素质的提高，他们要求参与管理和决策的愿望更为激烈。(3) 现代信息技术条件的管理和沟通，使得更多的人参与信息收集、处理和使用，在信息的收集和处理过程中，各个主体都会自觉或不自觉地把自己的倾向性看法或意见加进去。这样，自然有更多的人通过信息流动渠道向管理决策者传递自己的想法(信息)。由此可见，信息技术的广泛应用会导致分权程度的增加。

第三节 我国行政组织发展

一、我国行政组织改革与发展历程

十一届三中全会以来，为适应经济体制改革和社会发展的需要，我国行政组织先后进行了多次机构改革。回顾改革的历史过程，在成败得失中总结经验教训，对于继续推进改革、建设中国特色的行政组织管理体系意义重大。20世纪80年代以来，我国行政组织先后于1982年、1988年、1993年、1998年进行了四次大规模的机构改革，改革经历了由浅层次到深层次，由单纯机构改革到综合配套改革，由精简机构、理顺关系到体制改革、制度创新的过程。

1. 1982年的行政组织机构改革

当时，国家机关部门林立、机构臃肿、人浮于事、领导班子老化、副职越设越多、工作效率低下。由于还未明确提出经济体制改革，故此次改革的指导思想是精简机构、提高效率。

各级行政组织机构普遍调整了领导班子，提出了干部"四化"(革命化、年轻化、知识化、专业化)原则，开始打破实际存在的领导职务终身制，撤并了一些重叠机构，加强了缩合、协调统计监督部门，调整了人员结构，规定了领导职数，取得了相当的成效。据统计，国务院机构由100个减少到61个，机关人员由5万余人压缩到3.9万人，精简了25%。各省、市、县的所属机构也有所减少，精简幅度在20%左右。

但是，由于这次改革是在经济、政治体制改革刚刚起步的情况下进行的，所以未能取得稳定、长久的成效。改革后不久，政府机构就出现了新的膨胀，相当一些专业部门成为公司后，实际上与以前一模一样，仍然行使行政管理职权，未能真正理顺政府与企业的关系。

2. 1988年的行政组织机构改革

1984年，《中共中央关于经济体制改革的决定》明确提出实行政企职责分开，要求政府机构按照政企分开、转变职能、简政放权的原则进行改革。

这次改革,就是要逐步建立一个具有中国特色的功能齐全、结构合理、运转协调、灵活高效的行政组织管理体制。这次改革的方针比较明确,紧紧抓住转变职能和理顺关系两个环节,实行"三定"(定职能、定机构、定编制)方案。按照政企分开原则,弱化直接管理职能,减少具体审批事务,加强决策、咨询、调节、监督和信息等职能。政府向企业、事业单位和人民团体下放权力,中央政府向地方政府下放权力。调整专业经济管理部门和综合部门中的专业管理司局,例如,国务院原有工作部门72个,经过调整,减为68个,但比1982年精简后的61个机构多7个,总体上按20%的比例进行精简。在改革政府机构的同时,推进干部人事制度改革,抓紧建立和逐步实施国家公务员制度。

这次机构改革的成果要显著一些,但这仅仅是实现机构改革总体目标的一个步骤,而且还有许多任务没有完成。首先是行政职能转变没有到位,其次是关系并未理顺,再次是地方行政组织的改革还没有全面展开。这是一个长期的过程,不可能在一两年内完成。

3. 1993年的行政组织机构改革

这次改革方案经党的十四届二中全会通过和七届全国人大一次会议批准,于当年组织实施,第二年宣告完成改革任务。这次改革的指导思想是把适应建立社会主义市场经济体制和加快高层经济发展作为机构改革的目标,按照政企分开、和平共处、精简、统一、效能的原则,要求在转变职能、理顺关系、精兵简政、提高效率方面取得明显进展。

经过改革,国务院各部委、直属机构和办事机构由68个调整为59个,各部门人员精简比例平均为20%左右。省、自治区党政机构由平均76个减为56个,直辖市党政机构由平均100个减为75个,市、地、县的党政机构也按照中央的要求作了精简。各级政府机构人员约减少200万,占原有行政编制的23%。

但是,改革的成效仍然是有限的。如没有及时建立统一健全的社会保障体制以进一步推动政企分开;精简机构力度不大;相当一些行政组织机关人员转入事业单位后仍然依靠国家财政的人数不仅没有减少,反而增加了。造成这些状况的主要原因在于:经济体制改革刚刚明确建立市场经济体制的目标,很难立即使行政组织机构改革与之有机地结合起来。

4. 1998年至今的行政组织机构改革

在1998年开始的行政组织机构改革,要求在三年内完成。这次组织改革的目标是建立办事高效、运转协调、行为规范、管理科学的行政组织管理体系,完善国家公务员制度,建设高素质、专业化的行政组织管理干部队伍,逐步建立适应社会主义市场经济体制的有中国特色的行政管理体制。国务院实现了部委由40个精简为29个的既定目标,机关干部编制总数减少了一半,共减编1.6万。省级政府机构设置由平均55个减少到40个,人员编制平均精简了47%,共减编 7.4 万。市、县、乡机关行政编制精简了 20%,共精简 89 万。大力实行政企分开,明确职责,克服管理多头、政出多门的弊端,按照权责相对的原则,调整和改组了职能严重交叉的部门,合并了相同、相近的职能;清理、整顿了行政执法队伍,鼓励和支持市、县、乡政府建立精干的执法队伍;不断加强宏观调控职能和社会服务功能,将国家计委等综合经济部门改组为宏观调控部门,它们不再审批投资主体,建立政企分开的投资体制;适应经济和社会的发展,设立了劳动和社会保障部等具有社会服务功能的新部门。这次改革的突出特点是从深化行政体制改革的高度着手,把行政体制改革同建立现代企业制度、完善国家公务员制度、加强行政法制建设等结合起来。因此,改革力度较大,措施有力,成就显著。

在 2002 年 11 月召开的十六大的报告中明确提出:"深化行政管理体制改革,进一步转变政府职能,改进管理方式,形成行为规范、运转协调、公正透明、廉洁高效的行政管理体制。按照精简、统一、效能的原则和决策、执行、监督相协调的要求,继续推进政府机构改革。"2003 年 3 月,十届全国人大一次会议审议通过了新一轮的国务院机构方案,启动了新中国建立以来的第八次行政改革。本次改革的目的在于解决行政组织管理体制中的一些矛盾突出的问题,为促进改革开放和现代化建设提供组织保障。改革的重点是:深化国有资产管理体制改革,完善宏观调控体系,健全金融监管体制,继续推进流通管理体制改革,加强食品安全和安全生产监管体制建设。我们仍将不断地努力进行行政管理体制的创新与改革,从而进行多层次、全方位的改革,使行政组织改革与政治、经济等方面的改革配套进行。要实现行政组织改革与经济体制改革相结合、与政治体制改革相结合、与人的思想观念的变革相结合、与政府职能转变相结合,大力推进行政组织改革,实现我国行政组织的发展。

二、中国现代行政组织发展的社会背景

从 20 世纪 90 年代末到 21 世纪初的现在,我国的行政组织管理体制与行政组织机构改革仍在继续推进,但中国存在与发展的环境已发生了很大的变化。我国现代行政组织发展的社会背景主要有以下几个方面:市场经济体制改革的进一步深化与加入 WTO 的影响;社会中介组织力量的壮大;信息化社会的发展;西方行政组织绩效化改革运动的影响。

1. 市场经济体制改革的进一步深化与加入 WTO 的影响

我国市场经济体制改革的伟大实践和社会主义市场经济体制基本框架的形成,极大促进了我国经济的快速增长。

(1)市场经济体制框架的基本形成,较好地发挥了市场资源配置的基础性作用。到"九五"末,市场在资源配置中的基础性作用进一步加强,政府定价比重下降,市场调节价比重上升:在社会商品零售总额中,政府定价比重为 4%,政府指导价比重为1.2%,市场调节价比重为94.7%,政府指导价比重为7.1%,市场调节价比重为83.3%;在生产投入物中,政府定价比重为9.6%,政府指导价比重为4.4%,市场调节价比重为86%。[①] 统一开放、竞争有序的大市场体系逐步形成。

(2) 政企关系基本理顺,国有企业改革取得重大突破。国有企业改革与调整的不断深化取得了显著的成效。

(3) 社会保障体系初步形成,为进一步深化体制改革奠定了基础。法律建设进一步加强,逐步形成了与市场经济相适应的法律体制框架。

我国加入WTO被人们称为"第二次改革开放",从一定程度上讲,也是一次革命。WTO对行政组织提出的不是产品质量与价格的挑战,而是一种体制性挑战,是要用WTO的法律框架体系来约束成员方政府的行政职能和行政程序。但我国现代行政组织的管理职能、运行机制、机构设置、人员配置、法律制度等与WTO规则相距甚远,所以我们面对的这种挑战是全方位、深层次的。通过应对这些挑战、解决这些矛盾,必将极大地推动我国经济体制改革、行政体制改革向纵深方向发展。我国行政组织必然在WTO规则的框架下对自身运作体制作出调整和变革,这对进一步解决诸如转变政府职能、理顺政企关系、加强宏观调控、提高政府决策和行为透明度、优化机构设置等问题,将产生积极意义。

2. 社会中介组织力量的壮大

行政组织与社会的关系,是衡量一个社会发育程度和社会自我管理能力的重要指标,也是影响行政组织管理功能和行政组织发展方向的重要因素。改革开放前后,我国行政组织与社会的关系发生了历史性变化。改革开放前,我国社会是一个发育程度较低、分化速度缓慢、同质性较强的社会。所有社会组织,不管是政治的、经济的、事业的,都由行政控制和管理。而在改革开放以后,随着社会主义市场经济体制的基本形成,社会中介组织不断地发展壮大,涉及的领域范围也大大拓展了,在促进市场经济的发展、推动行政组织职能的转变方面显示了强大的威力。现在出现了行业自主性中介组织,社会运行监督组织,为市场活动提供咨询、技术服务的中介组织,监督市场活动的中介组织,促进劳动力就业的中介组织,促进科学研究、文化教育、体育卫生发展的中介组织等,从而使行政组织与社会的关系由"大政府、小社会"向"小政府、大社会"转变,由"无限全能政府"向"有限效能政府"转变。

据统计,改革放开以来至1996年底,全国有会计事务所、审计事务所6 400多家,律师事务所7 200多家,各类仲裁机构869家,资产评估机构2 900多家,资信评估机构322家,各类信息机构8 000多家,人才劳务中介机构10 901家,全

[①] 参见《中国加入工作组报告书》,载《中华人民共和国国务院公报增刊》2002年第1期,第433页。

国性自律中介组织如协会、商会等 210 家,地方性行业协会数以千计,有个体私营协会 14 470 个,商标代理机构 135 家,计量认证机构 1 238 家,质量检验机构 1 165 家,证券期货经营机构 500 余家,其他社会中介组织 1 676 家。在各类社会中介组织中从业的人员已达 208 万人。[①]

3. 信息化社会的发展

我国信息化社会的发展与行政组织的发展是必然相联系的。行政组织是全社会中最大的信息拥有者和处理者、最大的信息技术用户,信息技术的不断提高和信息化社会的逐渐形成将极大地提高行政组织活动的绩效。我国信息化社会的发展,推动了行政组织信息化的建设和发展,为行政组织管理的科学化和现代化提供了强有力的环境、技术支持,将推动行政组织职能的转变、行政组织效率的提高、行政组织决策科学化和民主化的水平,为行政组织的服务公开提供保障,大力推动我国行政组织的发展,从而能够建立一个更加勤政、廉政、精简和有竞争力的行政组织。

我国的信息化建设正式起步于 1993 年,当年启动了"金卡"、"金桥"、"金关"等重大信息化工程,拉开了国民经济信息化的序幕。1996 年,国务院信息工作领导小组提出了信息化建设"统筹规划,国家主导,统一标准,联合建设,互联互通,资源共享"的二十四字指导方针。2000 年 10 月,"十五"计划提出:大力推进国民经济和社会信息化,是覆盖现代化建设全局的战略举措。以信息化带动工业化,发挥后发优势,实现社会生产力的跨越式发展。十六大报告明确提出,信息化是我国加快实现工业化和现代化的必然选择。我国信息化建设已经取得了很大的成绩,到 2002 年 6 月,全国电话用户总数达 3.75 亿,全国电话普及率达 30.2%,互联网拨号及专线用户达 3 975.9 万户。信息产业已经成为我国第一支持产业。[②] 改革上网工程也蓬勃发展,据统计,到 2000 年 1 月底,已建立的政府网站达 3 200 多个,70% 以上的地级市政府在网上设立了办事窗口。

4. 西方行政组织绩效化改革运动的影响

西方大政府管理模式弊端的日益暴露,直接导致了 20 世纪 70 年代末 80 年代初以来的行政体制改革。改革最具实质性的内容是提高行政绩效,使行政组织具有更高的、足可与私营机构媲美的运转效率和质量,这就是以美国、英国、澳大利亚、新西兰、荷兰等为代表的西方国家掀起的绩效化组织改革运动。首先是理论的发展支持了行政组织绩效化运动的开展。20 世纪 70 年代以来,西方国家普遍开展的政府改革发展了一大批新的组织理论,特别是进入 90 年代以后的公共选择理论、企业家组织理论、参与式组织理论、弹性化组织理论、解制型组织

---

① 参见汪玉凯:《发展社会中介组织与转变政府职能》,载《工人日报》1998 年 6 月 3 日第 8 版。
② 参见《中国电子政务领导干部知识读本》,中共中央党校出版社 2003 年版。

理论、学习型组织理论以及奥斯本提出的组织再造理论等。实践活动的蓬勃开展、雷纳斯效率评估分析小组的改革方案、"下一步行动方案"等推动了绩效评估在英国的开展。1973 年,尼克松政府颁布了"联邦政府生产率测定方案",力图使行政组织的绩效评估系统化、规范化、经常化。1993 年的《国家绩效评论》、《戈尔报告》、《1993 年政府绩效和结果法案》,推动了美国政府绩效化改革的开展。在西方行政组织绩效化改革运动的影响下,我国绩效化改革实践也在不断开展,例如,福建省厦门市思明区的绩效评估实践、科技部制定的"高新区评价指标体系"、山西省运城市的"办公室机关工作效率标准"等。与绩效改革实践相关的山东省青岛市"目标责任制管理实施细则",山东省烟台市实施的社会服务承诺制度,深圳市坚持的"效能监察为经济建设服务"方针等,为政府绩效的发展提供了坚实的实践基础。

我国行政组织绩效化改革是在民主政治时代背景下行政组织采取的治理方式;是行政组织对其自身管理以及行政活动行为的绩效的审核、认知、测量和总结,从而提高其管理绩效的活动;也是社会民众表达利益和参与政府管理的重要途径和方法。行政组织绩效改革体现了行政组织管理寻求服务公众与满意公众、公共责任与公众至上、社会公平与民主、公共效率与公共效益的管理理念,从而有利于维护社会基本秩序、提高服务质量、改善公共责任机制和增强政府权威,建立一个优质高效的现代政府,推动我国现代行政组织的发展。

在社会生活的综合性、激烈性变迁过程中,传统的行政组织管理已不再适应发展的需要,现代行政组织的变革与发展已是大势所趋。

三、我国行政组织发展的方向

在以上社会历史背景的影响下,我国行政组织的发展方向主要表现在以下几个方面:

1. 行政组织职能的市场化和社会化

行政组织职能的选择、确定具有十分重要的意义。在传统的管理中,行政组织常常扮演着全能的角色,对社会公共事务采取大包大揽的做法。但按照行政范式理论,行政组织在管理中,不仅要讲究效率,引入竞争机制,以市场为导向,而且要下放权力,实行参与式管理。为此,行政组织应只掌舵,不划桨。"掌舵"就是制定政策,扮演催化剂和促进者的角色,把资金和各种资源手段结合起来,让其他人去解决问题;"划桨"就是直接服务,而行政组织不擅长此道。在具体的管理过程中,行政组织可以授权,但不必躬亲,把控制权从官僚机构手中转移到社区,从而授权给公民,由公民自己管理自己。

市场机制最大的优势是通过"经济人"在市场交换过程中的个体选择过程,实现资源的有效配置。在市场经济体制改革和加入 WTO 的背景下,行政组织职能的市场化和社会化的目的在于,利用市场的功能优势来弥补行政组织功能的劣势,有效地提高行政管理绩效。行政组织职能的市场化和社会化是利用行政组织管理机构的权威制度来对行政组织管理的数量与质量进行决策,利用市场交换制度来提高行政组织管理的能力和绩效。同时,行政组织职能的市场化和社会化无疑提供了一个在维持一定职能和管理水平的前提下实现削减行政组织机构和行政组织人员的有效途径。

从我国当前的实际状况看,行政组织职能市场化和社会化的重点应放在以下几个方面:一是行政组织要理清政企关系,在全面理清原有职能的基础上,尽可能地把职能转移给社会中介组织承担;二是要放松行政组织对市场的限制,不断扩大市场主体准入的领域,打破行业、部门垄断;三是要大力推进事业单位的社会化,减轻事业单位给财政带来的巨大负担。

2. 行政组织结构的扁平化、柔性化和网络虚拟化

(1) 行政组织结构的扁平化趋向。信息技术的改进,行政组织电子化、网络化的运行,使行政组织人员可以更多地应用电子邮件、计算机会议、视频会议等形式来支持组织成员之间、各部门之间或各组织之间的信息传递和意见交流。在这种情况下,许多原来由行政组织人员执行的任务,交给了非人格化的"信息系统"去完成。信息技术突飞猛进地发展对行政组织的影响是,减少了组织管理的中间层次,扩大了管理幅度,使组织结构由金字塔型向扁平型发展。

(2) 行政组织结构的柔性化趋向。工业社会的行政组织以等级森严的层级式结构、严格的规章制度、标准化的工作程序来实施组织目标式管理,具有非人格、刚性的特点。而信息经济社会因受其知识化特点的影响,具有比工业社会更加理性、柔性的行政组织。由于物质经济是以物质为基础的经济,所以它必然受到物质性的强大制约。物质资源处于对人的经济活动支配的基础地位,人被牢牢地限定在物质的各种必然性之上,人的自由的实现十分有限,人的理性也仅限于对必然性的认识。但是在信息经济时代,由于它是以知识、信息为基础经济,知识、信息成为支配人的经济活动的基础,所以尽管不能彻底消除人对物质资源的依赖关系,但也大大降低了这种依赖关系。行政相对人理性得到提高,客观上要求行政组织也更加具有理性。同时,管理核心也要发生转变,由原来以对物的管理为核心转化为以对知识、信息的管理为核心。为适应管理核心的转变,信息经济时代的设计理念也要发生变化,转化为强调对人的内在本性的激发,强调人的自主性的柔性管理,从而使得行政组织结构柔性化。

(3) 行政组织结构的网络虚拟化趋向。它是指以虚拟网络为平台,以网络化形式准确收集和反馈行政信息,并能及时处理和作出反应的组织结构。信息化社会的行政组织搭建起一个网络结构的平台,行政信息以电子化形式在平台上运转,并作用于行政组织的各个部门,把行政组织的上下、左右、内外相互连成

一体,并能及时反馈和处理各方面信息的跨越时间、空间以及部门的虚拟网络结构。

3. 行政组织管理手段的电子化——电子政务的推行

电子政务的推行,是行政组织在社会主义市场经济体制运行的过程中,适应社会信息化发展的必然要求。大力推行电子政务,是现代行政组织发展的重要方向。电子政务的推行将大大拓展行政组织服务空间,优化行政组织服务手段;扩大公民参政通道,增加参政技术手段;提高行政组织运作透明度,促进行政组织政务公开。

"十五"期间,中国电子政务建设的主要目标是:标准统一、功能完善、完全可靠的政务信息网络平台发挥支持作用;重点业务系统建设取得显著成效;基础性、战略性政务信息库建设取得重大进展,信息资源共享程度明显提高;中央和地方各级政务部门的管理能力、决策能力、应急处理能力和公共服务能力得到较大加强;与电子政务相关的法规和标准逐步完善,培训制度建立健全,电子政务体系框架和信息完全保障体系初步形成,为下一个五年计划的电子政务建设奠定坚实的基础。

电子政务建设的主要任务是:建设和整合统一的电子政务网络,形成覆盖副省级以上政务部门的政务内网和主要面向社会的专业性服务的政务外网,为在网络环境下实现各主要业务系统的互联交换和资源共享,以及规范政府管理与服务创造必要条件;在继续完善办公业务资源系统、金关、金税和金融监管工程的同时,启动和加快建设宏观经济管理、金财、金盾、金审、保障、金农、金质和金水等业务系统工程;规划和开发重要政务信息资源;积极推进公共服务;基本建设电子政务网络与信息完全保障体系;完善电子政务标准化体系;加强公务员信息化培训和考核;加快推进电子政务法制建设。

4. 行政组织管理理念的发展

我国社会主义市场经济体制改革的深化和加入 WTO,特别是西方行政组织绩效化改革运动的影响,使现代行政组织管理理念发生了改变,包括绩效理念、学习理念、服务理念。

(1) 绩效理念。现代行政组织工作的开展面对的是高速运转、纷繁复杂、数量巨大的各种行政信息和行政事务,要求通过科学、准确、及时的行政决策,从而获得高效率的行政活动成果。应行政组织工作开展的需要,一种以评判政府治理水平和运行效率重要依据的管理绩效的绩效理念产生了。绩效理念的核心在于通过对行政组织自身的管理以及对行政活动行为绩效的审核、认识、测量和总结,提高对行政绩效的认识,从而在行政组织内形成一种稳定的绩效价值观。绩效理念权变地将改变组织环境与改变组织成员态度结合起来,以达到影响和改变组织成员行为,激发组织成员的主动性和积极性,使整个组织培育出一个管理绩效理念良好的发展环境,从而使整个组织绩效发生质的飞跃。

(2)学习理念。创新是现代行政组织发展的核心动力。创新源于学习,学习是创新的动力和源泉。信息网络化时代下的社会是知识的社会和学习的社会,行政组织成员只有不断地学习,才有可能适应时代的要求,不参与或不融入到学习的社会中来将意味着为时代发展所淘汰。学习在使行政组织成员不断完善自我的同时,还能推动组织的发展。行政组织发展的持久动力在于人的创新,而创新最终落实在人的不断学习上。因此,在行政组织中逐渐地形成了一种通过学习提高组织成员素质,改善组织环境,从而提高组织绩效的学习理念。我们不仅要强调学习理念这一氛围的营造,还要把行政组织培养成"学习型组织"。"学习型组织"要求行政组织必须快速地学习管理技术上的新发展,学习新的管理模式。这种学习不是单独的个体学习,而是一种团队学习,它将使政府组织获得超乎个人才能总和的巨大能量,从而推动行政组织更好地提供社会服务。

(3)服务理念。行政组织是公民间契约的产物,它在本质上是一种为公民和社会共同利益服务的组织。政治学理论认为,行政组织的合法性是建立在公民与行政组织、公民之间的政治契约基础之上的,行政组织的一切来自契约。经济学理论认为,公民是行政组织提供的公共产品的消费者,行政组织存在的目的就是满足消费者不同的需要,以尽可能高效率、高质量的公共产品的生产与服务争取消费者的支持。因此,行政组织的角色和职能必须重新界定,行政组织与社会公众之间的关系应由治理者与被治理者的关系变为公共服务的提供者与消费者、顾客之间的关系,行政组织按契约提供公众满意的服务。在市场经济条件下,社会发展和社会公众的需要使提供公共服务成为行政组织最重要、最广泛的职能。行政组织管理者要以绩效为核心,以服务社会公众为中心,以社会公众需要为导向。服务理念要求行政组织在明确自身定位的前提下,在行政组织职能范围内,在行政组织管理活动中,围绕公共服务为核心,确立公共服务供给的内容、方式、标准、制度等,从而保证公共服务的质量,提高公共服务的效益,防止公共服务中出现损害公正的不正当利益的获取,达到保障社会公平和更好地满足社会公众需要的目的,从而实现公众满意。

后 记

本书是集体努力的结果,写作大纲的拟订、全书的统稿与定稿工作主要由尹钢、梁丽芝负责,具体写作分工如下:

第一章　绪论　梁丽芝、盛明科
第二章　行政组织的历史发展与理论发展　梁丽芝、孔祥利
第三章　行政组织结构　王川兰
第四章　行政组织环境　梁志琴
第五章　行政组织过程　陆小成
第六章　行政组织沟通　王川兰
第七章　行政组织激励　周巍
第八章　行政组织文化　邓琼
第九章　行政组织发展　杨畅、钟瑛

特别感谢何勤华院长于百忙中为我们作序,感谢张明军院长的大力支持和鼓励,感谢湘潭大学的师弟、师妹们的支持,感谢华东政法学院行政学专业38、39班所有同学的宝贵意见。

编　者
2005 年 3 月